박문각

파이널 패스

핵심이론과 함께하는

100선

박문각 공인중개사

최성진 부동산공법

브랜드만족
1위
박문각

2024

이 책의 머리말

01 이 책의 특징

❶ 본 최종 핵심정리 내용의 교재는 부동산공법의 방대한 내용에 고민하는 수험생들을 위하여 적은 양으로 쉽게 그리고 반복 정리하여 부동산공법을 마무리 할 수 있도록 핵심테마 심작 40選을 선정하여 다음의 내용으로 정리하였습니다.

1. 가장 중요한 key-word는 고딕으로 정리하고 문제를 예상할 수 있도록 핵심내용 아래에 출제 예상내용을 꼼꼼하게 체크하도록 구성하였습니다.
2. 핵심테마 40選에 15년간 기출을 표시하여 중요도를 강조하도록 구성하였습니다.
3. 핵심예상문제는 기출문제의 응용단계를 공부하도록 구성하였습니다.
4. 최근 개정법률을 모두 반영하여 본 시험에 대비하도록 구성하였습니다.

❷ 미니북으로 시험장에서 꼭 점검해야 할 핵심쟁점 52선과 반복기출되는 숫자를 정리하였습니다. 최대한 반복하시기를 부탁드립니다.

합격공법의 정석 최종핵심마무리 한 권이면 합격 끝!!!!!

02 여기서 多 나온다...

이 책을 학습하여 공인중개사가 여러분의 새로운 꿈이 더 이상 꿈이 아닌 현실이 되기를 소망하며...

盡人事待天命
– 사람이 제 할일을 다하고 그 결과는 하늘에 맡겨라. –
마지막까지 최선을 다하는 당신이 아름답습니다. 당신은 꼭 합격합니다.
여러분의 합격을 진심으로 기원합니다.

어제보다 아름다워지려는 당신을 응원합니다.
심작 최성진 올림

이 책의 차례

국토계획법 12개 중 10개 이상은 해결한다. 2개 정도는 틀려도 된다.

THEME 01 용어정의 [제15,17,20,21,27,29,30회]

01 국가계획 ▶ 광역도시계획[×]

중앙행정기관이 법률에 따라 수립하거나 국가의 정책적인 목적달성을 위하여 수립하는 도시·군**기본**계획의 내용이나 도시·군**관리**계획으로 결정하여야 할 사항이 포함된 계획을 말한다.

OX 도시·군관리계획으로 결정하여야 할 사항은 국가계획에 포함될 수 없다. (×)

02 광역도시계획 ▶ 광역시[×]

광역계획권의 장기발전방향을 제시하는 계획이다.

03 도시·군계획★★ ▶ 광역시의 군[×], 광역도시계획[×]

특별시·광역시·특별자치시·특별자치도·시 또는 군(**광역시의 군은 제외**한다. 이하 같다)의 관할구역에 대하여 수립하는 공간구조와 발전방향에 대한 계획으로서 도시·군**기본**계획과 도시·군**관리**계획으로 구분한다.

OX 도시·군계획은 도시·군기본계획과 광역도시계획으로 구분한다. (×)

04 지구단위계획★★ ▶ 전부[×]

도시·군계획수립 대상지역의 **일부**[전부 ×]에 대하여 토지이용을 합리화하고 그 기능을 증진시키며 미관을 개선하고 양호한 환경을 확보하며, 해당 지역을 체계적·계획적으로 관리(개발)하기 위하여 수립하는 도시·군**관리**계획을 말한다.

OX 지구단위계획은 도시·군계획수립 대상지역의 전부에 대하여 토지이용을 합리화하고, 체계적·계획적으로 관리하기 위하여 수립하는 도시·군관리계획이다. (×)

05 도시·군계획시설★ ▶ 기반시설은 도로이다. = 짧다. ▶ 길면은 틀린문장이다.

기반시설 중 도시·군관리계획으로 결정된 시설을 말한다.

06 도시·군계획사업★

▶시설 + 개발 + 정비

도시·군관리계획을 시행하기 위한 사업으로서 도시·군계획**시설**사업, 도시개발법에 따른 도시**개발**사업 및 도시 및 주거환경정비법에 따른 **정비**사업을 말한다.

※참고 도시·군계획시설사업은 도시·군계획시설[기반시설×]을 설치·정비 또는 개량하는 사업을 말한다.

07 용도지구

▶중복[○]

토지의 이용 및 건축물의 용도·건폐율·용적률·높이 등에 대한 용도지역의 제한을 **강화하거나 완화**하여 적용함으로써 **용도지역의 기능을 증진**시키고 경관·안전 등을 도모하기 위하여 **도시·군관리계획**으로 결정하는 지역을 말한다.

08 공간재구조화계획

토지의 이용 및 건축물이나 그 밖의 시설의 용도·건폐율·용적률·높이 등을 **완화하는 용도구역**의 효율적이고 계획적인 관리를 위하여 수립하는 계획을 말한다.

09 도시혁신계획

창의적이고 혁신적인 도시공간의 개발을 목적으로 도시혁신구역에서의 토지의 이용 및 건축물의 용도·건폐율·용적률·높이 등의 제한에 관한 사항을 따로 정하기 위하여 공간재구조화계획으로 결정하는 도시·군관리계획을 말한다.

10 복합용도계획

주거·상업·산업·교육·문화·의료 등 다양한 **도시기능이 융복합된 공간의 조성을 목적**으로 복합용도구역에서의 건축물의 용도별 구성비율 및 건폐율·용적률·높이 등의 제한에 관한 사항을 따로 정하기 위하여 공간재구조화계획으로 결정하는 도시·군관리계획을 말한다.

11 개발밀도관리구역(작게 지어라)★

▶완화[×]

개발로 인하여 기반시설이 부족할 것이 **예상**되나 기반시설의 설치가 **곤란**[용이×]한 지역을 대상으로 건폐율이나 용적률을 **강화**하여 적용하기 위하여 지정하는 구역을 말한다.

12 기반시설부담구역(돈내라)★

▶개발밀도관리구역과 중복[×]

개발밀도관리구역 **외**의 지역으로서 개발로 인하여 도로, 공원, 녹지 등 대통령령으로 정하는 기반시설의 설치가 필요한 지역을 대상으로 기반시설을 설치하거나 그에 필요한 용지를 확보하게 하기 위하여 지정·고시하는 구역을 말한다.

OX 개발밀도관리구역과 기반시설부담구역은 중복하여 지정할 수 있다. (×)

특별시장·광역시장·특별자치시장·특별자치도지사·시장 또는 군수가 관할구역에 대하여 **다른 법률**에 따른 환경·교통·수도·하수도·주택 등에 관한 **부문별 계획**을 수립하는 때에는 **도시·군기본계획의 내용에 부합되게 하여야 한다**.

핵심 예상 문제 001

01 국토의 계획 및 이용에 관한 법령에서 정하는 용어정의에 관한 설명이다. 옳은 것은?

① 도시·군계획사업은 도시·군관리계획을 시행하기 위한 사업으로서 도시·군계획시설사업, 택지개발촉진법에 따른 택지개발사업 및 도시 및 주거환경정비법에 따른 정비사업을 말한다.

② 도시·군계획은 특별시·광역시·특별자치시·특별자치도·시 또는 광역시의 군의 관할구역에 대하여 수립하는 공간구조와 발전방향에 대한 계획으로서 도시·군기본계획과 도시·군관리계획으로 구분한다.

③ 시장 또는 군수가 관할구역에 대하여 다른 법률에 따른 환경·교통·수도·하수도·주택등 부문별 계획을 수립하는 때에는 도시·군기본계획의 내용과 부합하여야 한다.

④ 개발밀도관리구역은 개발로 인하여 기반시설이 부족할 것이 예상되나 기반시설의 설치가 용이한 지역을 대상으로 건폐율이나 용적률을 완화하여 적용하기 위하여 지정하는 구역을 말한다.

⑤ 공간재구조화계획이란 토지의 이용 및 건축물이나 그 밖의 시설의 용도·건폐율·용적률·높이 등을 강화하는 용도구역의 효율적이고 계획적인 관리를 위하여 수립하는 계획을 말한다.

해설 ③ 시장 또는 군수가 관할구역에 대하여 다른 법률에 따른 환경·교통·수도·하수도·주택 등 부문별 계획을 수립하는 때에는 도시·군기본계획의 내용과 부합하여야 한다.
① 택지개발촉진법에 따른 택지개발사업이 아니라 도시개발법에 따른 도시개발사업이다.
② 광역시의 군이 아니라 군(광역시의 군은 제외한다)의 관할구역이다.
④ 용이가 아니라 곤란, 완화가 아니라 강화이다.
⑤ 강화가 아니라 완화이다.
▸ **정답 ③**

01 광역도시계획의 의의 ▸ 광역시[×]

광역계획권의 장기발전방향을 제시하는 계획을 말한다.

02 광역계획권의 지정 ▸ 지정은 형[상급자], ▸ 광역시장이 광역계획권을 지정[×]

① 둘 이상의 시·도의 관할구역에 걸쳐 있는 경우에는 **국토교통부장관**이 **지정할 수 있다**.

② 도의 관할구역에 걸쳐 있는 경우에는 **도지사**가 **지정할 수 있다**.

> **OX** 광역계획권이 하나의 도의 관할구역에 속하여 있는 경우, 도지사는 국토교통부장관과 공동으로 광역계획권을 지정하여야 한다. (×)

③ **도지사 지정시** : **관계 중앙행정기관의 장, 관계 시·도지사, 시장 또는 군수**의 의견을 들은 후 **지방**도시계획위원회의 심의를 거쳐야 한다.

④ **국토교통부장관 지정시** : 관계 시·도지사, 시장 또는 군수의 의견을 들은 후 **중앙**도시계획위원회의 심의를 거쳐야 한다.

⑤ 중앙행정기관의 장, 시·도지사, 시장 또는 군수는 국토교통부장관이나 도지사에게 광역계획권의 지정 또는 변경을 요청할 수 있다.

03 법적성격 ▸ 10년[×], 20년[×]

① 행정소송의 대상이 아니다. ⇨ **수립단위 규정이 없다.** ⇨ 법정계획이다.

② **도시·군기본계획의 내용이 광역도시계획의 내용과 다를 때에는 광역도시계획의 내용이 우선한다.**

③ 수립기준은 대통령령이 정하는 바에 따라 **국토교통부장관**이 정한다. ▸ 시·도지사[×]

> **OX** 광역도시계획의 수립기준은 시·도지사가 정한다. (×)

04 수립권자★★ ▸ 어디서요 ⇨ 내가 수립

① 같은 도(시·군) ⇨ **시장·군수**(내가 수립)가 공동으로 수립하여야 한다. ▸ 도지사[×]

> **OX** 광역계획권이 같은 도의 관할구역에 속하여 있는 경우 관할 도지사가 광역도시계획을 수립하여야 한다. (×)

② 시·도(어디서요)에 걸친 경우 ⇨ **시·도지사**(내가 수립)가 공동으로 수립하여야 한다.

③ 시장·군수가 **3년 내 승인신청**을 하지 않는 경우 ⇨ 도지사가 수립하여야 한다(단독).

④ **국가계획**과 관련된 경우, 시·도지사가 **3년 내 승인신청**을 하지 않는 경우

⇨ 국토교통부장관이 수립하여야 한다(단독). ▸ 요청시에는 승인신청이 없다.

⑤ 시장·군수 **요청시** ⇨ 시장·군수와 도지사가 **공동**으로 수립할 수 있다.

⑥ 시장·군수가 **협의**해서 **요청**시 ⇨ 도지사가 **단독**으로 수립할 수 있다.

> **OX** 도지사는 시장 또는 군수가 협의를 거쳐 요청하는 경우에는 공동으로 광역도시계획을 수립할 수 있다. (×)

⑦ 시·도지사 **요청시** ⇨ 시·도지사와 국토교통부장관이 **공동**으로 수립할 수 있다.

05 광역도시계획의 수립절차

▶ 조사 · 측량할 수 있다.[×]

기초조사★
① 인구 · 경제 · 사회 · 문화 · 환경 · 교통 · 주택 등을 조사 · 측량**하여야 한다**.
② **기초조사정보체계를 구축 · 운영**하여야 하며, 기초조사정보체계를 구축한 경우에는 **등록된 정보의 현황을 5년마다 확인하고 변동사항을 반영**하여야 한다.

▸OX◂ 시장 또는 군수가 기초조사정보체계를 구축한 경우에는 등록된 정보의 현황을 3년마다 확인하고 변동사항을 반영하여야 한다. (×)

⇩

의견청취★
① 공청회 : **공청회를 열어 주민 및 관계 전문가 등으로부터 의견을 들어야 하며**, 타당한 의견은 반영의무 ⇨ 14일 전까지 1회 이상 공고　　▶ 공청회를 생략할 수 있다.[×]
② 지방의회 : 시 · 도지사 ⇨ 시 · 도의회, 시장 · 군수의 의견청취(동의 ×)
　　시장 · 군수 ⇨ 시 · 군의회의 의견청취(동의 ×)

⇩

수립권자
① 국토교통부장관
② 시 · 도지사
③ 시장 · 군수

⇩

협의 · 심의　관계 (중앙)행정기관의 장(30일 이내 의견제시) ⇨ 지방(중앙)도시계획위원회의 심의

⇩

승인
① 시장 · 군수 ⇨ 도지사의 승인　　▶ 요청시에는 승인신청이 없다.
② 시 · 도지사 ⇨ 국토교통부장관의 승인

⇩

송부　관계 (중앙)행정기관의 장, 시 · 도지사, 시장 · 군수

⇩

공고 · 열람　송부 받은 시 · 도지사, 시장 · 군수는 공고 · 열람(30일 이상)
▸OX◂ 국토교통부장관은 광역도시계획을 수립하였을 때에는 직접 그 내용을 공고하고 일반이 열람할 수 있도록 하여야 한다. (×)

01 광역도시계획과 도시 · 군기본계획은 ~년 나오면 모두 5년, 단, 광역도시계획의 승인신청은 3년

02 광역도시계획과 도시 · 군기본계획은 날짜 나오면 모두 30일, 공청회만 14일 전까지 1회 이상 공고

06 조정신청★

▶ 조정신청하여야 한다.[×]　▶ 공동으로 조정신청시 협의권고[×]

광역도시계획을 공동으로 수립하는 시장 · 군수(시 · 도지사)가 서로 협의가 되지 아니하면 ⇨ **단독(협의권고)** 또는 공동으로 도지사(국토교통부장관)에게 **조정신청할 수 있다.**

▸OX◂ 광역도시계획을 공동으로 수립하는 시 · 도지사는 그 내용에 관하여 서로 협의가 되지 아니하면 공동이나 단독으로 국토교통부장관에게 조정신청을 하여야 한다. (×)

02 국토의 계획 및 이용에 관한 법령상 광역도시계획에 관한 설명으로 옳은 것은?

① 광역계획권을 지정한 날부터 5년이 지날 때까지 관할 시장 또는 군수로부터 광역도시계획의 승인 신청이 없는 경우 관할 도지사가 광역도시계획을 수립하여야 한다.

② 도지사가 광역계획권을 지정하는 경우에는 관계 중앙행정기관의 장, 관계 시·도지사, 시장 또는 군수의 의견을 들은 후 중앙도시계획위원회의 심의를 거쳐야 한다.

③ 도지사는 시장·군수가 협의를 거쳐 요청하는 경우에는 단독으로 광역도시계획을 수립할 수 있으며, 이 경우에는 국토교통부장관의 승인을 받지 아니한다.

④ 시장 또는 군수가 기초조사정보체계를 구축한 경우에는 등록된 정보의 현황을 10년마다 확인하고 변동사항을 반영하여야 한다.

⑤ 동일 지역에 대하여 수립된 광역도시계획의 내용과 도시·군기본계획의 내용이 다를 때에는 도시·군기본계획의 내용이 우선한다.

> **해설** ③ 도지사는 시장·군수가 협의를 거쳐 요청하는 경우에는 단독으로 광역도시계획을 수립할 수 있으며, 이 경우에는 국토교통부장관의 승인을 받지 아니한다[요청시에는 승인 신청이 없다].
> ① 5년이 아니라 3년이다.
> ② 중앙도시계획위원회가 아니라 지방도시계획위원회의 심의를 거쳐야 한다.
> ④ 10년이 아니라 5년마다 확인하고 변동사항을 반영하여야 한다.
> ⑤ 도시·군기본계획이 아니라 광역도시계획의 내용이 우선한다.　　　　　▶ 정답 ③

THEME 03 도시·군기본계획 [제15,15추가,17,19,20,22,24,27,31,32,33회]

01 도시·군기본계획의 의의　　　　　▶ 광역시의 군[×]

특별시·광역시·특별자치시·특별자치도·시 또는 **군**의 관할구역 및 **생활권**에 대하여에 대해 **기본**적인 공간구조와 장기발전방향을 제시하는 종합계획으로서 도시·군관리계획수립의 **지침**이 되는 계획을 말한다.

02 법적성격　　　　　▶ 10년[×], 20년[×]

행정소송 대상이 아니다. ⇨ **수립단위 규정이 없다.** ⇨ 법정계획 ⇨ **5년마다** 타당성 여부 **재검토**

✔ 수립기준은 대통령령이 정하는 바에 따라 **국토교통부장관**이 정한다.

> **OX** 도시·군기본계획의 수립기준 등은 대통령령으로 정하는 바에 따라 시·도지사가 정한다. (×)

03 도시 · 군기본계획의 수립절차

▶ 광역도시계획과 도시 · 군기본계획은 날짜 나오면 모두 30일, 공청회만 14일 전

기초조사*★

① 조사 · 측량하여야 한다.[광역준용] ⇨ 토지적**성**평가와 재해취약**성**분석을 포함[성2번]
② 도시 · 군기본계획의 입안일부터 **5년 이내**에 토지적성평가를 실시한 경우 등 대통령령
   이 정하는 경우에는 토지적성평가 또는 재해취약성분석을 하지 아니할 수 있다.
▶ **OX** 도시 · 군기본계획 입안일부터 3년 이내에 토지적성평가를 실시한 경우 등 대통령령으로 정하는 경우에는 토지적성평가 또는 재해취약성분석을 하지 아니할 수 있다. (×)

⇩

의견청취*★

① 공청회 : 공청회를 열어 주민 및 관계 전문가 등으로부터 의견을 들어야 하며, 타당한
   의견은 반영하여야 한다. ⇨ 14일 전까지 1회 이상 공고(광역도시계획 준용)
② 지방의회(친구) : 특별시 · 광역시 · 특별자치시 · 특별자치도 · 시 · 군의회의 의견청취
▶ **OX** 시장 또는 군수는 도시 · 군기본계획을 수립하려면 미리 그 시 또는 군 의회의 의견을 들어야 한다. (○)

⇩

수립권자*★★

① 원칙 : 특별시장 · 광역시장 · 특별자치시장 · 특별자치도지사 · 시장 · 군수[6짱만 수립]
② 예외 : [특별시장 · 광역시장 · 특별자치시장 · 특별자치도지사는 **반드시 수립하여야 한다.**]
   • **수도권**에 속하지 아니하고 **광역시와 경계를 같이하지 아니한 시** 또는 **군**으로 인구 **10만
     명 이하**인 시 또는 군은 수립하지 아니할 수 있다.
   • 관할구역 **전부**에 대하여 광역도시계획이 수립되어 있는 경우로서 **광역**도시계획에 도
     시 · 군**기본**계획에서 담을 내용이 **모두** 포함된 시 또는 군은 도시 · 군기본계획을 수
     립하지 아니할 수 있다.   **[암기]** 내(광역)안에 너(기본) 있다.
   • 지역여건상 필요하다고 인정되면 인접한 관할구역 **전부** · 일부를 포함하여 수립가능
▶ **OX** 수도권정비계획법에 의한 수도권에 속하고 광역시와 경계를 같이하지 아니한 시로서 인구 20
만명 이하인 시는 도시 · 군기본계획을 수립하지 아니할 수 있다. (×)
▶ **OX** 관할구역 전부에 대하여 광역도시계획이 수립되어 있는 경우로서 광역도시계획에 도시 · 군기
본계획에서 담을 내용이 일부 포함된 시 또는 군은 도시 · 군기본계획을 수립하지 아니할 수 있다. (×)
▶ **OX** 시장 · 군수는 관할구역에 대해서만 도시 · 군기본계획을 수립할 수 있으며, 인접한 시 또는 군
의 관할구역을 포함하여 계획을 수립할 수 없다. (×)

⇩

협의 · 심의

관계 행정기관의 장(30일 이내 의견제시)과 협의 지방도시계획위원회와 심의

⇩

승인*★

① **특별시장 · 광역시장 · 특별자치시장 · 특별자치도지사는 직접 확정한다.** ▶ 국장의 승인 없다.
② 시장 · 군수는 **도지사 승인**을 받아야 한다.
▶ **OX** 특별시장 · 광역시장 · 특별자치시장 · 특별자치도지사가 수립한 도시 · 군기본계획의 승인은 국
토교통부장관이 한다. (×)

⇩

송부

관계 행정기관의 장, 시장 또는 군수

⇩

공고 · 열람

특별시장 · 광역시장 · 특별자치시장 · 특별자치도지사 · 시장 · 군수는 공고 · 열람(30일 이상)

04 생활권계획 수립의 특례

① 특별시장·광역시장·특별자치시장·특별자치도지사·시장 또는 군수는 생활권역별 개발·정비 및 보전 등에 필요한 경우 대통령령으로 정하는 바에 따라 **생활권계획을 따로 수립**할 수 있다.

② 생활권계획이 수립 또는 승인된 때에는 해당 계획이 수립된 생활권에 대해서는 **도시·군기본계획이 수립 또는 변경된 것으로 본다**.

핵심 예상 문제 003

03 국토의 계획 및 이용에 관한 법령상 도시·군기본계획에 대한 설명 중 옳은 것은?

① 수도권에 속하지 아니하고 광역시와 경계를 같이하는 시 또는 군으로 인구 10만명 이하 인 시 또는 군은 수립하지 아니할 수 있다.

② 시장 또는 군수는 기초조사의 내용에 도시·군기본계획이 환경에 미치는 영향 등에 대한 환경성검토를 포함하여야 한다.

③ 도시·군기본계획에는 기후변화 대응 및 에너지절약에 관한 사항에 대한 정책 방향이 포함되어야 한다.

④ 특별시장·광역시장·특별자치시장·특별자치도지사가 수립한 도시·군기본계획의 승인은 국토교통부장관이 한다.

⑤ 특별시장·광역시장·특별자치시장·특별자치도지사·시장 또는 군수는 10년마다 관할 구역의 도시·군기본계획에 대하여 그 타당성 여부를 전반적으로 재검토하여야 한다.

해설 ③ 도시·군기본계획에는 기후변화 대응 및 에너지절약에 관한 사항에 대한 정책 방향이 포함되어야 한다.
① 광역시와 경계를 같이하는 ⇨ 광역시와 경계를 같이하지 아니한 시 또는 군
② 환경성검토가 아니라 토지적성평가와 재해취약성분석을 포함하여야 한다.
④ 특별시장·광역시장·특별자치시장·특별자치도지사가 수립한 도시·군기본계획은 직접확정한다. 승인없다.
⑤ 10년이 아니라 5년마다 그 타당성 여부를 전반적으로 재검토하여야 한다.   ▶ 정답 ③

01 의 의

특별시 · 광역시 · 특별자치시 · 특별자치도 · 시 또는 **군**의 개발 · 정비 및 보전을 위해 수립하는 계획

02 성 격

① 구체적 계획, 집행계획, 위법성에 대한 행정소송을 제기할 수 있다.

② 도시 · 군관리계획은 광역도시계획 및 도시 · 군기본계획(**생활권계획을 포함**)에 부합하여야 한다.

▶ **OX** 광역도시계획 또는 도시 · 군기본계획에 부합되지 아니하는 도시 · 군관리계획은 당연 무효이다. (×)

③ 도시 · 군관리계획의 수립기준은 대통령령이 정하는 바에 따라 **국토교통부장관**이 정한다.

03 도시 · 군관리계획의 내용★★

▶ 개발밀도관리구역[×], 기반시설부담구역[×]
▶ 도시자연공원구역의 행위제한[×], 성장관리계획[×]

① 용도**지역** · 용도**지구**의 지정 또는 변경

② 용도**구역**(개발제한구역 · 시가화조정구역 · 수산자원보호구역 · 도시자연공원구역)의 지정 또는 변경

③ **기**반시설의 설치 · 정비 또는 개량

④ **지**구단위계획구역의 지정 또는 변경과 지구단위계획

⑤ 도시**개발**사업[단지 또는 시가지 조성사업] 또는 **정비**사업[재개발사업, 재건축사업]

⑥ 도시**혁신**구역의 지정 또는 변경에 관한 계획과 도시혁신계획

⑦ **복합**용도구역의 지정 또는 변경에 관한 계획과 복합용도계획

⑧ 도시 · 군계획시설**입체**복합구역의 지정 또는 변경에 관한 계획

암기 용도지역 · 지구 · 구역을 기지를 발휘하여 도시를 혁신적 복합적 입체적으로 개발하고 정비합시다.

핵심 예상 문제 **004**

04 국토의 계획 및 이용에 관한 법령상 도시 · 군관리계획으로 결정하여야 하는 사항은?

① 개발밀도관리구역의 지정 또는 변경

② 기반시설부담구역의 지정 또는 변경

③ 도시자연공원구역의 행위제한

④ 성장관리계획구역의 지정 또는 변경과 성장관리계획

⑤ 도시 · 군계획시설입체복합구역의 지정 또는 변경에 관한 계획

해설 ①②④는 도시 · 군관리계획으로 결정하여야 하는 사항이 아니다.
③ 도시자연공원구역의 지정 또는 변경은 도시 · 군관리계획의 내용이다. 도시자연공원구역의 행위제한[도시공원 및 녹지 등에 관한 법률]은 도시 · 군관리계획의 내용이 아니다. ▶ 정답 ⑤

1. 주민(이해관계자를 포함)은 도시 · 군관리계획을 입안할 수 있는 자에게 입안을 제안할 수 있다.

⇨ 제안서에는 도시 · 군관리계획도서와 계획설명서를 첨부 ⇨ 동의 : 토지면적에 **국 · 공유지는 제외**

① **용도지구 중** 해당 용도지구에 따른 건축물이나 그 밖의 시설의 용도 · 종류 및 규모 등의 제한을 **지구단위계획으로 대체하기 위한 용도지구** : 토지면적의 2/3 이상 동의 ▸용산기지 입체

② **산업 · 유통개발진흥지구의** [1만㎡ 이상 3만㎡ 미만] 지정 및 변경 : 토지면적의 2/3 이상 동의

③ **기반시설의 설치 · 정비 또는 개량에 관한 사항** : 토지 면적의 **4/5 이상 동의**

④ **지구단위계획구역의 지정 및 변경과 지구단위계획 수립 및 변경** : 토지면적의 2/3 이상 동의

⑤ **도시 · 군계획시설입체복합구역의 지정 및 변경과 도시 · 군계획시설입체복합구역의 건축제한 · 건폐율 · 용적률 · 높이 등에 관한 사항** : 토지면적의 **4/5 이상 동의**

> **OX** 주민은 개발제한구역의 변경에 대하여 입안권자에게 도시 · 군관리계획의 입안을 제안할 수 있다. (×)
> **OX** 기반시설의 정비에 관한 사항은 대상 토지면적의 3분의 2 이상 동의를 받아 입안을 제안할 수 있다. (×)
> **OX** 시가화조정구역의 지정 및 변경에 관한 사항에 대하여 주민이 도시 · 군관리계획의 입안권자에게 그 입안을 제안할 수 있다. (×)

2. 제안일로부터 45일 이내에 반영 여부를 제안자에게 알려야 한다(부득이 30일 연장).

3. 입안 · 결정비용의 전부 또는 일부를 제안자에게 부담**시킬 수 있다**.

핵심 예상 문제 **005**

05 국토의 계획 및 이용에 관한 법령상 주민이 도시 · 군관리계획의 입안을 제안하려는 경우 요구되는 제안 사항별 토지소유자의 동의 요건으로 틀린 것은? (단, 동의 대상 토지 면적에서 국 · 공유지는 제외함)

① 도시 · 군계획시설입체복합구역의 지정 및 변경과 도시 · 군계획시설입체복합구역의 건축제한 · 건폐율 · 용적률 · 높이 등에 관한 사항 : 대상 토지면적의 4/5 이상

② 기반시설의 개량에 관한 사항 : 대상 토지면적의 2/3 이상

③ 지구단위계획구역의 지정과 지구단위계획의 수립에 관한 사항 : 대상 토지면적의 2/3 이상

④ 산업 · 유통개발진흥지구의 지정에 관한 사항 : 대상 토지면적의 2/3 이상

⑤ 용도지구 중 해당 용도지구에 따른 건축물이나 그 밖의 시설의 용도 · 종류 및 규모 등의 제한을 지구단위계획으로 대체하기 위한 용도지구의 지정에 관한 사항 : 대상 토지면적의 2/3 이상

해설 ② 기반시설의 개량에 관한 사항 : 대상 토지면적의 4/5 이상 ▸ **정답** ②

05 **결정권자**★★

① **원칙** : 시·도지사, 대도시 시장. 다음의 도시·군관리계획은 시장·군수가 직접 결정한다.

> 1. **시장·군수가 입안한 지구단위계획구역**의 지정·변경과 지구단위계획의 수립·변경
> 2. **지구단위계획으로 대체하는 용도지구 폐지에 관한 도시·군관리계획**[시장(대도시 시장은 제외) 또는 군수가 도지사와 미리 협의한 경우에 한정]
>   **OX** 시장 또는 군수가 입안한 지구단위계획의 수립·변경에 관한 도시·군관리계획은 도지사가 직접 결정한다. (×)

② **예외** : 국토교통부장관　　　　　　▶ 도시자연공원구역은 시·도지사, 대도시 시장[국장×]

> 1. **국토교통부장관이 입안**한 도시·군관리계획
> 2. **개발제한구역**의 지정 및 변경에 관한 도시·군관리계획　　　▶ 시가화조정구역은 시·도지사
> 3. **국가계획과 연계**하여 **시가화조정구역**의 지정 및 변경에 관한 도시·군관리계획
> 4. 수산자원보호구역의 지정 및 변경에 관한 도시·군관리계획(해양수산부장관)
>   ▶ 도시혁신구역의 지정 ⇨ 공간재구조화계획 결정권자(국토교통부장관, 시·도지사)
>   ▶ 복합용도구역의 지정 ⇨ 공간재구조화계획 결정권자(국토교통부장관, 시·도지사)
>   ▶ 입체복합구역의 지정 ⇨ 도시·군관리계획 결정권자(국토교통부장관, 시·도지사, 대도시 시장)
>   **OX** 개발제한구역의 지정 및 변경에 관한 도시·군관리계획은 국토교통부장관이 결정한다. (○)
>   **OX** 도시자연공원구역의 지정 및 변경에 관한 도시·군관리계획은 국토교통부장관이 결정한다. (×)
>   **OX** 수산자원보호구역의 지정에 관한 도시·군관리계획은 국토교통부장관이 결정한다. (×)

핵심 예상 문제 **006**

06 **국토의 계획 및 이용에 관한 법령상 도시·군관리계획을 국토교통부장관이 결정할 수 있는 것이 아닌 것은?**

① 도시·군계획시설입체복합구역의 지정의 지정에 관한 도시·군관리계획

② 도시자연공원구역의 지정에 관한 도시·군관리계획

③ 도시혁신구역의 지정에 관한 도시·군관리계획

④ 국가계획과 연계하여 시가화조정구역의 지정이 필요한 경우 시가화조정구역의 지정에 관한 도시·군관리계획

⑤ 둘 이상의 시·도에 걸쳐 이루어지는 사업의 계획 중 도시·군관리계획으로 결정하여야 할 사항이 있는 경우 국토교통부장관이 입안한 도시·군관리계획

해설 ② 도시자연공원구역의 지정에 관한 도시·군관리계획은 시·도지사, 대도시 시장[국토교통부장관×]이 결정한다.　　　　　　　　　　　　　　　　　　　　　　　　　　　▶ **정답** ②

기초조사＊

① 광역도시계획 준용 ⇨ 조사·측량하여야 한다. ⇨ 경미한 사항 **(단축, 축소) 생략 가능**
② 환경**성**검토(환경영향평가×) ⇨ 토지적**성**평가 ⇨ 재해취약**성**분석을 포함하여야 한다.
③ **기초조사생략 : 지구단위계획이 보이면, 도시·군계획시설이 보이면**
　01 기초조사[환경성검토, 토지적성평가, 재해취약성분석] 공동생략 : 도시·군관리계획을 입안하려는
　　지역이 도심지[상업지역에 연접한 지역]에 위치, 개발이 끝나 나대지가 없는[2% 미달] 경우, **지구
　　단위계획** 또는 **도시·군계획시설이 보이면** 기초조사를 **생략**할 수 있다.
　02 환경성검토만 생략 : 전략환경영향평가 대상
　03 재해취약성분석만 생략 : 5년 이내 재해취약성분석
　04 토지적성평가만 생략할 수 있는 요건
　　① 5년 이내 토지적성평가 실시한 경우
　　② 주거지역·상업지역·공업지역에 도시·군관리계획을 입안하는 경우
　　③ 개발제한구역에서 조정 또는 해제된 지역에 대하여 도시·군관리계획을 입안하는 경우
　　④ 도시개발법에 따른 도시개발사업의 경우

⇩

의견청취＊

① **주민의 의견청취[14일 이상 열람] :** 타당한 의견은 도시·군관리계획에 반영하여야 한다.
　국방상 기밀, 경미(단축, 축소)한 사항을 생략 가능**(공청회×)**
② **지방의회의 의견청취 : 입안**하려면 용도지역·지구·구역의 지정·변경, 광역시설,
　기반시설의 설치·정비 또는 개량에 대하여 해당 지방의회의 의견을 들어야 한다.
　▶ OX 도시지역의 확대에 따른 용도지역의 변경을 내용으로 하는 도시·군관리계획을 입안하는 경
　우에는 주민의 의견청취를 생략할 수 있다. (×)

⇩

입안권자

① 원칙 : 특별시장·광역시장·특별자치시장·특별자치도지사·시장·군수　▸ 구청장[×]
② 예외 : **국토교통부장관(국가계획**과 관련된 경우), 도지사

⇩

협의·심의

관계 (중앙)행정기관 장과 협의(30일 이내 의견제시), 지방(중앙)도시계획위원회 심의
▶ **공동심의 :** 시·도지사[시장·군수]가 **지구단위계획**이나 **지구단위계획으로 대체하는 용도
지구 폐지에 관한 사항**을 결정하려면 시·도[시·군]에 두는 **건축위원회**와 **도시계획위원회**
가 공동으로 하는 심의를 거쳐야 한다.
▶ 국방상, 국가안전보장상 기밀(**중앙행정기관의 장이 요청하는 경우에만 해당**한다)을 지켜야
할 필요가 있다고 인정되면 협의·심의를 **생략**할 수 있다.
　▶ OX 국토교통부장관은 관계 중앙행정기관의 장의 요청이 없어도 국가안전보장상 기밀을 지켜야
　할 필요가 있다고 인정되면 중앙도시계획위원회의 심의를 거치지 않고 도시·군관리계획을 결정할
　수 있다. (×)

⇩

결정·고시

① 원칙 : 시·도지사, 대도시 시장, **시장 또는 군수(지구단위계획을 결정)**
② 예외 : 국토교통부장관, 해양수산부장관

⇩

송부　특별시장·광역시장·특별자치시장·특별자치도지사·시장 또는 군수

⇩

열람　**열람기간(신청기간)에 제한이 없다.**　　　　　　　　　　　　▸ 30일[×]

07 효력발생★★　　　　　　　　　　　　　　　　　　▶ 다음 날[×], 5일 후[×]

도시 · 군관리계획의 결정은 **지형도면을 고시한 날부터** 효력이 발생한다.

[OX] 도시 · 군관리계획 결정은 지형도면을 고시한 날의 다음 날부터 효력이 발생한다. (×)

08 기득권 보호★　　　　　　　　　　　　　　　　　　　　▶ 수시개정 : 신고

① **원칙(무신고, 무허가)** : 도시 · 군관리계획 결정 당시 이미 사업이나 공사에 착수한 자(이 법 또는 다른 법률에 따라 허가 · 인가 · 승인 등을 받아 사업이나 공사에 착수한 자)는 그 도시 · 군관리계획결정에 관계 없이 그 사업이나 공사를 계속할 수 있다.

② **예외(신고)** : **수산자원보호구역** 또는 **시가화조정구역** ⇨ **이미** 사업 또는 공사에 **착수**한 자는 계속하려면 ⇨ **3개월** 이내에 **신고**하여야 한다(개발구역, 정비구역 ⇨ 30일 이내 신고).

09 타당성 검토★

① **재정비기간 : 5년마다 재검토**　　▶ 특별시장 · 광역시장 · 특별자치시장 · 특별자치도지사는 공청회[×]
② 재정비시 + 도시 · 군기본계획을 수립(×) + **시장 또는 군수** ⇨ **공청회 개최**

[OX] 시장 또는 군수는 10년마다 관할 구역의 도시 · 군관리계획에 대하여 그 타당성 여부를 전반적으로 재검토하여 정비하여야 한다. (×)

핵심 예상 문제 007

07 국토의 계획 및 이용에 관한 법령상 도시 · 군관리계획 등에 관한 설명으로 옳은 것은?

① 시가화조정구역의 지정에 관한 도시 · 군관리계획 결정 당시 승인받은 사업이나 공사에 이미 착수한 자는 신고 없이 그 사업이나 공사를 계속할 수 있다.

② 도시지역의 확대에 따른 용도지역의 변경을 내용으로 하는 도시 · 군관리계획을 입안하는 경우에는 주민 의견청취를 생략할 수 없다.

③ 광역도시계획과 도시 · 군기본계획 및 도시 · 군관리계획은 반드시 공청회를 개최하여야 한다.

④ 광역도시계획이나 도시 · 군기본계획을 수립할 때에 도시 · 군관리계획을 함께 입안할 수 없다.

⑤ 도시 · 군관리계획 결정은 지형도면을 고시한 날의 다음 날부터 효력이 발생한다.

[해설] ① 신고 없이가 아니라 3개월 이내 신고하고 그 사업이나 공사를 계속할 수 있다.
③ 광역도시계획과 도시 · 군기본계획은 반드시 공청회를 개최하여야 한다. 도시 · 군관리계획은 예외적 공청회를 개최하여야 한다.
④ 광역도시계획이나 도시 · 군기본계획을 수립할 때에 도시 · 군관리계획을 함께 입안할 수 있다.
⑤ 다음 날부터가 아니라 지형도면을 고시한 날부터 효력이 발생한다.　　　　　　　　　　▶ 정답 ②

---

10 **공간재구조화계획**★★

① **공간재구조화계획의 입안** : 특별시장·광역시장·특별자치시장·특별자치도지사·시장 또는 군수는 다음의 용도구역을 지정하고 해당 용도구역에 대한 계획을 수립하기 위하여 공간재구조화계획을 입안하여야 한다.

> 1. **도시혁신구역** 및 도시혁신계획
> 2. **복합용도구역** 및 복합용도계획
> 3. 도시·군계획시설**입체복합구역**(1 또는 2와 함께 구역을 지정하거나 계획을 입안하는 경우로 한정한다)

> **OX** 시장 또는 군수는 도시·군계획시설입체복합구역을 지정하기 위하여 공간재구조화계획을 입안하여야 한다. (×)

② 국토교통부장관은 도시의 경쟁력 향상, 특화발전 및 지역 균형발전 등을 위하여 필요한 때에는 관할 특별시장·광역시장·특별자치시장·특별자치도지사·시장 또는 군수의 요청에 따라 공간재구조화계획을 입안할 수 있다.

③ **공간재구조화계획 입안권자** : 공간재구조화계획을 입안하려는 **국토교통부장관**(수산자원보호구역의 경우 해양수산부장관을 말한다), **시·도지사, 시장 또는 군수**는 공간재구조화계획도서(계획도와 계획조서를 말한다) 및 이를 보조하는 계획설명서(기초조사결과·재원조달방안 및 경관계획을 포함한다)를 작성하여야 한다.

> **OX** 공간재구조화계획 입안권자는 국토교통부장관(수산자원보호구역의 경우 해양수산부장관을 말한다), 시·도지사, 시장 또는 군수이다. (○)

④ 주민(이해관계자를 포함한다)은 다음의 용도구역 지정을 위하여 공간재구조화계획 입안권자에게 **공간재구조화계획의 입안을 제안**할 수 있다. 이 경우 제안서에는 공간재구조화계획도서와 계획설명서를 첨부하여야 한다. ⇨ 공간재구조화계획의 입안을 제안하려는 자는 다음의 구분에 따라 토지소유자의 동의를 받아야 한다. 이 경우 동의 대상 토지 면적에서 **국·공유지는 제외**한다.

> 1. 도시혁신구역 또는 복합용도구역의 지정을 제안하는 경우 : 대상 토지면적의 **3분의 2 이상**
> 2. 입체복합구역의 지정을 제안하는 경우(법 제35조의2 제1항 제3호에 따라 도시혁신구역 또는 복합용도구역과 함께 입체복합구역을 지정하거나 도시혁신계획 또는 복합용도계획과 함께 입체복합구역 지정에 관한 공간재구조화계획을 입안하는 경우로 한정한다) : 대상 토지 면적의 **5분의 4 이상** 동의

⑤ 공간재구조화계획의 입안을 제안받은 공간재구조화계획 입안권자는 **국유재산·공유재산**이 공간재구조화계획으로 지정된 **용도구역 내에 포함된 경우** 등 대통령령으로 정하는 경우(국유재산의 면적 및 공유재산의 면적의 합이 공간재구조화계획으로 지정된 용도구역 면적의 100분의 50을 초과하는 경우)에는 **제안자 외의 제3자에 의한 제안이 가능**하도록 제안 내용의 개요를 **공고**하여야 한다.

⑥ 공간재구조화계획 입안권자가 제안서 내용의 채택 여부 등을 결정한 경우에는 그 결과를 **제안자와 제3자에게 알려야 한다**. [45일 + 30일 연장]

⑦ 공간재구조화계획 입안권자는 제안자 또는 제3자와 협의하여 제안된 공간재구조화계획의 입안 및 결정에 필요한 **비용**의 전부 또는 일부를 **제안자 또는 제3자에게 부담시킬 수 있다**.

> **OX** 공간재구조화계획 입안권자는 제안자 또는 제3자와 협의하여 제안된 공간재구조화계획의 입안 및 결정에 필요한 비용의 전부 또는 일부를 제안자에게 부담시킬 수 있으나 제3자에게 부담시킬 수는 없다. (×)

⑧ 기초조사, 환경성 검토, 토지적성평가 또는 재해취약성분석은 공간재구조화계획 입안일부터 **5년 이내 기초조사를 실시한 경우** 등 대통령령으로 정하는 바에 따라 **생략할 수 있다.**

OX 기초조사, 환경성 검토, 토지적성평가 또는 재해취약성분석은 공간재구조화계획 입안일부터 10년 이내 기초조사를 실시한 경우 등 대통령령으로 정하는 바에 따라 생략할 수 있다. (×)

⑨ **국토교통부장관 또는 시·도지사[대도시 시장×]가 공간재구조화계획을 결정**하려면 미리 관계 행정기관의 장(국토교통부장관을 포함한다)과 협의하고 중앙도시계획위원회 또는 지방도시계획위원회의 심의를 거쳐야 한다. 이 경우 협의 요청을 받은 기관의 장은 특별한 사유가 없으면 그 요청을 받은 날부터 **30일(도시혁신구역)** 지정을 위한 공간재구조화계획 결정의 경우에는 **근무일 기준으로 10일)** 이내에 **의견을 제시**하여야 한다.

⑩ 공간재구조화계획 결정의 효력은 **지형도면을 고시한 날부터 발생**한다. 다만, 지형도면이 필요 없는 경우에는 제35조의6 제3항에 따라 공간재구조화계획의 결정을 **고시한 날부터 효력이 발생**한다.

OX 공간재구조화계획 결정의 효력은 지형도면을 고시한 날의 다음 날부터 발생한다. (×)

⑪ 지형도면을 고시를 할 당시에 **이미** 사업이나 공사에 **착수**한 자(이 법 또는 다른 법률에 따라 허가·인가·승인 등을 받아야 하는 경우에는 그 허가·인가·승인 등을 받아 사업이나 공사에 착수한 자를 말한다)는 그 **공간재구조화계획 결정과 관계없이** 그 사업이나 **공사를 계속**할 수 있다.

OX 지형도면을 고시를 할 당시에 이미 사업이나 공사에 착수한 자는 그 공간재구조화계획 결정일로부터 3개월 이내 신고하고 그 사업이나 공사를 계속할 수 있다. (×)

⑫ 공간재구조화계획의 내용은 **도시·군계획으로 관리**하여야 한다.

핵심 예상 문제 008

08 국토의 계획 및 이용에 관한 법령상 공간재구조화계획에 관한 설명으로 틀린 것은?

① 국토교통부장관, 시·도지사, 시장 또는 군수는 도시혁신구역을 지정하고 도시혁신계획을 수립하기 위하여 공간재구조화계획을 입안하여야 한다.

② 공간재구조화계획의 결정권자는 국토교통부장관, 시·도지사, 대도시 시장이다.

③ 주민(이해관계자를 포함한다)은 복합용도구역의 지정을 위하여 공간재구조화계획 입안권자에게 공간재구조화계획의 입안을 제안할 수 있다.

④ 공간재구조화계획의 입안을 제안받은 공간재구조화계획 입안권자는 국유재산법·공유재산 및 물품 관리법에 따른 국유재산·공유재산이 공간재구조화계획으로 지정된 용도구역 내에 포함된 경우에는 제안자 외의 제3자에 의한 제안이 가능하도록 제안 내용의 개요를 공고하여야 한다.

⑤ 공간재구조화계획 결정의 효력은 지형도면을 고시한 날부터 발생한다. 다만, 지형도면이 필요 없는 경우에는 제35조의6 제3항에 따라 고시한 날부터 효력이 발생한다.

해설 ② 공간재구조화계획의 결정권자는 국토교통부장관, 시·도지사이다[대도시 시장×]. ▶ **정답** ②

---

01 **용도지역★** [제17,18,21,24,25,26,27,28,29,30,32,33회]　　▶ 도시 · 군관리계획으로 결정 · 고시한다.

용도지역		세분 용도지역		건폐율	용적률
도시지역	주거지역 (70% 이하) (500% 이하)	**전**용주거지역(**양호**한 주거환경을 보호하기 위하여 필요)	제1종 : 단독주택 중심	50% 이하	50~100%
			제2종 : 공동주택 중심	50% 이하	50~150%
		일반주거지역(**편리**한 주거환경을 조성하기 위하여 필요)	제1종 : 저층주택 중심	60% 이하	100~200%
			제2종 : 중층주택 중심	60% 이하	100~250%
			제3종 : **중·고층**주택 중심	50% 이하	100~300%
		준주거지역 : 주거기능 + 상업 + 업무기능을 보완		70% 이하	200~500%
	상업지역 (90% 이하) (1,500% 이하)	중심상업지역 : 도심·부도심의 상업 및 업무기능		90% 이하	200~1,500%
		일반상업지역 : **일반**적인 상업기능 및 업무기능		80% 이하	200~1,300%
		유통상업지역 : 도시 내 및 지역 간 **유통**기능		80% 이하	200~1,100%
		근린상업지역 : **일용품 및 서비스의 공급**		70% 이하	200~900%
	공업지역 (70% 이하) (400% 이하)	전용공업지역 : **중화학**공업, 공해성공업 수용(굴뚝○)		70% 이하	150~300%
		일반공업지역 : **친환경**(굴뚝×)			150~350%
		준공업지역 : 경공업 + 주거 + 상업 + 업무기능			150~400%
	녹지지역 (20% 이하) (100% 이하)	보전녹지지역 : 녹지공간을 보전		20% 이하	50~80%
		생산녹지지역 : **농업적 생산**을 위하여 개발을 유보			50~100%
		자연녹지지역 : 불가피한 경우에 제한적인 **개발**			50~100%
관리지역		보전관리지역 : 자연환경보전지역으로 지정 **곤란**한 지역		20% 이하	50~80%
		생산관리지역 : 농림지역으로 지정 **곤란**한 지역		20% 이하	50~80%
		계획관리지역 : **도시지역으로 편입이 예상**되는 지역		40% 이하	50~100%
농림지역		농림업의 진흥과 산림의 보전(도시지역 외)		20% 이하	50~80%
자연환경 보전지역		**자**연환경·**수**자원·**해**안생태계·상수원 및 **국**가유산의 보전과 **수**산자원의 보호·육성등을 위하여 필요한 지역		20% 이하	50~80%

용도지역의 추가세분 : 시·도지사 또는 대도시 시장은 해당 시·도 또는 대도시의 도시·군계획**조례**로 정하는 바에 따라 도시·군관리계획결정으로 세분된 **주거지역·상업지역·공업지역·녹지지역**을 **추가적으로 세분**하여 지정할 수 있다.

02 **용적률 높은 것부터 낮은 순서★★**　　▶ 건폐율 배열 : 주거(일반 2,1,3 / 전용 2,1)

상업지역(중,일,유,근) ⇨ **준**주거지역 ⇨ **준공업**지역 ⇨ **공업** ⇨ **주거**(**일반 3,2,1 / 전용 2,1**) ⇨ 100% (제1종 전용주거지역, 생산녹지지역, 자연녹지지역, 계획관리지역) ⇨ 80%(**보전**녹지지역, **보전**관리지역, 자연환경**보전**지역, **농림**지역, **생산관리**지역) ⇨ 보전보이면 80%, 시골땅 80%, 계만 100%

✔ **건폐율 배열** : [주거지역 = 556657 / 상업지역 = 9887 / 공업지역 = 777 / 녹관농자 = 다 20, 계만 = 40%]

09 국토의 계획 및 이용에 관한 법령상 용도지역에 관한 설명으로 틀린 것은?

① 생산녹지지역은 주로 농업적 생산을 위하여 개발을 유보할 필요가 있는 지역이다.

② 자연녹지지역은 도시의 녹지공간의 확보를 위하여 보전할 필요가 있는 지역으로서 불가피한 경우에 한하여 제한적인 개발이 허용되는 지역이다.

③ 제2종 일반주거지역은 중·고층주택 중심의 편리한 주거환경을 조성하기 위한 지역이다.

④ 제2종 전용주거지역은 공동주택 중심의 양호한 주거환경을 보호하기 위한 지역이다.

⑤ 준공업지역은 경공업 그 밖의 공업을 수용하되, 주거기능·상업기능 및 업무기능의 보완이 필요한 지역이다.

해설 ③ 제3종 일반주거지역이다. ▶ **정답 ③**

10 국토의 계획 및 이용에 관한 법령상 도시지역 중 건폐율의 최대한도가 낮은 지역부터 높은 지역 순으로 옳게 나열한 것은? (단, 조례 등 기타 강화·완화조건은 고려하지 않음)

① 전용공업지역 − 중심상업지역 − 제1종 전용주거지역

② 보전녹지지역 − 유통상업지역 − 준공업지역

③ 자연녹지지역 − 일반상업지역 − 준주거지역

④ 일반상업지역 − 준공업지역 − 제2종 일반주거지역

⑤ 생산녹지지역 − 근린상업지역 − 유통상업지역

해설 ⑤ 생산녹지지역[20%] − 근린상업지역[70%] − 유통상업지역[80%] ▶ **정답 ⑤**

11 국토의 계획 및 이용에 관한 법령상 용도지역의 용적률의 최대한도가 높은 것부터 낮은 것 순으로 바르게 나열한 것은?

㉠ 보전관리지역	㉡ 제1종 전용주거지역
㉢ 일반공업지역	㉣ 준주거지역
㉤ 유통상업지역	㉥ 제3종 일반주거지역

① ㉤ − ㉣ − ㉥ − ㉢ − ㉡ − ㉠

② ㉤ − ㉣ − ㉢ − ㉥ − ㉡ − ㉠

③ ㉢ − ㉣ − ㉤ − ㉥ − ㉡ − ㉠

④ ㉣ − ㉢ − ㉥ − ㉤ − ㉡ − ㉠

⑤ ㉠ − ㉣ − ㉡ − ㉢ − ㉥ − ㉤

해설 ② ㉤[1,100%] − ㉣[500%] − ㉢[350%] − ㉥[300%] − ㉡[100%] − ㉠[80%] ▶ **정답 ②**

03 지정의제 고시별도★ ▶ 같으면 본다, 다르면 지정하여야 한다.

공유수면 (바다)	① 매립목적이 이웃 용도지역 내용과 **같은 경우** 이웃한 용도지역으로 **지정**된 것으로 **본다**. 특별시장·광역시장·특별자치시장·특별자치도지사·시장 또는 군수는 고시하여야 한다. ② 매립목적이 이웃 용도지역의 내용과 **다른 경우**(2 이상 용도지역에 걸친 경우, 2 이상 용도지역에 이웃하고 있는 경우) **도시·군관리계획결정으로 지정하여야 한다**. ▶ 큰 쪽 따른다[×]

04 결정고시 의제 특례★★ ▶ 계획관리지역[×]

도시지역 결정고시 의제 (어항도 택산전)	① 어촌·어항법에 따른 **어**항구역 ② 항만법에 따른 **항**만구역 + **도시지역에 연접**된 공유수면 ③ 택지개발촉진법에 따른 **택지개발지구** ④ 국가**산**업단지·일반산업단지 및 도시첨단산업단지 　　　　　　(**농공단지는 제외** ⇨ 본래의 용도지역을 유지한다.) ⑤ **전**원개발사업구역 및 예정구역(**수력발전소** 또는 송·변전설비 **제외**)
관리지역	① **관리지역**에서 **농**지법에 따른 **농**업진흥지역으로 지정·고시된 지역은 **농림지역**으로 결정·고시된 것으로 본다. ▶ 농농농 관리합시다. ② 관리지역의 산림 중 산지관리법에 따라 보전산지로 지정·고시된 지역은 해당 고시에서 구분하는 바에 따라 **농림지역** 또는 **자연환경보전지역**으로 결정·고시된 것으로 본다.

12 국토의 계획 및 이용에 관한 법령상 용도지역에 관한 설명으로 틀린 것은?

① 하천의 매립목적이 그 매립구역과 이웃하고 있는 용도지역의 내용과 같으면 도시·군관리계획의 입안 및 결정 절차 없이 그 매립준공구역은 이웃하고 있는 용도지역으로 지정된 것으로 본다.

② 매립구역이 둘 이상의 용도지역에 걸쳐 있거나 이웃하고 있는 경우 그 매립구역이 속할 용도지역은 도시·군관리계획 결정으로 지정하여야 한다.

③ 어촌·어항법에 따른 어항구역 및 항만법에 따른 항만구역으로서 도시지역에 연접한 공유수면으로 지정·고시된 지역은 도시지역으로 결정·고시된 것으로 본다.

④ 산업입지 및 개발에 관한 법률에 따라 국가산업단지로 지정된 지역은 도시지역으로 결정·고시된 것으로 보고, 농공단지로 지정·고시된 지역은 도시지역으로 결정·고시된 것으로 보지 아니한다.

⑤ 택지개발촉진법에 따라 택지개발지구로 지정·고시된 지역은 도시지역으로 결정·고시된 것으로 본다.

해설 ① 하천이 아니라 공유수면(바다에 한한다)의 매립목적이다. ▶ **정답 ①**

05 아파트를 설치할 수 없는 용도지역★
▶ 아파트[×] ⇨ 유전 고까것1, 녹관농자, 일반공업지역

아파트는 유통상업지역·전용공업지역·일반공업지역·녹지지역·관리지역·농림지역·자연환경보전지역·제1종 전용주거지역, 제1종 일반주거지역에서 건축할 수 없다.

✔ 단독주택은 유통상업지역 및 전용공업지역에서 건축을 할 수 없다.　　　　▶ 단독주택[×] ⇨ 유전

✔ 일반주거지역에는 제2종 근린생활시설을 설치할 수 없으나 도시·군계획 조례에 의하면 제2종 근린생활시설(단란주점, 안마시술소는 제외)을 설치할 수 있다.

> ▶OX 국토의 계획 및 이용에 관한 법령상 제2종 전용주거지역에는 아파트를 건축할 수 없다. (×)

06 용도지역 미지정 또는 미세분지역★★
▶ 보전을 찾는다.

용도지역 미지정 또는 미세분지역의 행위제한 ⇨ **보전** 찾는다. ⇨ **건축 가능**

⇨ 건폐율 20% 이하, 용적률 50% 이상 80% 이하

① 도시지역·관리지역·농림지역·자연환경보전지역으로 용도가 **지정되지 아니한 지역**에 건폐율, 용적률, 건축제한에 대하여는 자연환경**보전**지역에 관한 규정을 적용한다.
② 도시지역이 **미세분**된 경우 건폐율, 용적률, 건축제한은 **보전**녹지지역에 관한 규정을 적용한다.
③ 관리지역이 **미세분**된 경우 건폐율, 용적률, 건축제한은 **보전**관리지역에 관한 규정을 적용한다.

핵심 예상 문제 013

13　국토의 계획 및 이용에 관한 법령상 용도지역과 관련된 행위제한으로 옳은 것은?

① 도시지역·관리지역·농림지역 또는 자연환경보전지역으로 용도가 지정되지 아니한 지역의 건폐율은 20% 이하이고, 용적률은 50% 이상 80% 이하를 적용한다.

② 토지적성평가 등에 의해 세부 용도지역으로 지정되지 아니한 관리지역에서는 건축물의 건축 또는 공작물의 설치가 금지된다.

③ 도시지역·관리지역·농림지역 또는 자연환경보전지역으로 용도가 지정되지 아니한 지역에 대하여는 건폐율 규정을 적용함에 있어서 도시지역에 관한 규정을 적용한다.

④ 도시지역이 세부 용도지역으로 지정되지 아니한 경우 건폐율은 자연녹지지역에 관한 규정을 적용한다.

⑤ 관리지역이 세부 용도지역으로 지정되지 아니한 경우 용적률은 계획관리지역에 관한 규정을 적용한다.

> 해설 ② 건축물의 건축 또는 공작물의 설치가 가능하다.
> ③ 자연환경보전지역에 관한 규정을 적용한다.
> ④ 보전녹지지역에 관한 규정을 적용한다.
> ⑤ 보전관리지역에 관한 규정을 적용한다.　　　　　　　　　　　　　　　　▶ 정답 ①

01   고도지구★   ▶ 최저한도[×]   ▶ 도시·군계획조례[×]

쾌적한 환경 조성 및 토지의 효율적 이용을 위하여 건축물 높이의 **최고한도**를 규제할 필요가 있는 지구
(건축제한 : 도시·군**관리**계획)

02   경관지구   ▶ 특자시

경관의 보전·관리 및 형성을 위하여 필요한 지구   (건축제한 : 도시·군계획조례)

① 특화경관지구, ② 자연경관지구, ③ 시가지경관지구

✔ 특화경관지구 : 지역 내 주요 수계의 수변 또는 문화적 보존가치가 큰 건축물 주변의 경관 등 **특별**한 **경관**을 보호 또는 유지하거나 형성하기 위하여 필요한 **지구**

▶OX ┃ 경관지구 안에서의 건축물의 건폐율·용적률·높이·최대너비·색채 및 대지 안의 조경 등에 관하여는 도시계획위원회가 정한다. (×) 제23회

03   방화지구

화재의 위험을 예방하기 위하여 필요한 지구   (건축제한 : 도시·군계획조례)

04   방재지구   ▶ 시자

풍수해, 산사태, 지반의 붕괴, 재해를 예방하기 위하여 필요한 지구(건축제한 : 도시·군계획조례)

① **시가지방재지구** : 건축물·인구가 밀집되어 있는 지역으로서 시설 개선 등을 통하여 재해 예방

② **자연방재지구** : 해안변, 하천변, 급경사지 주변 등의 지역으로서 건축 제한 등을 통하여 재해 예방

※참고 ┃ 방재지구 안에서는 용도지역 안에서의 건축제한 중 층수 제한에 있어서는 1층 전부를 필로티 구조로 하는 경우 필로티 부분을 층수에서 제외한다.

※참고 ┃ 방재지구의 재해저감대책에 부합하게 재해예방시설을 설치하는 건축물의 경우 용도지역에서는 해당 **용적률의 140퍼센트 이하**[120% 완화×]**의 범위**에서 도시·군계획조례로 정하는 비율로 할 수 있다.

05   보호지구★   ▶ 역중생

국가유산, 중요 시설물(항만, 공항, 공용시설, 교정 및 군사시설) 및 문화적·생태적으로 보존가치가 큰 지역의 **보호와 보존**을 위하여 필요한 지구   (건축제한 : 도시·군계획조례)

① 역사문화환경보호지구, ② 중요시설물보호지구, ③ 생태계보호지구

06   개발진흥지구★   ▶ 주산관복특

주거기능·상업기능·공업기능·유통물류기능·관광기능·휴양기능 등을 집중적으로 **개발·정비**할 필요가 있는 **지구**(건축제한 : 지구단위계획 또는 개발**계획**에 의하나, 지구단위계획 또는 개발계획수립 **전**에는 도시·군계획**조례**, 수립이 **안**되면 **용**도지역에서 허용되는 건축물을 건축할 수 있다)

① 주거개발진흥지구, ② 산업·유통개발진흥지구, ③ 관광·휴양개발진흥지구, ④ 복합개발진흥지구, ⑤ 특정개발진흥지구

✔ 복합개발진흥지구 : 주거기능, 공업기능, 유통·물류기능 및 관광·휴양기능 중 **2 이상의 기능**을 중심으로 개발·정비할 필요가 있는 지구

> OX | 복합개발진흥지구 : 주거기능, 상업기능, 유통·물류기능 및 관광·휴양기능 중 2 이상의 기능을 중심으로 개발·정비할 필요가 있는 지구이다. (×)

> OX | 공업기능 및 유통·물류기능을 중심으로 개발·정비할 필요가 있는 지구는 산업·유통개발진흥지구이다. (○)

07 특정용도제한지구★   ▶ 제한

주거 및 교육 환경 보호나 청소년 보호 등의 목적으로 오염물질 배출시설, 청소년유해시설 등 특정시설의 입지를 **제한**할 필요가 있는 지구   (건축제한 : 도시·군계획조례)

08 복합용도지구★★   ▶ 완화

지역의 토지이용 상황, 개발 수요 및 주변 여건 등을 고려하여 효율적이고 복합적인 토지이용을 도모하기 위하여 특정시설의 입지를 **완화**할 필요가 있는 지구 ⇨ 시·도지사 또는 대도시 시장은 **일반주거지역, 일반공업지역, 계획관리지역**에 복합용도지구를 지정할 수 있다.(건축제한 : **대통령령**)

복합용도지구에서는 해당 용도지역에서 허용되는 건축물 외에 다음의 건축물 중 도시·군계획조례가 정하는 건축물을 건축할 수 있다.
1. **일반주거지역** : **준주거지역**에 허용되는 건축물. 다만, 제2종 근린생활시설 중 안마시술소, 문화 및 집회시설 중 관람장, 공장, 위험물저장 및 처리시설, 동물 및 식물관련시설, **장례시설은 제외한다**.
2. **일반공업지역** : **준공업지역**에 허용되는 건축물. 다만, 공동주택 중 **아파트**, 제2종 근린생활시설 중 단란주점 및 안마시술소, 노유자시설을 **제외한다**.
3. **계획관리지역** : 제2종 근린생활시설 중 위락시설 중 유원시설업의 시설, 일반음식점·휴게음식점·제과점, 판매시설, 숙박시설, 그 밖에 이와 비슷한 시설에 해당하는 건축물 **[놀고, 먹고, 팔고, 잔다]**
▶ 용도지역의 변경시 기반시설이 부족해지는 등의 문제가 우려되어 **용도지역의 건축제한만을 완화**
▶ 용도지역의 지정목적이 크게 저해되지 아니하도록 용도지역 전체 면적의 **1/3 이하** 범위에서 지정할 것
> OX | 시·도지사, 대도시 시장은 일반상업지역, 유통상업지역에 복합용도지구를 지정할 수 있다. (×)

09 취락지구★★   ▶ 자연취락지구 ⇨ 주거지역[×], 5층[×], 음식점[×]

녹지지역·관리지역·농림지역·자연환경보전지역이나 도시자연공원구역, 개발제한구역의 취락을 정비 ⇨ 지정장소가 특정한 용도지역·용도구역에 한정

① **집단취락지구** ⇨ **개발제한구역**에 지정

 ⇨ 건축제한 :「개발제한구역의 지정 및 관리에 관한 특별조치법령」

 > OX | 집단취락지구란 개발제한구역 안의 취락을 정비하기 위하여 필요한 지구를 말한다. (○)

② **자연취락지구** ⇨ **녹지지역·관리지역·농림지역·자연환경보전지역**에 지정**[4층 이하]**

 ⇨ 건축제한 :「국토의 계획 및 이용에 관한 법령」

✔ **자연취락지구 안에서 건축할 수 있는 건축물(4층 이하)** : 단독주택, 제1종 근린생활시설, 제2종 근린생활시설[**일반음식점, 휴게음식점, 단란주점, 안마시술소는 제외한다**], 운동시설(농업·임업·축산업·수산업용)창고, 방송통신시설, 발전시설[관광휴게시설×, 정신병원×, 장례식장×, 종교시설× (단, 조례로는 종교시설의 설치가능), 노래연습장○]

✔ 용도지역·용도지구[용도구역×]에서의 **도시·군계획시설**에 대하여는 **용도지역·용도지구에서의 건축제한 규정을 적용하지 아니한다.**

▶ OX] 용도지역 안에서의 건축물의 용도·종류 및 규모의 제한에 대한 규정은 도시·군계획시설에 대해서도 적용된다. (×)

핵심 예상 문제 014

14 국토의 계획 및 이용에 관한 법령상 용도지구의 세분에 관한 내용 중 틀린 것은?

① 경관지구는 특화경관지구, 자연경관지구, 시가지경관지구로 세분하여 지정할 수 있다.

② 보호지구는 역사문화환경보호지구, 중요시설물보호지구, 생태계보호지구로 세분하여 지정할 수 있다.

③ 취락지구는 자연취락지구, 집단취락지구로 세분하여 지정할 수 있다.

④ 고도지구는 최고고도지구, 최저고도지구로 세분하여 지정할 수 있다.

⑤ 방재지구는 시가지방재지구, 자연방재지구로 세분하여 지정할 수 있다.

해설 ④ 고도지구는 최고고도지구[○], 최저고도지구는 삭제되었다. ▶ 정답 ④

핵심 예상 문제 015

15 국토의 계획 및 이용에 관한 법령상 용도지구별 건축제한에 관한 설명으로 옳은 것을 모두 고른 것은?

> ㉠ 일반공업지역에 지정된 복합용도지구 안에서는 아파트를 건축할 수 있다.
>
> ㉡ 용도지역·용도지구에서의 도시·군계획시설에 대하여는 용도지역·용도지구의 건축제한에 관한 규정을 적용하지 아니한다.
>
> ㉢ 고도지구에서는 건축물을 신축하는 경우 도시·군관리계획으로 정하는 높이를 초과하여 건축할 수 없다.
>
> ㉣ 자연취락지구 안에서는 5층 이하의 범위에서 관광휴게시설을 건축할 수 있다.
>
> ㉤ 복합개발진흥지구는 주거기능, 공업기능, 유통·물류기능 및 관광·휴양기능 중 2 이상의 기능을 중심으로 개발·정비할 필요가 있는 지구이다.

① ㉠, ㉡   ② ㉠, ㉢   ③ ㉠, ㉣, ㉤

④ ㉡, ㉢, ㉤   ⑤ ㉢, ㉣, ㉤

해설 ㉠ 일반공업지역에 지정된 복합용도지구 안에서는 아파트를 건축할 수 없다.
㉣ 5층 이하가 아니라 4층 이하이다. 관광휴게시설은 건축할 수 없다. ▶ 정답 ④

01 **개발제한구역**★

① **의의** : **국토교통부장관** ⇨ 도시의 무질서한 확산을 방지, 도시주변의 자연환경을 보전, 도시민의 건전한 생활환경을 확보 ⇨ **보안상** 개발제한 ⇨ 도시·군**관리**계획으로 결정

② **행위제한** : 따로 법률로 정한다. ⇨ 개발제한구역의 지정 및 관리에 관한 특별조치법으로 정한다.

OX 국방과 관련하여 보안상 도시의 개발을 제한할 필요가 있을 경우 도시·군관리계획에 의해 시가화조정구역을 지정할 수 있다. (×)

02 **도시자연공원구역**★   ▶국토교통부장관(×)

① **의의** : **시·도지사, 대도시 시장** ⇨ 도시의 자연환경 및 경관을 보호, 도시민의 건전한 **여가·휴식공간을 제공**, 도시지역에서 식생이 양호한 산지의 개발을 제한 ⇨ 도시·군**관리**계획으로 결정

② **행위제한** : 따로 법률로 정한다. ⇨ 도시공원 및 녹지 등에 관한 법률로 정한다.

OX 국토교통부장관은 도시자연공원구역의 지정을 도시·군관리계획으로 결정할 수 있다. (×)

03 **시가화조정구역**★   ▶보안상(×)

① **의의** : **시·도지사** ⇨ 도시지역과 그 주변 지역의 무질서한 시가화 방지 ⇨ **5년 이상 20년 이내** 기간 동안 시가화를 유보할 필요 ⇨ 도시·군**관리**계획으로 결정할 수 있다.
국가계획과 연계 ⇨ 국토교통부장관이 도시·군관리계획으로 결정할 수 있다.

② **실효** : 유보기간이 끝난 날의 **다음 날**부터 그 효력을 잃는다. ⇨ 고시는 하여야 한다.

③ **지정효과** : 개발행위 금지   ▶주택의 신축(×), pc방(×)

④ **예외** : 도시·군계획사업 ⇨ 국방상 또는 공익상 불가피하여 관계 중앙행정기관의 장의 요청으로 국토교통부장관이 인정하는 사업에 한하여 시행할 수 있다(허가×, 신고×).

⑤ **예외** : 도시·군계획사업 **외** ⇨ 허가(특별시장·광역시장·특별자치시장·특별자치도지사·시장·군수)

---
1. 농업·임업·어업용의 건축물 중 축사, 퇴비사, 창고 등을 건축하는 행위
2. 주택의 **증축**(100m^2 이하), 종교시설의 증축(2배 이내) ⇨ 신축(×)
3. 마을공동시설(농로, 제방시설의 설치, 새마을회관의 설치)
4. **공익**시설·**공공**시설·**공용**시설(보건소·연구소·사회복지시설·공공도서관·119 안전센터 등) 설치

OX 시가화조정구역에서 공익시설·공공시설·공용시설은 신고하고 설치할 수 있다. (×)

04 **수산자원보호구역**

① **의의** : **해양수산부장관** ⇨ 수산자원의 보호·육성을 위하여 ⇨ 도시·군**관리**계획으로 결정

② **행위제한** : 수산자원보호구역의 행위제한은 「수산자원관리법」에 따른다.

16 국토의 계획 및 이용에 관한 법령상 용도구역에 관한 설명으로 옳은 것은?

① 시가화유보기간은 5년 이상 20년 이내의 기간으로 도시·군관리계획으로 정하며, 시가화유보기간이 끝난 날부터 그 효력을 잃는다.

② 시가화조정구역에서 공공도서관, 119안전센터, 사회복지시설, 복합유통게임제공업의 시설, 주택의 신축, 종교시설의 신축, 공익시설·공공시설, 축사, 퇴비사, 창고, 양어장 등은 허가받아 설치할 수 있다.

③ 국토교통부장관은 도시자연공원구역의 지정을 도시·군관리계획으로 결정할 수 있다.

④ 국토교통부장관은 개발제한구역의 지정을 도시·군관리계획으로 결정할 수 있다.

⑤ 시·도지사는 시가화조정구역의 변경을 광역도시계획으로 결정할 수 있다.

해설 ① 시가화유보기간이 끝난 날의 다음 날부터 그 효력을 잃는다.
② 복합유통게임제공업 시설[×], 주택의 신축이 아니라 증축, 종교시설의 신축이 아니라 증축이 허가사항이다.
③ 국토교통부장관이 아니라 시·도지사, 대도시 시장이다.
⑤ 광역도시계획이 아니라 도시·군관리계획으로 결정할 수 있다.　　　　　▶ **정답 ④**

---

05 도시혁신구역
▶ 도시혁신구역의 내용 : 건축선[×]

① **도시혁신구역의 지정대상 :** 공간재구조화계획 결정권자(국토교통부장관, 시·도지사)는 다음의 어느 하나에 해당하는 지역을 도시혁신구역으로 지정할 수 있다.

> 1. 도시·군**기본**계획에 따른 도**심**·부도**심** 또는 생활권의 중**심**지역
> 2. 주요 기반시설과 연계하여 **지역**의 **거점 역할**을 수행할 수 있는 지역
> 3. 그 밖에 도시공간의 창의적이고 혁신적인 개발이 필요하다고 인정되는 경우로서 대통령령으로 정하는 지역
>   ㉠ **유휴토지** 또는 **대규모 시설**의 이전부지
>   ㉡ 그 밖에 도시공간의 창의적이고 혁신적인 개발이 필요하다고 인정되는 지역으로서 해당 시·도의 도시·군계획조례로 정하는 지역

[OX] 공간재구조화계획 결정권자인 국토교통부장관, 시·도지사, 대도시 시장이 도시·군기본계획에 따른 도심·부도심 또는 생활권의 중심지역을 도시혁신구역으로 지정할 수 있다. (×)

② **고려사항 :** 도시혁신구역의 지정 및 변경과 도시혁신계획은 도시혁신구역의 지정 목적 등을 종합적으로 고려하여 공간재구조화계획으로 결정한다.

③ **지정제한 :** 다른 법률에서 공간재구조화계획의 결정을 의제하고 있는 경우에도 이 법에 따르지 아니하고 도시혁신구역의 지정과 도시혁신계획을 결정할 수 없다.

[OX] 다른 법률에서 공간재구조화계획의 결정을 의제하고 있는 경우에는 이 법에 따르지 아니하고 도시혁신구역의 지정과 도시혁신계획을 결정할 수 있다. (×)

④ **의견제시기한**: 공간재구조화계획 결정권자가 공간재구조화계획을 결정하기 위하여 관계 행정기관의 장과 협의하는 경우 협의 요청을 받은 기관의 장은 그 요청을 받은 날부터 **10일(근무일 기준) 이내에 의견을 회신**하여야 한다.

⑤ 도시혁신구역 및 도시혁신계획에 관한 도시·군관리계획 결정의 실효, 도시혁신구역에서의 건축 등에 관하여 다른 특별한 규정이 없으면 제53조(지구단위계획구역의 지정 및 지구단위계획에 관한 도시·군관리계획결정의 실효 등) 및 제54조(지구단위계획구역에서의 건축 등)를 준용한다. 이 경우 "지구단위계획구역"은 "도시혁신구역"으로, "지구단위계획"은 "도시혁신계획"으로 본다.

⑥ **도시혁신구역에서의 행위 제한**: 용도지역 및 용도지구에 따른 제한에도 불구하고 도시혁신구역에서의 토지의 이용, 건축물이나 그 밖의 시설의 용도·건폐율·용적률·높이 등에 관한 제한 및 그 밖에 대통령령(건축물이나 그 밖의 시설의 종류 및 규모의 제한)으로 정하는 사항에 관하여는 **도시혁신계획으로 따로 정한다**.

⑦ **도시혁신구역에서의 다른 법률의 적용 특례**: 도시혁신구역에 대하여는 다음의 법률 규정에도 불구하고 **도시혁신계획으로 따로 정할 수 있다**.[주미, 주부, 복대하고, 공, 공, 녹지에 학교용지 조성]

> 1. 「주택법」 제35조에 따른 **주**택의 배치, **부**대시설·**복**리시설의 설치기준 및 **대**지조성기준
> 2. 「주차장법」 제19조에 따른 부설**주**차장의 설치
> 3. 「문화예술진흥법」 제9조에 따른 건축물에 대한 **미**술작품의 설치
> 4. 「건축법」 제43조에 따른 공개 **공**지 등의 확보
> 5. 「도시공원 및 녹지 등에 관한 법률」 제14조에 따른 도시**공원** 또는 **녹지** 확보기준
> 6. 「학교용지 확보 등에 관한 특례법」 제3조에 따른 **학교용지의 조성**·개발 기준

OX 도시혁신구역에 대하여는 「건축법」에 따른 조경기준에도 불구하고 도시혁신계획으로 따로 정할 수 있다. (×)

⑧ 도시혁신구역으로 지정된 지역은 「건축법」 제69조에 따른 특별건축구역으로 지정된 것으로 본다.

⑨ 도시혁신구역의 지정·변경 및 도시혁신계획 결정의 고시는 도시개발법에 따른 개발계획의 내용에 부합하는 경우 도시개발구역의 지정 및 개발계획 수립의 고시로 본다.

06 복합용도구역

① **복합용도구역의 지정대상**: **공간재구조화계획 결정권자(국토교통부장관, 시·도지사)**는 다음의 어느 하나에 해당하는 지역을 복합용도구역으로 지정할 수 있다.   ▶ 복합용도구역의 내용: 건축선[×]

> 1. 산업구조 또는 경제활동의 변화로 **복합적 토지이용**이 필요한 지역
> 2. 노후 건축물 등이 밀집하여 **단계적 정비**가 필요한 지역
> 3. 그 밖에 복합된 공간이용을 촉진하고 다양한 도시공간을 조성하기 위하여 계획적 관리가 필요하다고 인정되는 경우로서 대통령령으로 정하는 지역
>   ㉠ 복합용도구역으로 지정하려는 지역이 **둘 이상의 용도지역에 걸치는 경우**로서 토지를 효율적으로 이용하기 위해 건축물의 용도, 종류 및 규모 등을 통합적으로 관리할 필요가 있는 지역
>   ㉡ 그 밖에 복합된 공간이용을 촉진하고 다양한 도시공간을 조성하기 위해 계획적 관리가 필요하다고 인정되는 지역으로서 해당 시·도의 도시·군계획조례로 정하는 지역

② 복합용도구역의 지정 및 변경과 복합용도계획은 복합용도구역의 지정 목적을 종합적으로 고려하여 공간재구조화계획으로 결정한다.

③ 복합용도구역 및 복합용도계획에 관한 도시·군관리계획 결정의 실효, 복합용도구역에서의 건축 등에 관하여 다른 특별한 규정이 없으면 제53조(지구단위계획구역의 지정 및 지구단위계획에 관한 도시·군관리계획결정의 실효 등) 및 제54조(지구단위계획구역에서의 건축 등)를 준용한다. 이 경우 "지구단위계획구역"은 "복합용도구역"으로, "지구단위계획"은 "복합용도계획"으로 본다.

④ **복합용도구역에서의 행위 제한**: 용도지역 및 용도지구에 따른 제한에도 불구하고 복합용도구역에서의 건축물이나 그 밖의 시설의 용도·종류 및 규모 등의 제한에 관한 사항은 대통령령으로 정하는(도시지역에서 허용되는) 범위에서 **복합용도계획으로 따로 정한다**.

⑤ 복합용도구역에서의 **건폐율과 용적률**은 용도지역별 건폐율과 용적률의 최대한도의 범위에서 **복합용도계획으로 정한다**.

07 도시·군계획시설입체복합구역

① **도시·군계획시설입체복합구역의 지정대상**: **도시·군관리계획의 결정권자**[국토교통부장관, 시·도지사, 대도시 시장]는 도시·군계획시설의 입체복합적 활용을 위하여 다음의 어느 하나에 해당하는 경우에 도시·군계획시설이 결정된 토지의 전부 또는 일부를 도시·군계획시설입체복합구역(이하 "**입체복합구역**"이라 한다)으로 **지정할 수 있다**.

> 1. 도시·군계획시설 **준공 후 10년이 경과한 경우**로서 해당 시설의 개량 또는 정비가 필요한 경우
> 2. 주변지역 정비 또는 지역경제 활성화를 위하여 **기반시설**의 복합적 이용이 필요한 경우
> 3. 첨단기술을 적용한 새로운 형태의 **기반시설** 구축 등이 필요한 경우
> 4. 그 밖에 효율적이고 복합적인 도시·군계획시설의 조성을 위하여 필요한 경우로서 대통령령(해당 시·도 또는 대도시의 **도시·군계획조례로 정하는 경우**)으로 정하는 경우

〔OX〕 도시·군관리계획의 결정권자는 도시·군계획시설의 입체복합적 활용을 위하여 도시·군계획시설 준공 후 20년이 경과한 경우로서 해당 시설의 개량 또는 정비가 필요한 경우에는 도시·군계획시설이 결정된 토지의 전부 또는 일부를 입체복합구역으로 지정할 수 있다. (×)

② **입체복합구역의 건축제한 등**: 이 법 또는 다른 법률의 규정에도 불구하고 입체복합구역에서의 도시·군계획시설과 도시·군계획시설이 아닌 시설에 대한 건축물이나 그 밖의 시설의 용도·종류 및 규모 등의 제한(이하 이 조에서 "건축제한"이라 한다), 건폐율, 용적률, 높이 등은 **대통령령으로 정하는 범위에서 따로 정할 수 있다**. 다만, 다른 법률에 따라 정하여진 건축제한, 건폐율, 용적률, 높이 등을 완화하는 경우에는 미리 관계 기관의 장과 협의하여야 한다.

③ 입체복합구역의 건축제한에 따라 정하는 건폐율과 용적률은 제77조 및 제78조에 따라 대통령령으로 정하고 있는 해당 용도지역별 최대한도의 **200퍼센트 이하로 한다**.

〔OX〕 입체복합구역의 건축제한에 따라 정하는 해당 용도지역별 건폐율 최대한도의 150퍼센트 이하, 용적률 최대한도의 200퍼센트 이하로 한다. (×)

01 하나의 대지가 2 이상의 용도지역 · 용도지구 또는 용도구역에 걸친 경우

(1) 토지의 경우

① 하나의 대지가 2 이상의 용도지역 등에 걸치는 경우 가장 작은 부분의 규모가 330m²(도로변을 따라 띠모양으로 지정된 상업지역 ⇨ 또띠상 660m²) 이하인 경우

⇨ 면적전체에 건폐율 및 용적률은 가중평균한 값을 적용하고 **주의!** 각각의 의미

⇨ 그 밖의 건축 제한은 가장 넓은 면적이 속하는 용도지역에 관한 규정을 적용한다.

② 용적률 300%란? ⇨ 최대건축연면적이 대지면적의 3배가 되는 것을 말한다.

③ 문제해결공식 **주의!** 최대 건축 연면적 계산문제 ⇨ 무조건 각각 곱해서 더해라

대지로 조성된 1,000m²의 토지가 그 중 700m²는 제2종 일반주거지역, 나머지는 제1종 일반주거지역에 걸쳐 있을 때, 이 토지에 건축할 수 있는 건축물의 최대 연면적은? (다만, 제2종 일반주거지역 및 제1종 일반주거지역의 용적률의 최대한도는 각각 200% 및 150%이다.) = 1,850m²

전체면적 기재(m²)		
용도지역 기재( )	용도지역 기재( )	
대지면적 기재(m²)	대지면적 기재(m²)	
용적률 기재 (%)	용적률 기재 (%)	최대 건축 연면적 기재
연면적 기재 (m²)+	연면적 기재 (m²)	= (m²)

(2) 건축물의 경우

① **고도지구** : 건축물이 고도지구에 걸쳐 있는 경우에는 그 건축물 및 대지의 전부에 대하여 고도지구의 건축물 및 대지에 관한 규정을 적용한다.

② **방화지구** : 하나의 건축물이 방화지구와 그 밖의 용도지역 · 용도지구 또는 용도구역에 걸쳐 있는 경우에는 그 전부(건축물)에 대하여 방화지구 안의 건축물에 관한 규정을 적용한다. 다만, 그 건축물이 있는 방화지구와 그 밖의 용도지역 · 용도지구 또는 용도구역의 경계가 건축법의 규정에 따른 방화벽으로 구획되는 경우에는 각각을 적용한다. ▶ 대지 전부[×]

(3) 녹지지역과 그 외 지역 ⇨ 각각(건폐율 및 용적률, 그 밖의 건축 제한)적용(규모가 가장 작은 부분이 녹지지역으로서 해당 녹지지역이 330m² 이하인 경우는 제외한다) 다만, 녹지지역의 건축물이 고도지구 또는 방화지구에 걸쳐 있는 경우에는 위 (2)의 규정에 따른다.

핵심 예상 문제 017

17 A시에서 甲이 소유하고 있는 1,000m²의 대지는 제1종 일반주거지역에 800m², 제2종 일반주거지역에 200m²씩 걸쳐 있다. 甲이 대지 위에 건축할 수 있는 최대 연면적이 1,200m²일 때, A시 조례에서 정하고 있는 제1종 일반주거지역의 용적률은 _____이다(다만, 조례상 제2종 일반주거지역의 용적률은 200%이며, 기타 건축제한은 고려하지 않음).

▶ 정답 100%

01 도시·군계획시설

기반시설

① 교통시설 : 도로·철도·항만·공항·**주차장**·자동차정류장·궤도·차량검사 및 면허 시설
② 공간시설 : **광장·공원·녹지·유원지·공공공지**
③ 유통·공급시설 : 유통업무설비·수도·전기·가스·열공급설비·**방송·통신시설·공동구**·시장
④ 공공·문화체육시설 : 학교·공공청사·문화시설·공공필요성이 인정되는 체육시설·연구시설·사회복지시설·공공직업훈련시설·청소년수련시설[운동장×]
⑤ 방재시설 : **하천·유수지·저수지**·방화설비·방풍설비·방수설비·사방설비·방조설비
⑥ 보건위생시설 : **장사시설·종합의료시설·도축장**
⑦ 환경기초시설 : 하**수**도·**폐**기물처리 및 재활용시설·**빗물**저장 및 이용시설·**수**질오염 방지시설·**폐**차장

> **OX** 장사시설은 기반시설 중 공간시설에 해당한다. (×)
> **OX** 폐기물처리 및 재활용시설은 기반시설 중 보건위생시설에 해당한다. (×)

핵심 예상 문제 018

18 국토의 계획 및 이용에 관한 법률상 기반시설의 종류와 그 해당 시설의 연결로 틀린 것은?

① 교통시설 − 차량 검사 및 면허시설
② 유통·공급시설 − 방송·통신시설
③ 방재시설 − 하천
④ 공간시설 − 장사시설
⑤ 환경기초시설 − 폐차장

해설 ④ 보건위생시설 − 장사시설 / 공간시설 − 광장·공원·녹지·유원지·공공공지이다. ▶ 정답 ④

도시·군 계획시설

① 기반시설 중 도시·군관리계획으로 결정된 시설을 말한다.
② 도시지역에서 도시·군관리계획으로 결정하지 아니하고 설치할 수 있는 기반시설 : 주차장, 사회복지시설, 열공급설비, 방송통신시설, 시장, 장사시설, 종합의료시설, 공원의 기반시설, 공공청사·공공필요성이 인정되는 체육시설·청소년수련시설·폐차장, 광장 중 건축물부설광장(도시지역 외의 지역은 광장), 전기공급설비(발전소·변전소는 제외), 대지면적이 500m² 미만인 도축장, 폐기물처리 및 재활용시설, 방송통신대학

공동구

① **하수도관, 가스관**은 공동구협의회의 **심의를 거쳐 수용할 수 있다.**
② **200만m²를 초과**[**택지**개발지구, **경제**자유구역, 도시**개발**구역, **정비**구역, **도청**이전신도시, **공공주택**지구]하는 **사업시행자**는 공동구를 **설치**하여야 한다.

> **OX** 공동구가 설치된 경우 가스관은 공동구협의회의 심의를 거쳐 공동구에 수용하여야 한다. (×)
> **OX** 도시개발구역의 규모가 150만m²인 경우 해당 구역의 개발사업 시행자는 공동구를 설치하여야 한다. (×)
> **OX** 일반산업단지에서 개발사업을 시행하는 자는 공동구를 설치하여야 한다. (×)

공동구	③ 공동구설치비용 : 점용**예정자**와 사업**시행자**가 부담한다. (**관리비** ⇨ **점용하는 자**가 함께 부담, 부담비율은 점용면적을 고려하여 공동구관리자가 정한다. ⇨ 연 2회 분할 납부) ④ 공동구관리자 : 특별시장 · 광역시장 · 특별자치시장 · 특별자치도지사 · 시장 · 군수 ⑤ 공동구의 안전 및 유지관리**계획 : 5년**마다 수립 · 시행 / 안전**점검 : 1년에 1회** 이상 ⑥ 의무적 수용 : 공동구가 설치된 경우에는 공동구에 수용**하여야**할 시설이 **모두 수용**되도록 하여야 한다. ⇨ 위반시(2년 이하의 징역 또는 2천만원 이하의 벌금) ⑦ 사용허가 : 공동구 설치비용을 부담하지 아니한 자(완납하지 아니한 자)가 공동구를 점용하거나 사용하려면 그 공동구를 관리하는 공동구관리자의 허가를 받아야 한다.
광역시설	**국가계획으로 설치한 광역시설은 법인**이 설치 · 관리할 수 있다. ▶OX 국가계획으로 설치하는 광역시설은 국토교통부장관이 설치 · 관리할 수 있다. (×)
단계별 집행계획	① 수립(입안권자) : 도시 · 군계획시설결정**고시일부터 3개월 이내 수립**하여야 한다. 도시 · 군관리계획의 결정이 **의제시에는 2년 이내 수립**할 수 있다. [심의×, 승인×] ② 단계별 집행계획 종류 : 1단계 집행계획(3년 이내)과 2단계 집행계획(3년 이후) ▶123 ▶OX 「도시 및 주거환경정비법」에 따라 도시 · 군관리계획의 결정이 의제되는 경우에는 해당 도시 · 군계획시설결정의 고시일부터 3개월 이내에 도시 · 군계획시설에 대하여 단계별 집행계획을 수립하여야 한다. (×) ▶OX 5년 이내에 시행하는 도시 · 군계획시설사업은 단계별 집행계획 중 제1단계 집행계획에 포함되어야 한다. (×)

핵심 예상 문제 019

19 국토의 계획 및 이용에 관한 법령상 공동구 등에 관한 다음 설명 중 틀린 것은?

① 하수도관, 가스관은 공동구협의회의 심의를 거쳐 공동구에 수용할 수 있다.

② 「지역 개발 및 지원에 관한 법률」에 따른 지역개발사업구역에서 200만m^2를 초과하는 개발사업을 시행하는 자는 공동구를 설치하여야 한다.

③ 공동구의 설치에 필요한 비용은 이 법 또는 다른 법률에 특별한 규정이 있는 경우를 제외하고는 공동구 점용예정자와 사업시행자가 부담한다.

④ 공동구 설치비용 부담액을 완납하지 않은 자가 공동구를 점용하려면 그 공동구를 관리하는 공동구 관리자의 허가를 받아야 한다.

⑤ 공동구관리자는 5년마다 해당 공동구의 안전 및 유지관리계획을 수립 · 시행하여야 하며, 공동구관리자는 1년에 1회 이상 공동구의 안전점검을 실시하여야 한다.

[해설] ② 지역 개발 및 지원에 관한 법률에 따른 지역개발사업구역이 아니라 도시개발법에 따른 도시개발구역이다.
▶ 정답 ②

(1) 행정청인 도시 · 군계획시설사업의 시행자(입안권자)

① 특별시장 · 광역시장 · 특별자치시장 · 특별자치도지사 · 시장 · 군수 ⇨ **관할구역** 사업시행

② 국토교통부장관[국가계획], 도지사[**광역도시계획**과 관련]

> **OX** 도시 · 군계획시설사업이 광역도시계획과 관련된 경우에는 국토교통부장관이 시행할 수 있다. (×)

> **OX** 도시 · 군계획시설사업이 같은 도의 관할구역에 속하는 둘 이상의 시 또는 군에 걸쳐 시행되는 경우에는 국토교통부장관이 시행자를 정한다. (×)

(2) 민간시행자 지정 : 면적의 2/3 이상 소유와 총수의 1/2 이상 동의 ▶ 한국토지주택공사 동의 ×

> **OX** 한국토지주택공사가 도시 · 군계획시설 사업의 시행자로 지정을 받으려면 사업대상인 사유토지의 소유자 총수의 2분의 1 이상의 동의를 받아야 한다. (×)

(3) 행정심판 : 행정청이 아닌 시행자의 처분 ⇨ 지정한 자에게 제기[행정청도 행정심판제기 가능]

> **OX** 행정청이 아닌 사업시행자의 처분에 대하여는 시행자에게 행정심판을 제기하여야 한다. (×)

(4) 도시 · 군계획시설사업 시행자 보호조치(특권)

① 사업의 분할 시행(분할된 지역별 실시계획 작성)

② 관계 서류의 무상열람 · 교부청구

③ 공시송달(행정청이 아닌 시행자는 국토교통부장관, 시 · 도지사, 대도시 시장의 승인)

> **OX** 행정청인 시행자는 이해관계인의 주소 또는 거소(居所)가 불분명하여 서류를 송달할 수 없는 경우 국토교통부장관의 승인을 받아 그 서류의 송달을 갈음하여 그 내용을 공시할 수 있다. (×)

④ **국공유지 처분제한 : 위반 ⇨ 무효**

⑤ 토지 등의 수용 · 사용

⑥ 타인토지의 출입 등

핵심 예상 문제 020

20 **국토의 계획 및 이용에 관한 법령상 도시 · 군계획시설사업**(이하 '사업')**에 관한 설명으로 틀린 것은?**

① 같은 도의 관할구역에 속하는 둘 이상의 시 · 군에 걸쳐 시행되는 사업의 시행자를 정함에 있어 관계 시장 · 군수간 협의가 성립되지 않는 경우에는 관할 도지사가 시행자를 지정한다.

② 도지사는 광역도시계획과 관련되는 경우 관계 시장 또는 군수의 의견을 들어 직접 사업을 시행할 수 있다.

③ 시행자는 사업을 효율적으로 추진하기 위하여 필요하다고 인정되면 사업시행대상지역을 분할하여 사업을 시행할 수 있다.

④ 도시 · 군관리계획결정을 고시한 경우 사업에 필요한 국공유지는 그 도시 · 군관리계획으로 정해진 목적 외의 목적으로 양도할 수 없다.

⑤ 한국토지주택공사가 사업의 시행자로 지정을 받으려면 사업대상인 사유토지의 소유자 총수의 2분의 1 이상의 동의를 받아야 한다.

> **해설** ⑤ 한국토지주택공사는 동의를 받지 아니한다. ▶ **정답** ⑤

03 수용 · 사용★★
▶ 인접지 수용[×]

① 모든 시행자가 도시 · 군계획시설사업에 필요한 소유권, 소유권 외의 권리를 수용 · 사용할 수 있다.

② **인**접한 토지 · 건축물 등은 일시 **사용**[▶ 수용×]할 수 있다.

> OX | 도시 · 군계획시설에 인접한 토지 · 건축물 또는 그 토지에 정착된 물건을 사용 또는 수용할 수 있다. (×)

③ **실시계획의 고시가** 있은 때에는 공익사업을 위한 토지 등의 취득 및 보상에 관한 법률에 따른 **사업인정** 및 **고시가 있었던 것으로 본다.**

> OX | 도시 · 군계획시설에 대한 도시 · 군관리계획결정의 고시가 있은 때에는 공익사업을 위한 토지 등의 취득 및 보상에 관한 법률에 의한 사업인정 및 그 고시가 있었던 것으로 본다. (×)

④ 공익사업을 위한 토지 등의 취득 및 보상에 관한 법률을 준용한다.

⑤ 재결신청기간의 특례 ⇨ 사업시행기간 내[1년×]

04 타인토지 출입 등★★
▶ 출입하고자 하는 자는 3일 전 통지[×]

① 타인의 토지에 **출입**하고자 하는 자는 **7**일 전까지 소유자 · 점유자 · 관리인에게 통지
⇨ 장애물의 변경**제거**, 재료적치장이나 임시통로로 일시**사용**시 **3일 전 통지**

> OX | 타인의 토지에 출입하려는 행정청인 사업시행자는 출입하려는 날의 3일 전까지 그 토지의 소유자 · 점유자 또는 관리인에게 그 일시와 장소를 알려야 한다. (×)

② 타인의 토지 출입시 비행정청 ⇨ 특별시장 · 광역시장 · 특별자치시장 · 특별자치도지사 · 시장 또는 군수 ⇨ 허가(○), **행정청** ⇨ 허가[×], 승인[×]

> OX | 행정청인 도시 · 군계획시설 사업의 시행자는 상급행정청의 승인을 받아 타인의 토지에 출입할 수 있다. (×)

③ 타인의 토지를 재료 적치장 또는 임시통로로 일시사용하거나 나무 · 흙 · 돌 등의 장애물을 변경 · 제거하려는 자는 토지의 소유자 · 점유자 · 관리인의 **동의**를 받아야 한다.

> OX | 행정청인 도시 · 군계획시설사업의 시행자는 타인의 토지를 재료 적치장 또는 임시통로로 일시사용하거나 나무, 흙, 돌, 그 밖의 장애물을 변경 또는 제거하려는 경우 토지의 소유자 · 점유자 · 관리인의 동의를 받아야 한다. (○)

④ **일출 전이나 일몰 후**에는 그 토지의 **점유자**의 승낙 없이 타인의 토지에 출입할 수 없다.

> OX | 토지 점유자가 승낙하지 않는 경우에도 사업시행자는 시장 또는 군수의 허가를 받아 일몰 후에 울타리로 둘러싸인 타인의 토지에 출입할 수 있다. (×)

⑤ 타인토지에 출입 등의 행위를 하려는 자 ⇨ 증표와 허가증을 관계인에게 내보여야 한다.

⑥ 허가 없이 출입, 정당한 사유 없이 방해 ⇨ **1,000**만원 이하 **과태료**에 처한다.
▶ 벌금×

> OX | 허가를 받지 아니하고 타인의 토지에 출입한 자에 대하여는 1년 이하의 징역 또는 1천만원 이하의 벌금에 처한다. (×)

⑦ **손실보상의무자는 출입 등의 행위자가 속한 행정청**
▶ 행위자×, ▶ 입힌자×

> OX | 타인의 토지에의 출입으로 손실이 발생한 경우 그 행위자가 직접 그 손실을 보상하여야 한다. (×)

> OX | 도시 · 군계획시설사업의 시행자인 시장 또는 군수는 지가의 동향 및 토지거래의 상황에 관한 조사를 하기 위하여 필요하면 타인의 토지에 출입할 수 있다. (○)

> OX | 도시 · 군계획시설사업의 시행자인 시장 또는 군수는 개발밀도관리구역에 관한 기초조사를 하기 위하여 필요하면 타인의 토지에 출입할 수 있다. (○)

매수대상	도시·군계획시설사업이 **10년** 이내 미집행부지의 지목이 **대**인 토지(대지의 건축물이나 정착물의 소유자 포함) ⇨ **실시계획 인가가 진행된 경우에는 매수청구할 수 없다.** ▶OX 도시·군계획시설결정의 고시일부터 5년 이내에 도시·군계획시설 사업이 시행되지 아니하는 경우 그 도시·군계획시설의 부지 중 지목이 대(垈)인 토지의 소유자는 그 토지의 매수를 청구할 수 있다. (×)
청구자	지목이 **대**인 토지소유자　　▶임야(×), 잡종지(×)
매수 의무자	① 원직 : 특별시장·광역시장·특별자치시상·특별자치노시사·시상 또는 군수 ② 예외 : 시설사업의 시행자 ⇨ 시설의 설치·관리의무자(서로 다르면 설치의무자)
매수기간	매수청구일부터 **6개월** 이내 매수 여부의 결정 통지, 매수결정 통지일부터 **2년 이내 매수** ▶OX 매수의무자가 매수하기로 결정한 토지는 매수결정을 알린 날부터 3년 이내에 매수하여야 한다. (×)
매수가격	매수절차 : **공**익사업을 위한 토지 등의 **취**득 및 보상에 관한 **법**률 준용　　▶공시지가(×) ▶OX 매수청구된 토지의 매수가격은 공시지가로 한다. (×)
도시·군 계획시설 채권	① 원칙 : 현금 지급 ② 예외 : 다음은 매수의무자가 **지방자치단체**인 경우 도시·군계획시설 **채권**을 **발행지급** 　㉠ 토지소유자가 **원**하는 경우 　㉡ **부**재부동산 소유자의 토지 또는 **비**업무용 토지의 매수대금이 **3**천만원을 **초과**하는 　　경우 초과하는 금액에 대하여 지급(부비3)　　▶2천(×), 전부(×) ③ 상환기간 : **10년** ⇨ **채**권발행 : **지방**재정법 준용 　▶OX 지방공사인 매수의무자는 토지소유자가 원하는 경우 토지매수대금을 도시·군계획시설채권을 발행하여 지급할 수 있다. (×) 　▶OX 도시·군계획시설채권의 상환기간은 10년 이상 20년 이내로 한다. (×)
개발 허가	건축물 등의 건축 : 매수거부·매수지연시 **허가**를 받아 ① **3**층 이하인 단독주택　　　　　　　　　　　▶다가구주택×, ▶다세대주택× ② **3**층 이하인 제1종 근린생활시설·제2종 근린생활시설(단란주점, 안마시술소, 노래연습장, 다중생활시설 제외) ③ **공**작물 　▶OX 도시·군계획시설 부지의 매수청구시 매수의무자가 매수하지 아니하기로 결정한 날부터 2년이 경과하면 토지소유자는 개발행위허가를 받아 2층의 한의원을 건축할 수 있다. (×)
실효	도시·군계획시설 결정이 고시된 도시·군계획시설에 대해 고시일부터 **20년**이 지날 때까지 해당 시설의 설치에 관한 도시·군계획시설사업이 시행되지 아니하는 경우 그 도시·군계획시설 결정은 고시일부터 **20년**이 되는 날의 **다음 날**에 효력을 잃는다.[지목불문] ▶OX 도시·군계획시설결정은 고시일부터 10년 이내에 도시·군계획시설사업이 시행되지 아니하는 경우 그 고시일부터 10년이 되는 날의 다음 날에 그 효력을 잃는다. (×)

21 매수의무자인 지방자치단체가 매수청구를 받은 장기미집행 도시·군계획시설부지 중 지목이 대(垈)인 토지를 매수할 때에 관한 설명으로 옳은 것은?

① 도시·군계획시설 결정·고시일부터 10년 이내에 사업이 시행되지 아니하여도 도시·군계획시설사업의 실시계획인가가 있는 경우에는 매수청구를 할 수 없다.

② 비업무용 토지로서 매수대금이 2천만원을 초과하는 경우 매수의무자는 그 초과하는 금액에 대해서 도시·군계획시설채권을 발행하여 지급할 수 있다.

③ 매수의무자는 매수청구를 받은 날부터 2년 이내에 매수 여부를 결정하여 토지소유자와 시장에게 알려야 하며, 매수결정을 통지한 날부터 6개월 이내에 매수하여야 한다.

④ 매수의무자가 매수하지 아니하기로 결정한 경우 매수청구자는 개발행위허가를 받아 3층의 다가구주택을 건축할 수 있다.

⑤ 매수의무자가 지방공사인 경우 토지소유자가 원하는 경우에 도시·군계획시설채권을 발행하여 대금을 지급할 수 있으며, 상환기간은 10년 이내로 한다.

해설 ② 2천만원이 아니라 3천만원을 초과하는 경우이다.
③ 매수의무자는 매수청구를 받은 날부터 6개월 이내에 매수 여부를 결정하여 토지소유자와 시장에게 알려야 하며, 매수결정을 통지한 날부터 2년 이내에 매수하여야 한다.
④ 3층의 다가구주택이 아니라 단독주택을 건축할 수 있다.
⑤ 지방공사가 아니라 지방자치단체가 도시·군계획시설채권을 발행할 수 있다. ▶ **정답** ①

지구단위계획[구역] [제15,16,17,18,20,24,25,26,27,28,29,30,32,34회]

01 **지구단위계획구역** ▶ 지구단위계획구역[특정지역 + 전부 또는 일부]

도시지역 ▶ 지구단위계획[도시 · 군 + 일부]

재량적 지정	국토교통부장관, 시 · 도지사, **시장 · 군수**는 다음의 **전부** 또는 **일부**를 지구단위계획구역으로 지정할 수 있다. ① 용도지구, 도시개발구역, 정비구역, 택지개발지구, 산업단지, 시범도시, 관광특구 등 ② 개발제한구역, 도시자연공원구역, 시가화조정구역, 공원에서 **해제**되는 구역 ③ 녹지지역에서 주거 · 상업 · 공업지역으로 **변경**되는 구역 등 **OX** 관광진흥법에 따라 지정된 관광단지의 전부 또는 일부에 대하여 지구단위계획구역을 지정할 수 없다. (×) **OX** 도시지역 내 복합적인 토지 이용을 증진시킬 필요가 있는 지역으로서 지구단위계획구역을 지정할 수 있는 지역은 일반주거지역, 준주거지역, 준공업지역 및 상업지역에 해당한다. (○)
의무적 지정★	① **정**비구역, **택**지개발지구에서 사업이 끝난 후 **10**년이 지난 지역 ▶도시개발구역× ② **공**원, **시**가화조정구역에서 **해제**되는 면적이 **30만**m² 이상인 지역 ③ **녹**지지역에서 **주**거지역 · **상**업지역 · **공**업지역으로 변경되는 면적이 **30만**m² 이상인 지역 ▶ 개발제한구역에서 해제되는 구역과 도시개발구역은 규모, 기간 불문하고 지구단위계획구역으로 지정할 수 있다. **OX** 택지개발촉진법에 따라 지정된 택지개발지구에서 시행되는 사업이 끝난 후 5년이 지난 지역으로서 관계 법률에 따른 토지이용과 건축에 관한 계획이 수립되어 있지 않은 지역은 지구단위계획구역으로 지정하여야 한다. (×)

핵심 예상 문제 **022**

22 국토의 계획 및 이용에 관한 법령상 지구단위계획구역에 관한 설명으로 옳은 것은?

① 주택법에 따라 대지조성사업지구로 지정된 지역의 전부에 대하여 지구단위계획구역을 지정할 수는 없다.

② 지구단위계획의 수립기준은 시 · 도지사가 국토교통부장관과 협의하여 정한다.

③ 택지개발지구에서 사업이 끝난 후 5년이 지난 지역은 지구단위계획구역으로 지정하여야 한다.

④ 도시개발법에 따라 지정된 30만m²의 도시개발구역에서 개발사업이 끝난 후 10년이 지난 지역은 지구단위계획구역으로 지정하여야 한다.

⑤ 개발제한구역에서 해제되는 지역으로서 체계적 · 계획적인 개발 또는 관리가 필요한 지역 중 면적이 30만m²인 지역은 지구단위계획구역으로 지정할 수 있다.

해설 ① 지정할 수 있다.　　　② 지구단위계획의 수립기준은 국토교통부장관이 정한다.
③ 10년이 지난 지역　　　④ 도시개발구역은 규모, 기간 불문하고 지정할 수 있다.　▶ **정답 ⑤**

계획관리지역	**계획관리지역이 50% 이상**이고 나머지 용도지역은 생산관리지역이나 보전관리지역 **OX** 도시지역 외의 지역을 지구단위계획구역으로 지정하려면 지정하려는 구역 면적의 3분의 2 이상이 계획관리지역이어야 한다. (×)
개발진흥지구★	① **주거**개발진흥지구, 복합개발진흥지구(주거기능이 포함된 경우) 및 **특정**개발진흥지구 : **계획**관리지역 ② **산업·유통**개발진흥지구, 복합개발진흥지구(주거기능이 포함되지 않은 경우) : **농**림지역·**생**산관리지역·**계**획관리지역 ③ **관광·휴양**개발진흥지구 : **도시지역 외**(**관**리지역·**농**림지역·**자**연환경보전지역) **OX** 농림지역에 위치한 산업·유통개발진흥지구는 지구단위계획구역으로 지정할 수 있는 대상지역에 포함되지 않는다. (×)

용도지구를 폐지하고 용도지구에서의 행위제한 등을 지구단위계획으로 대체하려는 지역

02 지구단위계획

지구단위계획내용★	① **지구단위계획의 필수 포함사항(용기 set)** : 건축물의 **용도제한**, **기반시설**의 배치와 규모, 건축물의 **건폐율, 용적률, 높이**의 최고·최저한도 ② 시행령상 세분된 용도지역 또는 용도지구를 그 **경계의 범위 안**에서 세분 또는 변경하는 사항은 지구단위계획의 내용이다. ⇨ **이름의 변경이 없으면 지구단위계획** **OX** 지구단위계획으로 전용주거지역을 준주거지역으로 변경할 수 있다. (○) **OX** 지구단위계획으로 주거개발진흥지구를 복합개발진흥지구로 변경할 수 있다. (○)
완화	① **지구단위계획구역**[도시혁신구역, 복합용도구역]**에서는 지구단위계획**[도시혁신계획, 복합용도계획](일정 기간 내 철거가 예상되는 경우 등 대통령령으로 정하는 가설건축물은 제외한다)**에 맞게 건축**하거나 건축물의 용도를 변경**하여야 한다.(깡패)** ⇨ 위반시 2년 이하의 징역 또는 2천만원 이하의 벌금에 처한다. ② **건축기준의 완화** : 대지분할제한(×), 건축선 완화(×), 대지안의 공지(×)
수립효과	① 도시지역의 지구단위계획구역 ⇨ 용도지역 또는 용도지구 ⇨ **건폐율의 150% 및 용적률의 200% 이내**에서 완화하여 적용 　▶ 도시지역의 **주차장 설치기준 100% 완화** : 한옥마을, 차량진입금지구간, 차 없는 거리, 보행자 전용도로　　　　　　　　　　　▶ 높이의 120% 이내에서 완화 ② 도시지역 외의 지구단위계획구역 ⇨ 용도지역 또는 개발진흥지구 ⇨ **건폐율의 150% 및 용적률의 200% 완화**[계획관리지역에 산업·유통개발진흥지구가 지정된 경우(60%)에는 산업·유통개발진흥지구의 전부 또는 일부에 지구단위계획구역이 지정된 경우에는 건폐율의 120% 이내의 범위에서 건폐율을 완화하여 적용할 수 있다] **OX** 계획관리지역 외의 지역에 지정된 개발진흥지구 내의 지구단위계획구역에서는 건축물 용도·종류 및 규모 등을 완화하여 적용할 경우 아파트 및 연립주택은 허용되지 아니한다. (○)

수립효과	공공시설부지로 제공시 ① 건폐율 완화 [제공비율 만큼 완화] = 건폐율 + [건폐율×제공면적/원래의 대지면적] ② 높이 완화 [제공비율 만큼 완화] = 높이 + [높이×제공면적/원래의 대지면적] ③ **용적률 완화 = 용적률 + [1.5×용적률×제공면적/제공 후 대지면적]** **예제** 국토의 계획 및 이용에 관한 법령상 도시지역의 지구단위계획구역에서 제2종 전용 주거지역인 1,000m^{2}의 대지에 건축물을 건축하려는 자가 그 대지 중 400m^{2}을 공공 시설부지로 제공하는 경우 그 건축물에 적용되는 최대 건축연면적은? (단, 제2종 전 용주거지역 및 공공시설 제공부지에 적용되는 용적률은 100%이고, 용적률의 상한은 고려하지 않음) **예제** 용적률 = 100 + [1.5×100×400/600] = 200% 대지면적은 600 [400는 기부채납] 용적률 = 200%[2배] = 1,200m^2
실효★★	① **지구단위계획구역(도시혁신구역, 복합용도구역)**의 지정에 관한 도시·군관리계획 결정 의 고시일부터 **3년** 이내에 **지구단위계획(도시혁신계획, 복합용도계획)**이 결정·고시되지 아니하면 그 **3년**이 되는 날의 **다음 날**에 지구단위계획구역의 지정에 관한 **도시·군관리** **계획결정은 효력을 잃는다.** **OX** 목욕장을 불허하고 있는 지구단위계획구역에서는 일반상업지역이라 하더라도 목욕장을 건 축할 수 없다. (○) ② **지구단위계획[도시혁신계획, 복합용도계획](주민이 입안을 제안**한 것에 한정한다)에 관한 도시·군관리계획결정의 고시일부터 **5년** 이내에 이 법 또는 다른 법률에 따라 허가·인 가·승인 등을 받아 사업이나 공사에 **착수하지 아니하면** 그 **5년**이 된 날의 **다음 날**에 그 **지구단위계획[도시혁신계획, 복합용도계획]**에 관한 **도시·군관리계획결정은 효력을 잃는다**.

핵심 예상 문제 023

23 국토의 계획 및 이용에 관한 법령상 지구단위계획구역과 지구단위계획에 관한 설명으로 틀린
것은? (단, 조례는 고려하지 않음)

① 지구단위계획이 수립되어 있는 지구단위계획구역에서 공사기간 중 이용하는 공사용 가
설건축물을 건축하려면 그 지구단위계획에 맞게 하여야 한다.

② 지구단위계획구역의 지정에 관한 도시·군관리계획결정의 고시일부터 3년 이내에 그 지
구단위계획구역에 관한 지구단위계획이 결정·고시되지 아니하면 그 3년이 되는 날의
다음 날에 그 지구단위계획구역의 지정에 관한 도시·군관리계획결정은 효력을 잃는다.

③ 지구단위계획의 내용에는 건축물의 용도제한, 기반시설의 배치와 규모, 건축물의 건폐율,
용적률, 건축물 높이의 최고한도 또는 최저한도는 반드시 포함되어야 한다.

④ 지구단위계획으로 한옥마을의 보존을 목적으로 하는 경우 주차장법에 따른 주차장 설치
기준을 최대 100%까지 완화하여 적용할 수 있다.

⑤ 도시지역 외의 지구단위계획으로 해당 용도지역 또는 개발진흥지구에 적용되는 건폐율
의 150% 및 용적률의 200% 이내에서 완화하여 적용할 수 있다.

해설 ① 공사용 가설건축물을 건축하는 경우에는 그 지구단위계획에 맞지 아니하여도 된다. ▶ **정답** ①

01 개발행위허가★★
▶ 도시 · 군계획사업 ⇨ 공적개발 ⇨ 허가[×]

다음은 특별시장 · 광역시장 · 특별자치시장 · 특별자치도지사 · 시장 · 군수의 허가를 받아야 한다.
다만, **도시 · 군계획사업**(도시 · 군계획시설사업 + 개발사업 + 정비사업)은 **허가 ×**

① **건**축물의 건축 ⇨ 준공검사(○)

② **공**작물의 설치[양식업을 하기 위하여 비닐하우스 안에 설치하는 양식장 허가(○)] ⇨ 준공검사(○)

③ **토**지의 형질변경(⇨ 공유수면 매립) **경작을 위한 토지의 형질변경허가(×)**,
   지목 **변경 수반 시** ⇨ **허가(○)**, **전답사이의 변경** ⇨ **허가(×)** ⇨ 준공검사(○)

   [OX] 경작을 위한 경우라도 전 · 답 사이의 지목변경을 수반하는 토지의 형질변경은 허가를 받아야 한다. (×)

④ **토**석의 채취(형질변경을 목적으로 하지 않는 토석채취) ⇨ 준공검사(○)

⑤ **토**지분할(건축법에 따른 건축물이 있는 대지 제외 ⇨ 건축법을 적용) ⇨ 준공검사(×)

⑥ **쌓고** 녹지지역 · 관리지역 · 자연환경보전지역 안에서 건축물의 울타리 안에 위치하지 아니한 토지에 1개월 이상 쌓아놓는 행위(농림×) ⇨ 준공검사(×)

✔ 재해복구 또는 재난수습을 위한 응급조치 ⇨ 1개월 이내에 신고하여야 한다.

✔ 경미한 사항을 변경(사업기간을 **단축**, 부지면적 및 건축물 연면적을 5% 범위에서 축소하는 경우, 공작물의 무게, 부피 또는 수평투영면적을 5퍼센트 범위에서 **축소**하는 경우, 공작물의 위치를 **1m 범위**에서 변경하는 경우 등)한 때에는 **통지**하여야 한다(허가받지 아니한다).

02 허가대상 규모
▶ 보전관리지역 = 3만m² 미만

⇨ 주거지역 · 상업지역 · 생산녹지지역 · 자연녹지지역 1만m² 미만

⇨ 농림지역 · 공업지역 · 관리지역 3만m² 미만

⇨ 보전녹지지역 · 자연환경보전지역은 5천m² 미만

03 협의 · 심의

① 협의 요청을 받은 관계 행정기관의 장은 요청을 받은 날부터 20일 이내에 의견을 제출

② **지구단위계획** 또는 **성장관리계획**을 수립한 지역은 도시계획위원회의 **심의를 생략**할 수 있다.

   [OX] 성장관리계획이 수립된 지역에서 토지분할을 하려면 도시계획위원회의 심의를 거쳐 허가를 받을 수 있다. (×)

04 이행보증금
▶ 공적주체 ⇨ 이행보증금을 예치[×]

① 조건부로 개발행위허가를 할 수 있다. ⇨ 허가신청인의 의견을 들어야 한다. ⇨ 이행보증금 예치 : **굴**착, **비**탈면의 조경, **발**파, **차**량통행, **기**반시설의 설치 ⇨ 총공사비(**산지에서의 개발행위 : 복구비를 합하여**)의 20% 이내에서 조례로 정함 ⇨ 준공검사 ⇨ 반환 ⇨ 원칙 : 현금 ⇨ 예외 : 이행보증서

② **국가 · 지방자치단체, 공공기관, 공공단체**가 개발행위시 ⇨ **이행보증금을 예치하지 아니한다.**

05 공공시설 등의 귀속★★

구 분	새로운 공공시설	종래의 용도폐지되는 공공시설	귀속시기
행정청인 경우	관리청에 무상귀속	개발행위허가를 받은 자에게 무상귀속	준공검사 후 세목을 통지한 날에 관리청과 개발행위허가 받은 자 각각
행정청이 아닌 경우	관리청에 무상귀속	공공시설의 **설치비용에 상당하는 범위**에서 개발행위허가를 받은 자에게 **무상양도**	준공검사를 받음으로써 관리청과 개발행위허가 받은 자 각각

OX 행정청이 아닌 자가 개발행위허가를 받아 새로 공공시설을 설치한 경우, 종래의 공공시설은 개발행위허가를 받은 자에게 전부 무상으로 귀속된다. (×)

OX 관리청이 불분명한 경우에는 도로 등에 대하여는 국토교통부장관을, 하천에 대하여는 환경부장관을 관리청으로 보고, 그 외의 재산에 대하여는 기획재정부장관을 관리청으로 본다. (○)

핵심 예상 문제 024

24 국토의 계획 및 이용에 관한 법령상 개발행위허가에 관한 설명으로 옳은 것은?

① 토석채취나 토지분할을 허가를 받은 자는 개발행위를 마치면 준공검사를 받아야 한다.

② 재해복구나 재난수습을 위한 응급조치를 한 경우에는 1개월 이내에 허가를 받아야 한다.

③ 개발행위허가를 받은 부지면적 또는 건축물 연면적을 5% 범위에서 축소하거나 확대하는 경우에는 변경허가를 받을 필요가 없다.

④ 도시·군계획사업에 의하지 않는 개발행위로서 주거지역 내 면적 $9,000m^2$의 토지형질변경을 하는 경우에는 허가를 요하지 아니한다.

⑤ 지구단위계획이 수립된 지역에서는 토석채취량이 3만m^3 이상이라 하더라도 도시계획위원회의 심의를 거치지 아니하고 허가를 받을 수 있다.

해설 ① 토지분할 준공검사(×) ② 1개월 이내에 신고하여야 한다.
③ 확대는 변경허가를 받아야 한다. ④ 허가를 받아야 한다. ▶ **정답 ⑤**

---

06 개발행위허가 제한★★ ▶ 광역도시계획을 수립하고 있는 지역(×)

① 녹계수우~~ 오염 손상(최장 3년)

> 1. **녹**지지역이나 **계**획관리지역으로서 **수**목이 집단적으로 자라고 있거나 조**수**류 등이 집단적으로 서식하고 있는 지역 또는 **우**량농지로 보전할 필요가 있는 지역
> 2. 개발행위로 주변환경·경관·미관·국가유산 등이 크게 **오염**되거나 **손상**될 우려가 있는 지역

② 기관지기2(최장 5년) ▶ 연장은 심의 없다.

> 1. 도시·군**기**본계획 또는 도시·군**관**리계획을 수립하고 있는 지역
> 2. **지**구단위계획구역으로 지정된 지역
> 3. **기**반시설부담구역으로 지정된 지역

25 도시 · 군관리계획상 특히 필요한 경우 최장 5년간 개발행위허가를 제한할 수 있는 지역을 모두 고른 것은?

> ㉠ 녹지지역이나 계획관리지역으로서 수목이 집단적으로 자라고 있거나 조수류 등이 집단적으로 서식하고 있는 지역 또는 우량 농지 등으로 보전할 필요가 있는 지역
>
> ㉡ 개발행위로 인하여 주변의 환경 · 경관 · 미관 · 국가유산 등이 크게 오염되거나 손상될 우려가 있는 지역
>
> ㉢ 도시 · 군기본계획 또는 도시 · 군관리계획을 수립하고 있는 지역으로서 그 도시 · 군관리계획이 결정될 경우 용도지역 · 용도지구 또는 용도구역의 변경이 예상되고 그에 따라 개발행위허가의 기준이 크게 달라질 것으로 예상되는 지역
>
> ㉣ 지구단위계획구역으로 지정된 지역
>
> ㉤ 기반시설부담구역으로 지정된 지역

① ㉠, ㉡, ㉢ ② ㉠, ㉡, ㉤ ③ ㉡, ㉢, ㉣

④ ㉡, ㉢, ㉤ ⑤ ㉢, ㉣, ㉤

해설 ㉢㉣㉤은 최장 5년, ㉠㉡은 최장 3년이다. ▶ 정답 ⑤

---

07 성장관리계획★★ ▶ 주거지역×, 상업지역×, 공업지역×

① **성장관리계획구역 지정** : 특별시장 · 광역시장 · 특별자치시장 · 특별자치도지사 · 시장 또는 군수는 녹지지역, 관리지역, 농림지역 및 자연환경보전지역 중 개발수요가 많아 무질서한 개발이 진행되고 있거나 진행될 것으로 예상되는 지역의 전부 또는 일부에 대하여 성장관리계획구역을 지정할 수 있다.

② **지정절차** : 성장관리계획구역을 지정하려면 미리 주민과 해당 지방의회의 의견을 들어야 하며, 관계 행정기관과의 협의 및 지방도시계획위원회의 심의를 거쳐야 한다.

③ **지방의회 의견제시** : 특별한 사유가 없으면 60일 이내에 의견을 제시하여야 한다.

④ **협의시 의견제시** : 특별한 사유가 없으면 요청을 받은 날부터 30일 이내에 의견을 제시하여야 한다.

⑤ **성장관리계획의 내용** : 특별시장 · 광역시장 · 특별자치시장 · 특별자치도지사 · 시장 또는 군수는 성장관리계획구역을 지정할 때에는 다음의 사항 중 그 성장관리계획구역의 지정목적을 이루는 데 필요한 사항을 포함하여 성장관리계획을 수립하여야 한다.

> 1. 도로, 공원 등 **기반**시설의 배치와 규모에 관한 사항
> 2. 건축물의 **용도제한, 건축물의 건폐율 또는 용적률**
> 3. 건축물의 배치 · 형태 · 색채 · **높이**
> 4. 환경관리계획 또는 경관계획 [▶ 건축선 ×]

⑥ **건폐율 완화** : 성장관리계획구역에서는 다음의 구분에 따른 범위에서 성장관리계획으로 정하는 바에 따라 조례로 정하는 비율까지 **건폐율을 완화**하여 적용할 수 있다. ▸ 건폐율 +10% 완화

> 1. 계획관리지역 : **50퍼센트** 이하
> 2. 생산관리지역·농림지역·자연녹지지역·생산녹지지역 : **30퍼센트** 이하

⑦ **용적률 완화** : 성장관리계획구역 내 계획관리지역에서는 **125%** 이하의 범위에서 특별시·광역시·특별자치시·특별자치도·시 또는 군의 조례로 정하는 비율까지 **용적률을 완화**하여 적용할 수 있다.

⑧ **재검토** : **5년마다 그 타당성 여부를 전반적으로 재검토하여 정비**하여야 한다.

⑨ **성장관리계획구역에서의 개발행위 등** : 성장관리계획구역에서 개발행위 또는 건축물의 용도변경을 하려면 그 **성장관리계획에 맞게 하여야 한다.**

핵심 예상 문제 026

26 **국토의 계획 및 이용에 관한 법령상 성장관리계획에 관한 설명으로 옳은 것은?**

① 시장 또는 군수는 주거지역 중 향후 시가화가 예상되는 지역의 전부 또는 일부에 대하여 성장관리계획구역을 지정할 수 있다.

② 성장관리계획구역 내 생산녹지지역에서는 30퍼센트 이하의 범위에서 성장관리계획으로 정하는 바에 따라 건폐율을 완화하여 적용할 수 있다.

③ 성장관리계획구역 내 보전관리지역에서는 125퍼센트 이하의 범위에서 성장관리계획으로 정하는 바에 따라 용적률을 완화하여 적용할 수 있다.

④ 시장 또는 군수는 성장관리계획구역을 지정할 때에는 도시·군관리계획의 결정으로 하여야 한다.

⑤ 시장 또는 군수는 성장관리계획구역을 지정하려면 성장관리계획구역안을 7일간 일반이 열람할 수 있도록 해야 한다.

해설 ① 주거지역(x), 녹지지역, 관리지역, 농림지역 및 자연환경보전지역이 대상이다.
③ 보전관리지역이 아니라 계획관리지역이다.
④ 성장관리계획구역은 도시·군관리계획의 결정하는 것이 아니다.
⑤ 14일 이상 일반이 열람할 수 있도록 해야 한다. ▸ 정답 ②

구 분		개발밀도관리구역(작게 지어라)	기반시설부담구역(돈내라)
지정 대상 지역		도시지역 중 주거지역·상업지역·공업지역 ⇨ 기반시설의 처리·공급 또는 수용능력이 부족할 것으로 **예상**되는 지역 중 기반시 설의 설치가 **곤란**한 지역 ※**참고** 기 개발 ⇨ **주**거·상업·공업지역	**개발밀도관리구역 외의 지역** ⇨ 도로, 녹지 등 기반시설의 설치가 필요한 지역을 대상으로 기반시설을 설치하거나 그에 필요한 용지를 확보하게 하기 위하여 지정·고시하는 구역 ⇨ **학교○[대학 = 고등교육법의 학교는 제외]** ※**참고** 장래 개발집중 예상
지 정		특별시장·광역시장·특별자치시장·특별자치도지사·시장 또는 군수[6짱]	
절 차		심의(지방) ⇨ 고시 ⇨ **주민의견청취 ✕**	**주민의견청취** ⇨ 심의(지방) ⇨ 고시
규제강화		건폐율 또는 용적률을 강화하여 적용 용적률 최대한도의 50% 강화	지정의무: **완화 ⇨ 해제 ⇨ 개발행위허가 건수 가 20% 이상 ⇨ 인구증가율이 20% 이상 증가**
실 효		없다.	계획 미수립시 1년 ⇨ 다음 날 해제
지정 기준		국토교통부장관이 정한다. **(학교,2년,20%)**	국토교통부장관 (**최소 10만m² 이상**)
		개발밀도관리구역과 기반시설부담구역은 도시·군관리계획의 내용이 아니다. **(중복✕)**	

① 개발밀도관리구역 지정기준[국장 ⇨ 2년, 20% 학교 ⇨ 기반시설 변화[주기적 검토] ⇨ 경계선 분명]

> 1. 해당 지역의 도로서비스 수준이 매우 낮아 차량통행이 현저하게 지체되는 지역
> 2. 해당 지역의 도로율이 국토교통부령이 정하는 용도지역별 도로율에 20% 이상 미달하는 지역
> 3. 향후 2년 이내 해당 지역의 수도에 대한 수요량이 수도시설 시설용량을 초과할 것으로 예상되는 지역
> 4. 향후 2년 이내 해당 지역의 하수발생량이 하수시설 시설용량을 초과할 것으로 예상되는 지역
> 5. 향후 **2년** 이내 해당 지역의 학생수가 **학교**수용능력 **20%** 이상 초과할 것으로 예상되는 지역

핵심 예상 문제 **027**

27 국토의 계획 및 이용에 관한 법령상 개발밀도관리구역에 관한 설명 중 옳은 것은?

① 개발밀도관리구역에서는 해당 용도지역에 적용되는 용적률의 최대한도의 50% 범위에서
용적률을 강화하여 적용한다.

② 개발밀도관리구역에 대하여는 기반시설의 변화가 있는 경우, 이를 즉시 검토하여 그 구
역의 해제 등 필요한 조치를 취하여야 한다.

③ 개발밀도관리구역의 명칭 변경에 대하여는 지방도시계획위원회의 심의를 요하지 아니한다.

④ 공업지역에서의 개발행위로 인하여 기반시설의 수용능력이 부족할 것으로 예상되는 지
역 중 기반시설의 설치가 곤란한 지역은 개발밀도관리구역으로 지정될 수 없다.

⑤ 개발밀도관리구역의 지정권자는 국토교통부장관이다.

해설 ② 주기적 검토
③ 지방도시계획위원회의 심의를 요한다.
④ 개발밀도관리구역으로 지정될 수 있다.
⑤ 개발밀도관리구역의 지정권자는 특별시장·광역시장·특별자치시장·특별자치도지사·시장 또는 군수이고 개
발밀도관리구역의 지정기준은 국토교통부장관이 정한다. ▶ **정답** ①

② **기반시설부담구역의 의무적 지정대상(장래 개발집중 예상)** : 특별시장·광역시장·특별자치시장·특별자치도지사·시장 또는 군수는 다음의 지역에 대하여는 기반시설부담구역으로 지정하여야 한다.

> 1. 법령의 제정·개정으로 행위제한이 **완화**되거나 **해제**되는 지역
> 2. 용도지역 등이 변경되거나 **해제**되어 행위제한이 **완화**되는 지역
> 3. 해당 지역의 전년도 개발행위허가건수가 전전년도 **개발행위허가건수보다 20% 이상** 증가한 지역
> 4. 해당 지역의 전년도 인구증가율이 그 지역이 속하는 특별시·광역시·특별자치시·특별자치도·시 또는 군의 전년도 **인구증가율보다 20% 이상** 높은 지역

핵심 예상 문제 028

28 국토의 계획 및 이용에 관한 법령상 기반시설부담구역의 지정대상이 될 수 없는 지역은?

① 시가화조정구역에서 해제되어 개발행위가 집중된 지역

② 계획관리지역에서 제3종 일반주거지역으로 변경되는 지역

③ 주거지역에서 자연환경보전지역으로 변경되는 지역

④ 전전년도 개발행위허가 건수가 100건이 있으나, 전년도 개발행위허가 건수가 130건으로 증가한 지역

⑤ 전년도 인구증가율이 5%인 시에 속해 있는 지역으로서 전년도 인구증가율이 30%인 지역

해설 ③ 주거지역에서 자연환경보전지역으로 변경되는 지역은 강화되는 지역으로 대상이 아니다.　▶ **정답** ③

---

③ **부담금 부과대상** : 단독주택 및 숙박시설 등 **200m²**를 초과하는 **신축·증축**[기존 건축물을 철거하고 신축 ⇨ 기존 건축물의 건축연면적을 초과하는 건축행위만 부과대상으로 한다.]

④ 기반시설설치비용은 **현금, 신용카드 또는 직불카드로 납부를 원칙**으로 하되, 부과대상 토지 및 이와 비슷한 토지로 하는 납부**(물납)를 인정**할 수 있다. ⇨ 강제징수 : 지방행정·제재 및 부과금의 징수 등에 관한 법률에 따라 징수 ⇨ **특별회계**를 설치[사용목적제한]

⑤ **기반시설설치비용을 납부** : **건축행위를 하는 자**(위탁이나 도급한 자, 임차하여 건축행위를 하는 경우에 그 행위자(임차인), 그 지위를 승계한 자)가 기반시설설치비용을 납부한다.

⑥ **기반시설유발계수**

> • 창고 : 0.5
> • 단독주택, 공동주택, 노유자시설, 교육연구시설, 야영장시설, 수련시설, 국방·군사시설, 운동시설, 업무시설, 자동차관련시설, 위험물저장 및 처리시설, 교정시설, 장례시설, 묘지 관련 시설 : 0.7
> • 방송통신시설 : 0.8
> • 의료시설 : 0.9
> • 숙박시설 : 1.0
> • 판매시설, 제1종 근린생활시설, 비금속 광물제품 제조공장 : 1.3
> • 종교시설, 문화 및 집회시설, 운수시설, 자원순환관련시설 : 1.4
> • 제2종 근린생활시설 : 1.6
> • 관광휴게시설 : 1.9
> • 위락시설 : 2.1

29 국토의 계획 및 이용에 관한 법령상 기반시설부담구역 등에 관한 설명으로 옳은 것은?

① 기반시설부담구역이 지정되면 시장은 대통령령으로 정하는 바에 따라 기반시설설치계획을 수립하여야 하며, 이를 도시·군기본계획에 반영하여야 한다.

② 고등교육법에 따른 학교는 기반시설부담구역에 설치가 필요한 기반시설에 해당한다.

③ 기반시설설치비용은 현금, 신용카드 또는 직불카드 납부를 원칙으로 하되, 부과대상 토지 및 이와 비슷한 토지로 하는 납부를 인정할 수 있다.

④ 시장 또는 군수는 납부의무자가 건축허가를 받은 날부터 3개월 이내에 기반시설설치비용을 부과하여야 하고, 납부의무자는 사용승인신청 후 7일까지 내야 한다.

⑤ 기반시설부담구역의 지정고시일부터 2년이 되는 날까지 기반시설설치계획을 수립하지 아니하면 그 2년이 되는 날의 다음 날에 구역의 지정은 해제된 것으로 본다.

[해설] ① 도시·군관리계획에 반영하여야 한다.
② 고등교육법에 따른 학교 = 대학은 설치대상이 아니다.
④ 건축허가를 받은 날부터 2개월 이내에 부과하여야 하고, 납부의무자는 사용승인신청시까지 내야 한다.
⑤ 1년이 되는 날의 다음 날에 구역의 지정은 해제된 것으로 본다. ▶ **정답** ③

⑦ **청문(각종 취소 전에 항변의 기회 제공)** : 국토교통부장관, 시·도지사, 시장·군수 또는 구청장은 다음에 해당하는 처분을 하려면 청문을 실시하여야 한다.

> 1. **개**발행위허가의 취소
> 2. **도**시·군계획시설사업의 시행자 지정의 취소
> 3. **실시**계획인가의 취소 ⇨ 광역도시계획승인의 취소는 청문 (×)
> ⇨ 도시·군기본계획승인 취소는 청문 (×)
> ⇨ 개발밀도관리구역지정 취소는 청문 (×)

30 국토의 계획 및 이용에 관한 법령상 처분에 앞서 청문을 해야 하는 경우만을 모두 고른 것은?

> ㉠ 개발행위허가의 취소
> ㉡ 도시·군기본계획 승인의 취소
> ㉢ 도시·군계획시설사업의 시행자 지정의 취소
> ㉣ 지구단위계획구역 지정의 취소
> ㉤ 도시·군계획시설사업 실시계획 인가의 취소

① ㉠, ㉡, ㉢ ② ㉠, ㉢, ㉤ ③ ㉠, ㉣, ㉤
④ ㉡, ㉢, ㉣ ⑤ ㉡, ㉣, ㉤

[해설] ② ㉠㉢㉤이 청문을 해야 하는 경우이다. ▶ **정답** ②

CHAPTER 02 건축법

건축법 7개중 5개 이상은 나온다. 1~2개 이상한 것은 틀려도 된다.

THEME 13. 용어정의 · 건축 · 대수선   [제15,18,19,20,23,24,26,27,28.29,30,31,32회]

01 건축물

토지에 정착하는 공작물 중 지붕과 기둥 또는 벽이 있는 것과 이에 딸린 시설물[담장, 대문], 지하 또는 고가의 공작물에 설치하는 사무소·공연장·점포·차고·창고 그 밖에 대통령령으로 정하는 것을 말한다.

02 지하층★   ▶ 1/3[×]

건축물의 바닥이 지표면 **아래**에 있는 층으로 바닥에서 지표면까지의 **평균** 높이가 해당 층 높이의 **1/2** 이상인 것을 말한다.

> OX 해당 층의 높이가 4m인 경우 바닥에서 지표면까지 평균높이가 2m 미만 것은 지하층이다. (×)

03 주요구조부★★   ▶ 수식어 없다.

내력벽·**기둥**·**바닥**·**보**·**지**붕틀 및 **주**계단을 말한다. 다만, 사이 기둥, 최하층 바닥, 작은 보, 차양, 옥외 계단, 그 밖에 이와 비슷한 것으로 건축물의 구조상 중요하지 아니한 부분은 제외한다.

> OX 주요구조부는 내력벽, 사이기둥, 바닥, 보, 지붕틀 및 주계단을 말한다. (×)

04 리모델링   ▶ 개증대

건축물의 노후화를 억제하거나 기능 향상 등을 위하여 **대수선**하거나 일부 **증축** 또는 **개축**하는 행위

05 고층건축물 및 초고층건축물★

① **고층건축물** : 층수가 **30층** 이상이**거나** 높이가 **120**m 이상인 건축물   ▶ 3고
② **초고층건축물** : 층수가 **50층** 이상이**거나** 높이가 **200**m 이상인 건축물   ▶ 5고

> OX 고층건축물에 해당하려면 건축물의 층수가 30층 이상이고 높이가 120미터 이상이어야 한다. (×)

06 다중이용 건축물★ ▶ 종교집회장에 모여서 버스타고 관광가서 5천원짜리 약 판다.

① 종교시설, 문화 및 집회시설(**동물원·식물원은 제외**한다), 운수시설 중 여객용 시설, 숙박시설 중 관광숙박시설, 의료시설 중 종합병원, 판매시설에 해당하는 용도로 쓰는 바닥면적의 합계가 **5천㎡ 이상**인 건축물을 말한다. [관광휴게시설×, 교육연구시설×]

② **16층 이상인 건축물[종류불문]**을 말한다.

핵심 예상 문제 031

31 건축법령상 다중이용 건축물에 해당하는 용도가 아닌 것은? (단, 16층 이상의 건축물은 제외하고, 해당 용도로 쓰는 바닥면적의 합계는 5천제곱미터 이상임)

① 교육연구시설　　　　② 판매시설　　　　③ 운수시설 중 여객용 시설

④ 종교시설　　　　　　⑤ 의료시설 중 종합병원

> **해설** ① 바닥면적의 합계가 1천 제곱미터 이상인 교육연구시설은 준다중이용 건축물이다.　　　　▶ **정답** ①

07 공작물 축조 신고 ▶ 옹담2, 4년 넘는 장기광고 첨탑, 8고, 6철탑, 8주 이하, 5 나의 태양, 30대

공작물 축조 신고 ⇨ 특별자치시장·특별자치도지사 또는 시장·군수·구청장에게 신고하여야 한다.

① 높이 **2m**를 넘는 **옹벽** 또는 **담장**

② 높이 **4m**를 넘는 **장식탑·기념탑, 첨탑, 광고탑·광고**판

③ 높이 **8m**를 넘는 **고**가수조

④ 높이 **6m**를 넘는 **굴뚝**, 골프연습장 등의 운동시설을 위한 **철탑**과 주거지역 및 상업지역에 설치하는 통신용 **철탑**

⑤ 높이 **8m 이하**의 기계식**주**차장 및 철골조립식 **주**차장으로서 외벽이 없는 것

⑥ 높이 **5m**를 넘는 **태양**에너지를 이용하는 발전설비

⑦ 바닥면적 **30㎡** 넘는 지하**대피호**

핵심 예상 문제 032

32 건축법령상 대지를 조성하기 위하여 건축물과 분리하여 공작물을 축조하려는 경우, 특별자치시장·특별자치도지사 또는 시장·군수·구청장에게 신고하여야 하는 공작물에 해당하지 않는 것은? (단, 공용건축물에 대한 특례는 고려하지 않음)

① 상업지역에 설치하는 높이 8미터의 통신용 철탑

② 높이 3미터의 옹벽

③ 높이 8미터의 굴뚝

④ 바닥면적 35제곱미터의 지하대피호

⑤ 높이 3미터의 장식탑

> **해설** ⑤ 높이 4미터를 넘는 장식탑이 축조신고하여야 하는 공작물이다.　　　　▶ **정답** ⑤

08 전면적 적용지역

① 국토의 계획 및 이용에 관한 법률에 따른 도시지역 및 도시지역 외의 지역에 따른 지구단위계획구역

② 동 또는 읍의 지역(동·읍이 속하는 섬은 인구 500인 이상인 경우에 한함)

09 제한적 적용지역(일부규정만 적용)　　　　　▶ 건폐율, 용적률, 높이제한은 적용한다.

다음의 사항은 전면적 적용지역 외의 지역에는 적용되지 않는다.

① 대지와 도로의 관계(제44조)

② 도로의 지정·폐지 또는 변경(제45조)

③ 건축선의 지정(제46조)

④ 건축선에 따른 건축제한(제47조)

⑤ 방화지구의 건축물(제51조)

⑥ 대지의 분할제한(제57조)

OX　지구단위계획구역이 아닌 계획관리지역으로서 동이나 읍이 아닌 지역에서는 건축법상 용적률 규정이 적용되지 않는다. (×)

10 적용제외대상★　　　　　　　　　　　▶ 철도역사, 군사시설은 건축법 적용한다.

① 문화유산의 보존 및 활용에 관한 법률에 따른 지정문화유산이나 임시지정문화유산 또는 자연유산의 보존 및 활용에 관한 법률에 따라 지정된 천연기념물등이나 임시지정천연기념물, 임시지정명승, 임시지정시·도자연유산, 임시자연유산자료

② 철도 또는 궤도의 선로부지 안에 있는 운전보안시설 ⇨ 철로 선로의 상하를 횡단하는 보행시설 ⇨ 플랫폼 ⇨ 급수·급탄 및 급유시설

③ 고속도로 통행료 징수시설

④ 컨테이너를 이용한 간이창고(공장용도로 이동이 쉬운 것만 해당한다)　　▶ 주거용은 건축법 적용한다.

⑤ 하천법에 따른 하천구역 내의 수문조작실

핵심 예상 문제 033

33 다음 건축물 중 건축법의 적용을 받는 것은?

　① 대지에 정착된 컨테이너를 이용한 주택

　② 철도의 선로 부지에 있는 운전보안시설

　③ 문화유산의 보존 및 활용에 관한 법률에 따른 지정문화유산이나 임시지정문화유산

　④ 고속도로 통행료 징수시설

　⑤ 하천법에 따른 하천구역 내의 수문조작실

　해설 ① 대지에 정착된 컨테이너를 이용한 주택은 건축법이 적용된다. 컨테이너를 이용한 간이창고(공장용도로 이동이 쉬운 것만 해당한다)는 건축법이 적용되지 아니한다.　　　　　▶ 정답 ①

신 축	① 건축물이 없는 대지(나대지)에 새로이 축조하는 것 ② **부속**건축물만 있는 대지에 새로이 **주된** 건축물을 축조하는 것
증 축	**기존 건축물**이 있는 대지에서 건축물의 건축면적·연면적·높이·층수를 **증가**시키는 것 (별동의 설치, 담장의 설치는 증축) **OX** 기존 건축물이 있는 대지에서 건축물의 층수를 증가시키는 것은 '증축'에 해당한다. (○)
개 축	① 건축물의 전부·일부를 **해체**하고 종전과 **같은 규모** 범위에서 건축물을 다시 축조하는 것 ② 건축물을 전부 해체하고 종전 규모를 초과 ⇨ 신축 (일부 해체 ⇨ 초과 ⇨ 증축)
재 축	① 건축물이 천재지변이나 그 밖의 **재해로 멸실**된 경우 그 대지에 **연면적** 합계는 종전 규모 **이하**이고, 동수, 층수 및 높이가 모두 종전 규모 **이하**로 축조하는 것 ② 건축물이 천재지변이나 그 밖의 **재해로 멸실**된 경우 그 대지에 **연면적** 합계는 종전 규모 **이하**이고, 동수, 층수 또는 높이의 어느 하나가 종전 규모를 **초과**하는 경우에는 해당 동수, 층수 및 높이가 건축법령 등에 적합하게 다시 축조하는 것 **OX** 건축물이 천재지변으로 전부 멸실된 경우 그 대지에 종전 규모보다 연면적의 합계를 늘려 건축물을 다시 축조하는 것은 재축에 해당한다. (×)
이 전	건축물을 주요구조부를 **해체하지 아니하고** 같은 대지의 다른 위치로 옮기는 것 **OX** 건축물의 내력벽을 해체하여 같은 대지의 다른 위치로 옮기는 것은 이전에 해당한다. (×)

핵심 예상 문제 034

34 건축법령상 건축에 관한 용어 설명 중 틀린 것은?

① 건축물을 그 주요구조부를 해체하여 같은 대지의 다른 위치로 옮기는 것은 '이전'에 해당한다.

② 기존 건축물이 있는 대지에서 건축물의 높이를 증가시키는 것은 '증축'에 해당한다.

③ 부속건축물만 있는 대지에 새로이 주된 건축물을 축조하는 것(개축 또는 재축하는 것은 제외한다)은 '신축'에 해당한다.

④ 건축물이 재해로 멸실된 경우 그 대지에 연면적 합계는 종전 규모 이하이고 동수, 층수 및 높이가 모두 종전 규모 이하로 다시 축조하는 것은 '재축'에 해당한다.

⑤ 기존 건축물의 전부를 해체하고 그 대지에 종전과 같은 규모의 범위에서 건축물을 다시 축조하는 것은 '개축'에 해당한다.

해설 ① 건축물을 그 주요구조부를 해체하지 아니하고 같은 대지의 다른 위치로 옮기는 것은 '이전'에 해당한다.
▶ 정답 ①

12 **대수선**★★ [제15,18,20,23,28,31회]　　　　　　　　　▶ 창문틀[×], 차양[×], 색채변경[×]

대수선은 건축물의 기둥, 보, 내력벽, 주계단 등의 구조나 외부 형태를 수선·변경하거나 증설하는 다음에 해당하는 것으로서 **증축·개축·재축에 해당하지 아니하는 것**을 말한다.

▸ OX 기존 건축물이 있는 대지에서 건축물의 내력벽을 증설하여 건축면적을 늘리는 것은 대수선에 해당한다. (×)

내	① **내**력벽을 증설·해체하거나 그 벽**면적을 30m²** 이상 수선 또는 변경하는 것

　　　▸ OX 내력벽을 수선하더라도 수선되는 벽면적의 합계가 30m² 미만인 경우에는 대수선에 포함된다. (×)

기	② **기**둥을 증설·해체하거나 **기둥을 3개** 이상 수선 또는 변경하는 것

바	③ 방화벽 또는 방화구획을 위한 **바**닥·벽을 증설·해체하거나 수선·변경하는 것

보	④ **보**를 증설·해체하거나 **보를 3개** 이상 수선 또는 변경하는 것

지	⑤ **지**붕틀을 증설·해체하거나 **지붕틀을 3개** 이상 수선 또는 변경하는 것

주	⑥ **주**계단·피난계단 또는 특별피난계단을 증설·해체하거나 수선 또는 변경하는 것

　　　▸ OX 건축물의 특별피난계단을 증설하는 것은 증축이다. (×)

가세 마감치러	⑦ 다가구주택의 **가**구 간 또는 다세대주택의 **세**대 간 경계벽을 증설·해체하거나 수선 또는 변경하는 것
	⑧ 건축물의 외벽에 사용하는 **마**감재료를 증설 또는 해체하거나 벽**면적 30m²** 이상 수선 또는 변경하는 것

핵심 예상 문제　035

35 건축법령상 증축·개축·재축에 해당하지 아니하는 것으로서 대수선 행위로 볼 수 없는 것은?

① 내력벽의 벽면적을 30m² 이상 수선 또는 변경하는 행위

② 지붕틀 3개를 증설하여 건축물의 연면적을 넓히는 행위

③ 보를 증설·해체하거나 3개 이상 수선하는 행위

④ 건축물의 방화구획을 위한 바닥 또는 벽을 증설하거나 해체하는 행위

⑤ 다세대주택의 세대 간 경계벽을 수선 또는 변경하는 행위

해설 ② 지붕틀 3개를 증설하여 건축물의 연면적을 넓히는 행위는 증축에 해당한다.　　　　▶ **정답** ②

---

01 **용도분류★** ▶ 연초, 다이

① **단독주택** : 단독, 다중주택(취사×, 3개층, 660m^2 이하), 다가구주택(3개층, 660, 19세대), 공관

② **공동주택** : 아파트(5개층 이상인 주택), 기숙사

　연립주택 : 660m^2 초과하고, 4개층 이하인 주택

　다세대주택 : 660m^2 이하이고, 4개층 이하인 주택

③ **제1종 근린생활시설 및 제2종 근린생활시설**

제1종 근린생활시설	제2종 근린생활시설
• 집근처[동네~ ⇨ 동네미용실, 동네의원, 동네목욕장 / 마을~ ⇨ 마을회관·마을공동작업소 / 관공서 ⇨ 지역자치센터·파출소·지구대·소방서·우체국·방송국·보건소·공공도서관 1,000m^2 미만]	• 약간 먼 곳[애들 입장 ⇨ 학원 ⇨ 독서실 ⇨ pc방 남자분들 입장 ⇨ 단란주점(150m^2 미만) ⇨ 안마시술소 ⇨ 노래연습장 ⇨ 다중생활시설(500m^2 미만)]
• 금융업소, 사무소, **부동산중개사무소**, 결혼상담소 등 소개업소, 출판사 등 일반업무시설로서 바닥면적의 합계가 **30m^2 미만인 것** ·	• 금융업소, 사무소, **부동산중개사무소**, 결혼상담소 등 소개업소, 출판사 등 일반업무시설로서 바닥면적의 합계가 **30m^2 이상 500m^2 미만인 것**
• 생활필수시설, 안 아픈 것(탁구장 500m^2 미만)	• 취미시설, 아픈 것(테니스장·볼링장·당구장·골프연습장등·실내낚시터·총포판매사)
• 원(1종) ⇨ 이용원·미용원·의원·접골원·안마원	
• 서점(1,000m^2 미만)	• 서점(1,000m^2 이상)
• 휴게음식점, 제과점(300m^2 미만 ⇨ 1종)	• 휴게음식점, 제과점(300m^2 이상)
• 전기자동차충전소(1,000m^2 미만)	• 일반음식점(음식+술 ⇨ 2종)
• 동물병원, 동물미용실, 동물위탁관리업을 위한 시설(300m^2 미만)	• 동물병원, 동물미용실, 동물위탁관리업을 위한 시설(300m^2 이상)

④ **문화 및 집회시설** : 동물원·식물원, 수족관(동·식물관련시설×)

⑤ **운수시설** : 자동차터미널, 철도역사, 공항, 항만시설

⑥ **자동차관련시설** : 매매장, 운전학원 및 정비학원, **전기자동차 충전소로서 제1종 근린생활시설에 해당하지 않는 것(1천제곱미터 이상)**

⑦ **관광휴게시설** : 야외음악당, 야외극장, 어린이회관(야광), 관망탑, 휴게소

⑧ **수련시설** : 유스호스텔, 관광진흥법에 따른 야영장 시설(바닥면적 합계가 300m^2 이상)

⑨ **야영장 시설** : 관광진흥법에 따른 야영장 시설로서 관리동, 화장실, 샤워실, 대피소, 취사시설 등의 용도로 쓰는 바닥면적의 합계가 300m^2 미만인 것

⑩ **숙박시설** : 호텔·콘도, 다중생활시설(500m^2 이상), 호스텔

⑪ **위락시설** : 단란주점(150m^2 이상), 무도장, 무도학원〈발바닥에 땀나〉 카지노〈손 바닥에 땀나〉

⑫ **창고시설** : 물류터미널(창고), 집배송시설

⑬ **위험물저장 및 처리시설** : 주유소, 충전소, 저장소 ⇨ 뻥이요~~터지면 모두 날라가는 것

[**자산전문 영업교육 근주기**] ⇨ 특별자치시장·특별자치도지사·시장·군수·**구청장**

▶ **OX** 특별시나 광역시에 소재하는 건축물인 경우에는 특별시장이나 광역시장의 허가를 받거나 신고하여야 한다. (×)

시설군	용도군		
1. 자동차관련시설군	자동차관련시설 ⇨ 자동차관련시설로 변경은 무조건 허가다.		
2. 산업등시설군	공장, 창고시설, 자원순환관련시설, 위험물저장 및 처리시설, 묘지관련시설, 장례시설, **운수시설**	**암기**	공장, 창고, 더럽게, 위험하고, 무서워
3. 전기통신시설군	방송통신시설, 발전시설	**암기**	방전
4. 문화집회시설군	종교시설, 문화 및 집회시설, 위락시설, 관광휴게시설	**암기**	종교시설에서 모여 위락시설로 관광 간다.
5. 영업시설군	운동시설, 판매시설, 다중생활시설(제2종 근린생활시설), 숙박시설	**암기**	운동시설 판매하고 다 잔다.
6. 교육복지시설군	노유자시설, 의료시설, 교육연구시설, 수련시설, 야영장시설	**암기**	노의교수야
7. 근린생활시설군	제1종 근린생활시설, 제2종 근린생활시설(다중생활시설 제외)		
8. 주거업무시설군	단독주택, 공동주택, 업무시설, 교정시설, 국방·군사시설		
9. 그 밖에[기타]시설군	동물 및 식물관련시설 ⇨ 동물 및 식물관련시설로 변경은 무조건 신고다.		

허 가	신 고	건축사 설계	사용승인	변경신청
⇧	⇩	⇧	⇧ ⇩	⇦
하위시설군에서 상위시설군으로 용도변경시 특별자치시장·특별자치도지사·시장·군수·**구청장**에게 허가	상위시설군에서 하위시설군으로 용도변경시 특별자치시장·특별자치도지사·시장·군수·**구청장**에게 신고	**허가**대상인 경우로서 용도변경하고자 하는 부분의 바닥면적 합계가 **500m²** 이상	**허가** 또는 **신고**대상인 경우로서 용도변경하고자 하는 부분의 바닥면적 합계가 **100m²** 이상	⇨ 원칙적으로 시설군 중 동일한 시설군에서 용도변경하고자 하는 자는 기재사항 **변경을 신청**

1. 같은 호에 속하는 건축물 상호 간의 용도변경[다중주택을 다가구주택으로 변경, 다세대주택을 연립주택으로 변경]은 건축물 대장 기재내용 변경신청을 하지 아니한다.

2. 원칙적으로 제1종 근생과 제2종 근생 상호간의 용도변경은 건축물대장 기재내용 변경신청을 하지 아니한다.

3. 용도변경하려는 부분의 바닥면적의 합계가 **500m² 미만**으로서 **대수선에 해당되는 공사를 수반하지 아니하는 경우**에는 **사용승인 규정을 적용하지 아니한다**.

4. 건축주는 건축물의 **용도를 복수**로 하여 건축허가, 건축신고 및 용도변경 허가·신고 또는 건축물대장 기재내용의 변경 **신청을 할 수 있다**.

▶ **OX** 용도변경하려는 부분의 바닥면적의 합계가 100m² 이상인 경우라도 신고대상인 용도변경을 하는 경우에는 건축물의 사용승인을 받을 필요가 없다. (×)

▶ **OX** 건축주인 甲은 4층 건축물을 병원으로 사용하던 중 이를 서점으로 용도변경하고자 한다. 甲은 서점에 다른 용도를 추가하여 복수용도로 용도변경 신청을 할 수 없다. (×)

36 甲은 A도 B군에서 숙박시설로 사용승인을 받은 바닥면적의 합계가 3천제곱미터인 건축물의 용도를 변경하려고 한다. 건축법령상 이에 관한 설명으로 틀린 것은?

① 의료시설로 용도를 변경하려는 경우에는 용도변경 신고를 하여야 한다.

② 종교시설로 용도를 변경하려는 경우에는 용도변경 허가를 받아야 한다.

③ 甲이 바닥면적의 합계 1천제곱미터의 부분에 대해서만 업무시설로 용도를 변경하는 경우에는 사용승인을 받지 않아도 된다.

④ A도지사는 도시·군계획에 특히 필요하다고 인정하면 B군수의 용도변경허가를 제한할 수 있다.

⑤ B군수는 甲이 판매시설과 위락시설의 복수용도로 용도변경 신청을 한 경우 지방건축위원회의 심의를 거쳐 이를 허용할 수 있다.

해설 ③ 1천제곱미터이므로 사용승인을 받아야 한다. 용도변경하려는 부분의 바닥면적의 합계가 500m² 미만으로서 대수선에 해당되는 공사를 수반하지 아니하는 경우에는 사용승인 규정을 적용하지 아니한다. ▶ **정답 ③**

THEME 15 **건축허가·제한·건축신고** [제17,18,19,20,21,22,23,24,25,26,28,29,30,31,32,33회]

01 **허가권자★** [제15,17,18,19,21,22,24,25,31회] ▶ 허가권자 ⇨ 국장[×], 도지사[×]

① **원칙** : 특별자치시장·특별자치도지사·시장·군수·구청장의 허가

② **예외** : 특별시·광역시에 건축하는 경우에는 특별시장·광역시장이 허가

   ㉠ 층수가 21층 이상인 건축물, 연면적의 합계가 10만m² 이상인 건축물

   ㉡ 연면적 3/10 이상의 증축으로 21층 이상이 되거나 연면적 합계 10만m² 이상이 되는 경우 다만, **공장, 창고** 및 지방건축위원회의 **심의**를 거친 건축물은 제외한다. ⇨ **구청장 허가**
   (단, 초고층건축물은 지방건축위원회의 심의를 거친 경우에도 특별시장·광역시장의 허가)

   OX A광역시 B구에서 25층인 공장을 건축하고자 하는 경우에는 A광역시장이 허가권자이다. (×)

   OX 건축허가를 받으면 폐기물처리업허가를 받은 것으로 본다. (×)

02 **사전결정신청** ▶ 도로점용허가[×], 건축허가 의제[×]

① 허가대상 건축물을 **허가권자**에게 사전결정을 신청할 수 있다. ⇨ 통지[7일 이내]받은 날부터 **2년 이내**에 **건축허가를 신청**(착공신고×)하지 아니하면 ⇨ 사전결정의 효력이 상실된다.

   OX 사전결정신청자는 사전결정을 통지받은 날부터 2년 이내에 착공신고를 하여야 하며, 이 기간에 착공신고를 하지 아니하면 사전결정의 효력이 상실된다. (×)

② **통지 효과** : 개발행위허가, 산지전용허가[보전산지인 경우에는 **도시지역**만 해당된다], 농지전용허가, 하천점용허가를 받은 것으로 본다. ▶ 건축허가를 받으면 도로점용허가 의제된다.

37 건축법령상 건축허가의 사전결정에 관한 설명으로 옳은 것은?

① A도(道) B시(市)에서 30층의 건축물을 건축하려는 자는 건축허가신청 전에 A도지사에게 그 건축물의 건축이 법령에서 허용되는지에 대한 사전결정을 신청하여야 한다.

② 허가권자는 사전결정이 신청된 건축물의 대지면적이 환경영향평가법에 따른 소규모 환경영향평가대상사업인 경우 국토교통부장관과 협의하여야 한다.

③ 사전결정신청자가 사전결정을 통지받은 날부터 2년 이내에 법령에 따른 건축허가를 신청하지 않으면 그 사전결정은 효력을 상실한다.

④ 건축허가 대상 건축물을 건축하려는 자가 허가권자의 사전결정통지를 받은 경우 산지관리법 제14조에 따른 농림지역 안의 보전산지에 대한 산지전용허가를 받은 것으로 본다.

⑤ 사전결정의 신청자는 건축위원회의 심의와 교통영향평가서 검토를 동시에 신청할 수 없다.

해설 ① B시장에게 사전결정을 신청할 수 있다. ② 환경부장관이나 지방환경관서의 장과 협의를 하여야 한다.
④ 농림지역이 아니라 도시지역 안의 보전산지에 대한 산지전용허가를 받은 것으로 본다. ⑤ 있다. ▶ **정답** ③

---

03 시장·군수가 허가 전에 도지사의 사전승인★★ [제18,19,21,22,24회] ▶ 교주위숙 : 규모불문

① 특별시·광역시 외의 지역에서 층수가 21층 이상, 연면적의 합계가 10만m² 이상인 건축물
(연면적 3/10 이상 증축) ⇨ **공장, 창고 및 심의**를 거친 건축물은 **사전승인을 받지 아니한다.**

② **자연환경·수질보호** ⇨ 도지사가 지정·공고하는 구역 ⇨ **3층 이상**이거나 연면적 합계 **1천m² 이상**
⇨ **위**락시설 및 **숙**박시설, **공**동주택, **일**반업무시설, **일**반음식점

③ **교**육환경 또는 **주**거환경 ⇨ 도지사가 지정·공고하는 구역 ⇨ **위**락시설 및 **숙**박시설[규모불문]

38 건축법령상 시장·군수가 건축허가를 하기 위해 도지사의 사전승인을 받아야 하는 건축물은?

① 연면적의 10분의 2를 증축하여 층수가 21층이 되는 공장

② 연면적의 합계가 100,000m²인 창고

③ 자연환경을 보호하기 위하여 도지사가 지정·공고한 구역에 건축하는 3층인 다가구주택에 해당하는 건축물

④ 수질을 보호하기 위하여 도지사가 지정·공고한 구역에 건축하는 연면적의 합계가 900m²인 2층의 숙박시설

⑤ 주거환경 등 주변환경을 보호하기 위하여 도지사가 지정·공고한 구역에 건축하는 연면적의 합계가 900m²인 2층의 숙박시설

해설 ⑤ [교주 위숙, 규모불문]
①② 공장, 창고는 사전승인을 받지 아니한다. ③ 다가구주택이 아니라 공동주택이 사전승인을 받는다.
④ 연면적 합계가 "900m²인 2층"이 아니라 3층 이상이거나 연면적 합계 1천m² 이상이면 사전승인을 받는다.
▶ **정답** ⑤

① 허가권자는 **위**락시설이나 **숙**박시설에 해당하는 건축물의 건축을 허가하는 경우 그 대지에 건축하려는 건축물의 용도·규모 또는 형태가 **교**육환경이나 **주**거환경 등 주변환경을 고려할 때 부적합하다고 인정되는 경우에는 건축위원회의 **심의를 거쳐** 건축허가를 하지 아니할 수 있다.

② 방재지구 및 자연재해대책법에 따른 자연재해위험개선지구 등 **상습적으로 침**수되거나 침수가 우려되는 대통령령으로 정하는 지역에 건축하려는 건축물에 대하여 **일부 공간에 거실을 설치**하는 것이 **부적합**하다고 인정되는 경우에는 건축위원회의 **심의를 거쳐** 건축허가를 하지 아니할 수 있다.

05 **건축허가취소**★ [제17,19,24회] ▶ 1년 미착수 취소하여야 한다.[×]

① 허가를 받은 날로부터 **2년(공장은 3년)** 이내에 공사에 착수하지 아니한 경우(정당한 사유가 있는 경우에는 1년의 범위에서 연장) ⇨ **취소하여야 한다**.

② **2년 이내**에 공사에 착수하였으나 **공사완료가 불가능** ⇨ **취소하여야 한다**.

③ 착공신고 전에 **경매 또는 공매 등**으로 대지의 **소유권을 상실**하고 **6개월이** 지난 이후 착수가 불가능 ⇨ **취소하여야 한다**.

핵심 예상 문제 039

39 건축법령상 건축허가 등에 관한 설명으로 틀린 것은?

① 21층 이상의 건축물 등 대통령령으로 정하는 용도 및 규모의 건축물을 광역시에 건축하려면 광역시장의 허가를 받아야 한다.

② 건축물의 건축허가를 받으면 국토의 계획 및 이용에 관한 법률에 따른 개발행위허가를 받은 것으로 본다.

③ 분양을 목적으로 하는 건축주가 그 대지를 사용할 수 있는 권원을 확보한 경우에도 건축허가를 받으려는 자는 해당 대지의 소유권을 확보하여야 한다.

④ 위락시설 또는 숙박시설의 경우 주거환경 또는 교육환경 등을 고려할 때 부적합하다고 인정되는 경우 건축위원회의 심의를 거쳐 허가를 거부할 수 있다.

⑤ 허가권자는 허가를 받은 자가 허가를 받은 날부터 2년 이내에 공사에 착수하였으나 공사의 완료가 불가능하다고 인정되는 경우에는 허가를 취소할 수 있다.

해설 ⑤ 허가를 취소하여야 한다. ▶ 정답 ⑤

① **국토교통부장관의 제한** : **국토관리상** 필요한 경우, 주무부**장관**이 국방·국가유산기본법에 따른 국가유산·환경보전 또는 국민경제상 **요청**하는 경우 ⇨ 허가권자의 건축허가나 착공을 제한할 수 있다.

② **특별시장·광역시장·도지사의 건축허가나 착공제한**

　　㉠ 지역계획이나 도시·군계획상 ⇨ 시장·군수·구청장의 허가나 착공을 제한할 수 있다.

　　㉡ 특별시장·광역시장·도지사는 제한한 경우 ⇨ **즉시** 국토교통부장관에게 **보고** ⇨ 국토교통부장관은 제한의 내용이 지나치다고 인정하는 경우 ⇨ **해제**를 **명**할 수 있다.

③ **제한기간** : 제한기간은 **2년** 이내로 하되, 제한기간의 연장은 **1회에 한하여 1년** 이내

핵심 예상 문제 **040**

40 **건축법령상 건축허가의 제한에 관한 설명으로 틀린 것은?**

① 국방부장관이 국방을 위하여 특히 필요하다고 인정하여 요청하면 국토교통부장관은 허가권자의 건축허가를 제한할 수 있다.

② 국가유산의 보존 또는 국민경제를 위하여 특히 필요한 경우 주무부장관은 허가권자의 건축허가를 제한할 수 있다.

③ 특별시장은 지역계획에 특히 필요하다고 인정하면 관할 구청장의 건축허가를 제한할 수 있다.

④ 건축물의 착공을 제한하는 경우 제한기간은 2년 이내로 하되, 1회에 한하여 1년 이내의 범위에서 제한기간을 연장할 수 있다.

⑤ 도지사가 군수의 건축허가를 제한한 경우에는 즉시 국토교통부장관에게 보고하고, 보고를 받은 국토교통부장관은 제한내용이 지나치다고 인정하면 그 해제를 명할 수 있다.

해설 ② 주무부장관이 요청하면 국토교통부장관은 허가권자의 건축허가를 제한할 수 있다.   ▶ **정답** ②

---

07 **건축물 안전영향평가 대상**★   ▶ 초고층건축물 또는 10만 + 16층 이상

① **초고층 건축물**[▶ 층수가 50층 이상이거나 높이가 200m 이상인 건축물]

② 다음의 요건을 모두 충족하는 건축물

　　㉠ 연면적(하나의 대지에 둘 이상의 건축물을 건축하는 경우에는 각각의 건축물의 연면적을 말한다)이 **10만 제곱미터 이상**일 것

　　㉡ **16층 이상**일 것

　　　⇨ 안전영향평가 결과는 건축위원회의 심의를 거쳐 확정한다.

　　　⇨ 안전영향평가를 실시하여야 하는 건축물이 다른 법률에 따라 구조안전과 인접 대지의 안전에 미치는 영향 등을 평가 받은 경우에는 안전영향평가의 **해당 항목**을 평가 받은 것으로 본다.

08 건축신고★★ [제15,17,22,23,24,25,32회]   ▸건축주·공사시공자 또는 공사감리자를 변경도 신고

1. 신고 : <mark>1년 이내</mark>에 공사에 착수하지 아니한 경우 <mark>신고의 효력은 없어진다</mark>. 다만, 1년 연장가능

   [OX] 건축신고일부터 6개월 이내에 공사에 착수하지 아니하면 신고의 효력은 없어진다. (×)

   ① 바닥면적의 합계가 <mark>85m²</mark> 이내인 증축·개축 또는 재축. 다만, 3층 이상 건축물인 경우에는 증축·개축 또는 재축하려는 부분의 바닥면적의 합계가 건축물 연면적의 1/10 이내인 경우로 한정한다.

   ② 연면적의 합계가 <mark>100m²</mark> 이하인 건축물의 건축

   ③ 관리, 농림, 자연환경보전지역에서 연면적 <mark>200m² 미만</mark>이고 <mark>3층 미만</mark>인 건축물

   ④ 대수선 중 주요구조부[내기바보지주]의 <mark>수선은 규모 불문하고 신고</mark>

     ⇨ 나머지 대수선은 <mark>200m² 미만</mark>이고 <mark>3층 미만</mark>인 건축물의 대수선은 신고,

     ⇨ 200m² 이상이거나 3층 이상인 대수선은 허가이다.

   ⑤ 높이 <mark>3m 이하</mark>의 증축

   ⑥ 공업지역, 지구단위계획구역, 산업단지에 건축하는 <mark>2층</mark> 이하<mark>로서</mark> <mark>500</mark>m² 이하인 <mark>공장</mark>

   ⑦ 읍·면지역의 <mark>200m²</mark> 이하인 <mark>창고</mark>, <mark>400m²</mark> 이하인 축사·<mark>작물재배사</mark>·종묘배양시설·온실

2. 건축주는 허가를 받았거나 신고를 한 사항을 변경하려는 경우에는 이를 변경하기 전에 허가권자의 허가를 받거나 특별자치시장·특별자치도지사·시장·군수·구청장에게 신고(<mark>건축주·공사시공자 또는 공사감리자를 변경 신고</mark>)하여야 한다.

   [OX] 건축허가를 받은 이후에 공사시공자를 변경하는 경우에는 시장에게 허가를 받아야 한다. (×)

   [OX] 건축신고를 하였더라도 공사에 필요한 규모로 공사용 가설건축물의 축조가 필요한 경우에는 별도로 가설건축물 축조신고를 하여야 한다. (×)

3. 신고수리 여부통지 : 건축[가설건축물 포함]신고를 받은 날부터 <mark>5일 이내에 신고수리 여부</mark>를 <mark>통지</mark>하여야 한다.

4. 착공신고 수리 여부통지[착공계] : 허가권자는 착공신고를 받은 날부터 <mark>3일 이내에 신고수리 여부</mark>를 신고인에게 통지하여야 한다. ⇨ 3일 이내에 신고수리 여부 또는 처리기간의 연장 여부를 신고인에게 통지하지 아니하면 그 기간이 <mark>끝난 날의 다음 날에</mark> 신고를 수리한 것으로 본다.

핵심 예상 문제 041

41 건축법령상 건축신고를 하면 건축허가를 받은 것으로 볼 수 있는 경우에 해당하지 않는 것은?

   ① 연면적 270제곱미터인 3층 건축물의 방화벽 수선

   ② 연면적 180제곱미터인 2층 건축물의 대수선

   ③ 연면적 150제곱미터인 3층 건축물의 피난계단 증설

   ④ 1층의 바닥면적 50제곱미터, 2층의 바닥면적 30제곱미터인 2층 건축물의 신축

   ⑤ 바닥면적 100제곱미터인 단층 건축물의 신축

   해설 ③ 연면적 150제곱미터인 3층 건축물의 피난계단 증설은 3층이므로 허가사항이다.　　　▸정답 ③

건축물의 대지·도로·건축선 [제15,18,21,22,23,24,25,27,28,31,34회]

01 대지의 안전

① 대지는 이와 인접하는 도로면보다 낮아서는 아니 된다. 다만, 배수에 지장이 없거나 건축물의 용도상 방습의 필요가 없는 경우에는 인접한 도로면보다 낮아도 된다.

② 옹벽의 외벽면에는 이의 **지지 또는 배수를 위한 시설 외**의 구조물이 밖으로 튀어 나오지 아니하게 할 것

③ **옹**벽의 높이가 **2m** 이상인 경우 콘크리트구조로 할 것

02 대지의 조경

조경대상 제외 : 다음에 해당하는 건축물은 조경 등 조치를 하지 아니할 수 있다.

1. 녹지지역에 건축하는 건축물

2. 대지에 염분이 함유되어 있는 경우, 허가대상 가설건축물, 축사

3. 면적 5천m^2 미만인 대지에 건축하는 공장, 연면적의 합계가 1,500m^2 미만인 공장, 산업단지 안의 **공장**

4. 관리지역·농림지역·자연환경보전지역(**지구단위계획구역 제외**)의 건축물

5. 연면적 합계 1,500m^2 미만인 물류시설(**주거지역 또는 상업지역 제외**)

> OX 지구단위계획구역으로 지정된 자연환경보전지역에 건축하는 연면적이 330m^2인 단독주택은 조경 등의 조치를 하지 아니할 수 있다. (×)

> OX 상업지역에 건축하는 물류시설은 조경 등의 조치를 하지 아니할 수 있다. (×)

03 공개공지 등의 확보★   ▶ 전용주거지역[×], 일반공업지역[×]

대상지역	① **일**반주거지역, ② **준**주거지역, ③ **상**업지역, ④ **준**공업지역
대상 건축물	**바닥면적의 합계가 5,000m^2 이상**인 문화 및 집회시설, 종교시설, 판매시설(**농수산물유통시설을 제외**), 운수시설(여객용 시설에 한함), 업무시설, 숙박시설(**위락시설 ×**) > OX 바닥면적의 합계가 5천 제곱미터 이상인 농수산물유통시설의 경우에는 공개공지를 설치하여야 한다. (×)
설치면적 · 설치시설	① **대지면적**[▶ 건축면적[×]]의 10% 이하의 범위 안에서 건축조례로 정한다. > OX 근린상업지역의 건축물에 설치하는 공개공지 등의 면적은 대지면적의 100분의 10을 넘어야 한다. (×) ② 긴 의자·파고라 등 공중이 이용할 수 있는 시설을 설치해야 한다. ③ 조경면적이나 매장유산의 현지보존 조치 면적, 필로티구조로 설치할 수 있다.

기준완화	① 법률 : **건폐율**과 **용적률** 및 **높이제한**을 **완화**하여 적용 ② 시행령 : 해당 지역에 적용되는 **용적률, 높이제한**의 **1.2배** 이하 **완화**하여 적용 OX 공개공지 등의 확보 대상건축물에 공개공지 등을 설치하는 경우에는 건축물의 건폐율의 1.2배 이하 완화하여 적용할 수 있다. (×)
문화행사	① 연간 60일 이내의 기간 주민들을 위한 문화행사를 열거나 판촉활동을 할 수 있다. ② 시·도지사 또는 시장·군수·구청장은 관할 구역 내 공개공지 등에 대한 점검 등 유지·관리에 관한 사항을 해당 지방자치단체의 **조례**로 정할 수 있다. ③ 누구든지 공개공지 등에 **물건을 쌓아놓거나 출입을 차단하는 시설을 설치**하는 등 공개공지 등의 활용을 저해하는 행위를 **하여서는 아니 된다**.

핵심 예상 문제 042

42 건축법령상 대지의 조경 및 공개공지 등의 설치에 관한 설명으로 옳은 것은?

① 공개공지 확보대상 건축물은 전용주거지역, 일반공업지역, 일반주거지역, 준주거지역, 상업지역, 준공업지역이다.

② 대지에 공개공지 등을 확보하여야 하는 건축물의 경우 공개공지 등을 설치하는 때에는 해당 지역에 적용하는 용적률의 1.2배 이하의 범위에서 건축조례로 정하는 바에 따라 용적률을 완화하여 적용할 수 있다.

③ 바닥면적의 합계가 3천m^2 이상인 문화 및 집회시설, 종교시설, 농수산물유통 및 가격안정에 관한 법률에 따른 농수산물유통시설, 운수시설(여객용시설에 한함), 업무시설, 숙박시설 등이 공개공지 또는 공개공간 확보대상이다.

④ 상업지역의 건축물에 설치하는 공개공지 등의 면적은 건축면적의 100분의 10 이하의 범위에서 건축조례로 정한다.

⑤ 상업지역인 대지에 건축하는 연면적이 1,000m^{2}인 물류시설은 조경을 하지 아니한다.

해설 ① 전용주거지역(×), 일반공업지역(×)
③ 바닥면적의 합계가 5천m^2 이상인 농수산물유통시설은 제외한다.
④ 건축면적이 아니라 대지면적이다.
⑤ 조경을 하여야 한다.
▶ **정답** ②

---

04 도로★★
▶ 도로의 필수개념요소는 보행이다.

① **원칙** : 건축법상 도로는 원칙적으로 보행 및 차량통행이 가능한 너비 4m 이상으로 국토계획법·도로법·사도법 기타 관계 법령에 의하여 신설 또는 변경에 관한 고시가 된 도로, 허가권자 또는 신고권자가 위치를 지정·공고한 도로 또는 그 예정도로를 말한다.

② **예외** : 지형조건으로 차량통행이 불가능한 너비가 3m 이상인 도로도 도로가 될 수 있다.

③ **도로의 지정 · 폐지 · 변경**　　　　　　　▶ 도로를 지정하려면 반드시 이해관계자의 동의[×]

　⑦ **지정** : 허가권자는 도로의 위치를 지정 · 공고하려면 이해관계인의 동의를 받아야 한다.
　　　다만, 허가권자가 이해관계인이 해외 거주하는 등의 사유로 동의 받기 **곤란**하다고 인정하는 경
　　　우 또는 주민이 오랫동안 통행로로 이용하고 있는 **사실상** 통로로서 조례로 정한 경우 이해관계
　　　인의 동의 없이 건축위원회 **심의를 거쳐 도로로 지정**할 수 있다.

　⑥ **도로를 폐지 · 변경**하는 경우 : 허가권자가 **반드시** 이해관계자의 **동의**를 받아야 한다.

　　　｜ OX ｜ 허가권자는 도로의 위치를 지정하려는 경우에는 필수적으로 도로에 대한 이해관계인의 동의를 받아야
　　　한다. (×)

05 대지와 도로의 관계★　　　　　　　▶ 대지는 너비 4m 이상 도로에 2m 이상 접해야 한다.

① **원칙** : 건축물의 대지는 **2m** 이상 도로에 **접**해야 한다.

　　｜ OX ｜ 건축물의 대지는 4m 이상이 보행과 자동차의 통행이 가능한 도로에 접하여야 한다. (×)

② **예외** : 2m 이상 접하지 아니하여도 되는 경우 ⇨ 건축물의 출입에 지장이 없는 경우 ⇨ 광장, 공
　　원, 유원지가 있는 경우 ⇨ 농지법에 따른 농막을 건축하는 경우

③ **강화(2, 6, 4접)** : 연면적의 합계가 **2천**m^2(공장은 **3천**m^2) 이상인 건축물(축사, 작물재배사는 제외
　　한다)의 대지는 너비 **6m** 이상인 도로에 **4m** 이상 접하여야 한다.

　　※참고 축사, 작물재배사 제외 : 축사, 작물재배사는 2천m^2 이상이어도 4m 이상 접하지 않아도 된다.

핵심 예상 문제　043

43 건축법령상 건축물의 대지와 도로에 관한 설명으로 틀린 것은?

　① 손궤의 우려가 있는 토지에 대지를 조성하면서 설치한 옹벽의 외벽면에는 옹벽의 지지
　　또는 배수를 위한 시설물이 밖으로 튀어 나와도 된다.

　② 건축물의 대지는 2m 이상이 보행과 자동차의 통행이 가능한 도로에 접하여야 한다.

　③ 연면적 합계가 2,000m^2 이상인 공장인 경우에는 대지는 너비 6m 이상의 도로에 4m 이상
　　접하여야 한다.

　④ 농지법에 따른 농막을 건축하는 경우에는 도로에 2m 이상 접하지 않아도 된다.

　⑤ 허가권자는 도로의 위치를 폐지 · 변경 하려는 경우에는 필수적으로 도로에 대한 이해관
　　계인의 동의를 받아야 한다.

　　해설 ③ 연면적 합계가 3,000m^2 이상인 공장인 경우에는 대지는 너비 6m 이상의 도로에 4m 이상 접하여야 한다.
　　▶ **정답** ③

① **원칙** : 대지가 소요너비(4m) 이상의 도로에 접하였을 때 대지와 도로의 경계선

② **소요너비에 미달되는 너비의 도로**

　　㉠ 도로 양쪽에 대지가 존재 : 그 소요너비에 못 미치는 너비의 도로인 경우에는 그 **중심선으로부터 해당 소요너비의 1/2**에 상당하는 수평거리를 후퇴한 선을 건축선으로 한다.

　　㉡ 도로의 반대쪽에 경사지, 하천, 철로, 선로부지 등이 있는 경우 해당 경사지 등이 있는 쪽 도로 **경계선에서 소요너비**에 상당하는 수평거리의 선을 건축선으로 한다.

③ **건축선에 따른 건축제한**

　　㉠ 건축물 및 담장은 **건축선의 수직면을 넘어서는 아니 된다**(지표 아래 부분은 넘을 수 있다).

　　㉡ 도로면으로부터 높이 **4.5m 이하**에 있는 출입구·창문등 유사한 구조물은 열고 닫을 때에 건축선의 **수직면을 넘지 아니하는 구조로 하여야 한다**.

④ 지정건축선(특별자치시장·특별자치도지사·시장·군수·구청장) ⇨ 지정한계 : 도시지역에 4m 이하 ⇨ 위치를 정비하거나 환경을 정비하기 위하여 필요하다고 인정하면 지정할 수 있다.

※참고 건축선이 시험문제 그려져 있으면 가짜 건축선이다. 지우고 다시 그리세요. 꼭~~

OX 대지면적은? (단, 별도의 건축선은 시장이 도시지역에서 환경을 정비하기 위하여 건축선을 따로 정함) 정답 : 190m²

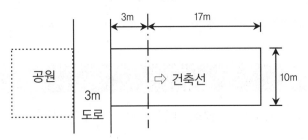

THEME 17 건축물의 면적·연면적　　　[제17,19,20,21,23,24,25,29,33,34회]

01 건축면적　　　　　　　　　　　▶각 층 안 보이면 건축면적, 하늘 위, 평면도

건축면적은 건축물의 **외벽** 또는 외곽기둥의 **중심선**으로 둘러싸인 부분의 **수평투영면적**으로 한다.

02 바닥면적★★　　　　　　　　　　　　　　　　▶각 층 보이면 바닥면적

바닥면적은 건축물의 **각 층** 또는 그 일부로서 벽·기둥 그 밖에 이와 비슷한 구획의 **중심선**으로 둘러싸인 부분의 수평투영면적으로 한다.　　**※참고** 바닥면적 계산문제 = 최대 건축연면적 / 층수

① 벽·기둥의 구획이 없는 건축물 ⇨ 지붕 끝부분으로부터 수평거리 **1m**를 **후퇴**한 선으로 둘러싸인 수평투영면적을 말한다.

② 건축물의 노대 등의 바닥은 난간 등의 설치 여부에 관계없이 노대 등의 면적에서 노대 등이 접한 가장 긴 외벽에 접한 길이에 **1.5m**를 **곱한 값**을 뺀 면적을 바닥면적에 산입한다.

③ **필로티**나 그 밖에 이와 비슷한 구조의 부분은 공중통행이나 차량의 통행 또는 주차에 전용되는 경우와 공동주택의 경우에는 **바닥면적에 산입하지 아니한다**.

> **OX** 건축물의 1층이 차량의 주차에 전용되는 필로티인 경우 그 면적은 바닥면적에 산입된다. (×)

④ **설비제외(못 누워, 못서)** : 승강기탑, 계단탑, 장식탑, 다락[층고가 **1.5m**(경사진 형태의 지붕인 경우에는 **1.8m**) 이하], 물탱크, 기름탱크, 냉각탑, 정화조, 공동주택으로서 지상층에 설치한 기계실, 전기실, 어린이놀이터, 조경시설 및 생활폐기물 보관함의 면적, 장애인용 승강기, 경사로, 승강장, 매장유산 보호 및 전시에 전용되는 부분은 **바닥면적에 산입하지 아니한다**.

⑤ **덧댄 것 제외 : 단열재**를 구조체의 외기측에 설치하는 단열공법으로 건축된 건축물의 경우에는 단열재가 설치된 외벽 중 내측 내력벽의 중심선을 기준으로 산정한 면적을 바닥면적으로 한다. 건축물을 리모델링하는 경우로서 외벽에 부가하여 **마감재**를 설치하는 부분은 **바닥면적에 산입하지 아니한다**.

> **OX** 사용승인을 받은 후 15년 이상이 된 건축물을 리모델링하는 경우로서 열의 손실 방지를 위하여 외벽에 부가하여 마감재를 설치하는 부분은 바닥면적에 산입한다. (×)

⑥ **지하주차장의 경사로**는 바닥면적[건축면적]에 산입하지 않는다.

⑦ **대피공간의 바닥면적**은 건축물의 각 층 또는 그 일부로서 **벽의 내부선으로 둘러싸인 부분의 수평투영면적**으로 한다.

핵심 예상 문제 044

44 건축법령상 건축물의 면적의 산정방법에 관한 설명으로 옳은 것을 모두 고른 것은?

> ㉠ 공동주택으로서 지상층에 설치한 전기실의 면적은 바닥면적에 산입하지 아니한다.
> ㉡ 바닥면적은 건축물의 외벽 또는 외곽기둥의 중심선으로 둘러싸인 부분의 수평투영면적으로 한다.
> ㉢ 건축물의 1층이 차량의 주차에 전용(專用)되는 필로티인 경우 그 면적은 바닥면적에 산입되지 아니한다.
> ㉣ 사용승인을 받은 후 15년 이상이 된 건축물을 리모델링하는 경우로서 열의 손실 방지를 위하여 외벽에 부가하여 마감재를 설치하는 부분은 바닥면적에 산입한다.

① ㉠, ㉡   ② ㉠, ㉢   ③ ㉡, ㉢

④ ㉡, ㉣   ⑤ ㉢, ㉣

해설 ㉠㉢이 옳은 문장이다.
㉡ 건축면적이다.
㉣ 마감재는 바닥면적에 산입하지 아니한다.   ▶ **정답 ②**

하나의 건축물 각층의 바닥면적의 합계(지하층 포함)로 한다. 다만, 다음은 **용적률의 산정**에 있어서의 **연면적**에서는 **제외**한다.

① **지하층**의 면적

② 지상층의 **주차장**(**부속**용도인 경우만 해당한다)으로 쓰는 면적

③ 초고층 건축물과 준초고층 건축물에 설치하는 **피난안전구역**의 면적

④ 층수가 11층 이상인 건축물로서 11층 이상인 층의 바닥면적의 합계가 1만m^2 이상인 건축물의 옥상으로서 건축물의 경사지붕 아래에 설치하는 **대피공간**의 면적

> **OX** 용적률을 산정할 때에는 지하층의 면적은 연면적에 포함한다. (×)
>
> **OX** 용적률을 산정할 때에는 건축물의 부속용도로서 지상층의 주차용으로 쓰는 면적은 연면적에 포함한다. (×)

핵심 예상 문제 **045**

45 **건축법령상 용적률의 산정에 있어서 연면적에서 제외하는 것이다. 틀린 것은?**

① 지하층의 면적

② 초고층 건축물과 준초고층 건축물에 설치하는 피난안전구역의 면적

③ 주민공동시설의 면적

④ 지상층의 주차용(건축물의 부속용도인 경우에 한한다)으로 사용되는 면적

⑤ 층수가 11층 이상인 건축물로서 11층 이상인 층의 바닥면적의 합계가 1만m^2 이상인 건축물의 옥상으로서 건축물의 경사지붕 아래에 설치하는 대피공간 면적

해설 ③ 주민공동시설의 면적은 용적률의 산정에 있어서 연면적에 포함한다. ▶ **정답** ③

01 높이   ▸ 높이[1/8 이하] = 본건물 + 옥상 – 12m = 정답

지표면으로부터 건축물의 상단까지의 높이로 한다. 다만, 옥상에 설치되는 승강기탑·계단탑·망루·장식탑·옥탑 등으로서 수평투영면적의 합계가 해당 건축물의 건축면적의 1/8(공동주택 세대별 전용면적 85m^2 이하인 건축물은 1/6) 이하인 경우로서 부분의 높이가 12m를 넘는 경우에는 넘는 부분에 한하여 건축물의 높이에 산입한다.

> ※참고 필로티 부분: 건축물의 1층 전체에 필로티가 설치되어 있는 경우에는 높이제한, 일조 등 확보를 위한 건축물의 높이제한을 적용할 때 필로티의 층고를 제외한 높이로 한다.

옥탑 등	건축면적의 1/8 이하	1/8 초과
높이 계산	12m 넘는 경우: 넘는 부분만 계산	전부 계산
층수 계산	계산 안 한다.	전부 계산

02 층수★★   ▸ 지하층은 건축물의 층수에서 제외한다.

① 층의 구분이 명확하지 아니한 건축물은 높이 **4m**마다 하나의 층으로 산정   ▸ 층수 = 높이 ÷ 4

② 건축물의 부분에 따라 층수를 달리하는 경우에는 **가장 많은 층수**로 한다.

> OX 층의 구분이 명확하지 아니한 건축물은 해당 건축물의 높이 3m마다 하나의 층으로 산정한다. (×)

> OX 건축물이 부분에 따라 그 층수가 다른 경우에는 그중 가장 많은 층수와 가장 적은 층수를 평균하여 반올림한 수를 그 건축물의 층수로 본다. (×)

03 대지분할제한★

건축물이 있는 대지는 다음의 면적에 미달되게 분할할 수 없다.

① **주거지역**: 60m^2 미만

② **상업지역**: 150m^2 미만

③ **공업지역**: 150m^2 미만

④ **녹지지역**: 200m^2 미만

⑤ **그 밖의 지역(관리지역, 농림지역, 자연환경보전지역)**: 60m^2 미만

04 일조권 확보를 위한 높이제한

가로구역	① 지정권자 : 허가권자는 같은 가로구역에서 건축물의 용도 및 형태에 따라 높이를 **다르게** 정할 수 있다. **OX** 시장은 건축물의 용도 및 형태에 관계없이 동일한 가로구역에서는 건축물의 높이를 동일하게 정해야 한다. (×) ② 특별자치시장·특별자치도지사·시장·군수·구청장 : 건축위원회의 심의를 거쳐 완화 ③ 특별시장이나 광역시장 : 특별시나 광역시의 **조례로 정할 수 있다.** **OX** 특별시장이나 광역시장은 도시의 관리를 위하여 필요하면 가로구역별 건축물의 높이를 건축위원회의 심의를 거쳐 높이를 완화하여 적용할 수 있다. (×) ④ 허가권자는 일조(日照)·통풍 등 주변 환경 및 도시미관에 미치는 영향이 크지 않다고 인정하는 경우에는 건축위원회의 심의를 거쳐 이 법 및 다른 법률에 따른 가로구역의 **높이 완화에 관한 규정을 중첩하여 적용할 수 있다.**
전용/일반 주거지역	① **정북**방향의 인접대지경계선으로부터의 거리(~**띄어야 한다**) 　㉠ 높이 10m 이하 : 1.5m 이상 　㉡ 10m 초과 : 건축물 각 부분의 높이의 1/2 이상 ② **정남**방향의 인접대지경계선으로부터의 거리(~ **할 수 있다**) 　㉠ 택지개발지구 등 　㉡ 정북방향으로 도로·공원·하천 등 **건축이 금지된 공지**에 접하는 대지 　㉢ 정북방향으로 접하고 있는 대지의 소유자와 합의 　　**OX** 전용주거지역과 일반주거지역 안에서 정북방향으로 도로 등 건축이 금지된 공지에 접하는 대지인 경우 건축물의 높이를 정북방향의 인접 대지경계선으로부터의 거리에 따라 대통령령으로 정하는 높이 이하로 할 수 있다. (×)
공동주택	공동주택 중 **중심상업지역과 일반상업지역에 건축하는 것**은 채광 등의 확보를 위하여 대통령령으로 정하는 높이 이하로 하지 아니한다. 즉, 일조권 제한을 받지 아니한다. **OX** 상업지역에 건축하는 공동주택으로서 하나의 대지에 두 동(棟) 이상을 건축하는 경우에는 채광의 확보를 위한 높이 제한을 적용하지 아니한다. (×)
예 외	**2층 이하**로서 높이가 **8m 이하**인 건축물은 지방자치단체의 **조례가 정하는 바에 따라** 일조 등의 확보를 위한 건축물의 높이제한 규정을 적용하지 아니할 수 있다.

특별건축구역 및 이행강제금 [제14,16,19,29,30,32,33회]

01 특별건축구역의 지정 예외 ⇨ 개발금지 ▸ 정비구역은 시·도지사가 지정[○], 국장이 지정[×]

① 개발제한구역, ② 자연공원법에 따른 자연공원, ③ 도로법에 따른 접도구역, ④ 산지관리법에 따른 보전산지에 대하여는 특별건축구역으로 **지정할 수 없다**.

OX 접도구역에는 특별건축구역을 지정할 수 있다. (×)

OX 개발제한구역에는 특별건축구역을 지정할 수 있다. (×)

✔ 국토교통부장관 또는 시·도지사는 **특별건축구역을 지정**하고자 하는 지역이 **군사기지 및 군사시설보호구역에 해당하는 경우에는 국방부장관과 사전에 협의하여야 한다**.

✔ **국가가 국제행사** 등을 개최하는 도시의 사업구역은 **국토교통부장관이 지정**할 수 있다.

02 특별건축구역의 지정절차 등 ▸ 용도지역은 의제되지 아니한다.

① 국토교통부장관 또는 특별시장·광역시장·도지사는 지정신청을 받은 날부터 **30일 이내**에 건축위원회의 **심의**를 거쳐야 한다.

② **지정제안** : 지정신청기관(중앙행정기관의 장, 사업구역을 관할하는 시·도지사 또는 시장·군수·구청장) 외의 자는 특별건축구역의 위치·범위 및 면적 등의 자료를 갖추어 사업구역을 관할하는 **시·도지사**에게 특별건축구역의 **지정을 제안**할 수 있다.

✔ 대상 토지 면적(국유지·공유지의 면적은 제외)의 **3분의 2 이상**에 해당하는 토지소유자의 **서면 동의**를 받아야 한다.

③ 국토교통부장관 또는 시·도지사는 필요한 경우 **직권으로** 특별건축구역을 지정할 수 있다.

④ 특별건축구역을 지정·변경한 경우에는 국토의 계획 및 이용에 관한 법률에 따른 도시·군관리계획의 결정(**용도지역·지구·구역의 지정 및 변경을 제외**)이 있는 것으로 본다.

⑤ 국토교통부장관 또는 시·도지사는 특별건축구역 지정일부터 **5년 이내에 착공**이 이루어지지 **아니**하는 경우에는 특별건축구역의 전부 또는 일부에 대하여 지정을 **해제할 수 있다**.

03 특별건축구역의 적용 배제 ▸ 국가나 지방자치단체가 건축하는 건축물도 적용하지 아니할 수 있다.

① **건축물의 용적률, 건폐율** ② **건축물의 높이제한** ③ **일조 등의 확보를 위한 높이제한** ④ **대지의 공지** ⑤ **대지의 조경규정**을 적용하지 아니할 수 있다.

04 특별건축구역의 통합적용

특별건축구역에서는 ① **공원**의 설치, ② 부설**주**차장의 설치, ③ 미술**작품**의 설치는 개별 건축물마다 적용하지 아니하고 특별건축구역 전부 또는 일부를 대상으로 **통합하여 적용**할 수 있다.

46 건축법령상 특별건축구역에 관한 설명으로 틀린 것은?

① 국토교통부장관은 국가가 국제행사 등을 개최하는 지역의 사업구역을 특별건축구역으로 지정할 수 있다.

② 국토교통부장관 또는 시·도지사는 군사기지 및 군사시설보호구역에 특별건축구역으로 지정할 수 없다.

③ 특별건축구역을 지정하거나 변경한 경우에는 도시·군관리계획의 결정(용도지역·지구·구역의 지정을 제외)이 있는 것으로 본다.

④ 건축물의 용적률, 건폐율, 일조 등의 확보를 위한 건축물의 높이제한, 대지 안의 공지, 대지 안의 조경을 적용하지 아니할 수 있다.

⑤ 특별건축구역에서는 공원, 부설주차장, 미술작품에 대하여는 통합하여 적용할 수 있다.

〔해설〕 ② 국토교통부장관 또는 시·도지사는 특별건축구역을 지정하고자 하는 지역이 군사기지 및 군사시설보호구역에 해당하는 경우에는 국방부장관과 사전에 협의하여야 한다.　　　　　　　　▶ **정답 ②**

---

05 건축협정의 체결　　　　　　　　　　　　　　　　　　　▶ 전원합의로 체결

① 토지 또는 건축물의 소유자, 지상권자 등 대통령령으로 정하는 자(이하 "소유자등"이라 한다)는 **전원의 합의**로 지구단위계획구역에서 건축물의 건축·대수선 또는 리모델링에 관한 협정(**건축협정**)을 체결할 수 있으며, 이 경우 둘 이상의 토지를 소유한 자가 **1인인 경우**에도 그 토지 소유자는 해당 토지의 구역을 건축협정 대상 지역으로 하는 **건축협정을 정할 수 있다**.

〔 **OX** 〕 건축물의 소유자 등은 과반수의 동의로 건축물의 리모델링에 관한 건축협정을 체결할 수 있다. (×)

② 협정체결자 또는 건축협정운영회의 대표자는 건축협정서를 작성하여 국토교통부령으로 정하는 바에 따라 해당 **건축협정인가권자의 인가**[시·도지사 및 시장·군수·구청장]를 받아야 한다.

③ 건축협정 체결 대상 토지가 둘 이상의 특별자치시 또는 시·군·구에 걸치는 경우 건축협정 체결 대상 토지면적의 **과반(過半)이 속하는** 건축협정인가권자에게 인가를 신청할 수 있다.

④ 협정체결자 또는 건축협정운영회의 대표자는 건축협정을 **폐지**하려는 경우에는 협정체결자 **과반수 동의**를 받아 국토교통부령으로 정하는 바에 따라 건축협정인가권자의 인가를 받아야 한다.

06 건축협정의 통합적용의 특례★ ▶ 용적률[×], 계단의 설치[×], 우편물 수취함의 설치[×]

인가를 받은 건축협정구역에서는 다음의 규정을 개별 건축물마다 적용하지 아니하고 전부 또는 일부를 대상으로 통합하여 적용할 수 있다.

1. 건폐율, 대지의 조경, 대지와 도로와의 관계
2. 지하층의 설치, 「주차장법」 제19조에 따른 부설주차장의 설치
3. 「하수도법」 제34조에 따른 개인하수처리시설의 설치

> OX 계단의 설치는 건축협정구역을 대상으로 통합하여 적용할 수 있다. (×)

> OX 건축협정구역에서 건축물의 용적률을 완화하여 적용하는 경우에는 건축위원회의 심의와 국토의 계획 및 이용에 관한 법률에 따른 지방도시계획위원회의 심의를 통합하여 거쳐야 한다. (○)

핵심 예상 문제 047

47 **건축법령상 건축협정에 관한 설명으로 틀린 것은?**

① 토지 또는 건축물의 소유자, 지상권자 등은 전원의 합의로 지구단위계획구역에서 건축물의 건축·대수선 또는 리모델링에 관한 건축협정을 체결할 수 있다.

② 협정체결자 또는 건축협정운영회의 대표자는 건축협정서를 작성하여 해당 건축협정인가권자의 인가를 받아야 한다.

③ 건축협정 체결 대상 토지가 둘 이상의 특별자치시 또는 시·군·구에 걸치는 경우 건축협정 체결 대상 토지면적의 과반이 속하는 건축협정인가권자에게 인가를 신청할 수 있다.

④ 협정체결자 또는 건축협정운영회의 대표자는 건축협정을 폐지하려는 경우 협정체결자 과반수의 동의를 받아 건축협정인가권자의 인가를 받아야 한다.

⑤ 인가를 받은 건축협정구역에서는 건폐율, 용적률, 계단의 설치, 우편물 수취함의 설치, 부설주차장의 설치의 규정을 개별 건축물마다 적용하지 아니하고 전부 또는 일부를 대상으로 통합하여 적용할 수 있다.

해설 ⑤ 용적률, 계단의 설치, 우편물 수취함의 설치는 통합하여 적용할 수 없다.　　▶ **정답** ⑤

07 건축분쟁전문위원회

건축 등과 관련된 다음의 분쟁의 조정 및 재정을 하기 위하여 국토교통부에 건축분쟁전문위원회("분쟁위원회")를 둔다.

> 1. 건축관계자와 해당 건축물의 건축 등으로 피해를 입은 인근주민 간의 분쟁
> 2. 관계전문기술자와 인근주민 간의 분쟁
> 3. 건축관계자와 관계전문기술자 간의 분쟁
> 4. **건축관계자** 간의 분쟁[건설감시 − **건**축주, **설**계자, **감**리자, **시**공자]
> 5. **인근주민** 간의 분쟁
> 6. **관계전문기술자** 간의 분쟁
> > ▶OX┃ 건축허가권자와 건축신고수리자 간의 분쟁은 건축분쟁전문위원회의 조정 및 재정의 대상이다. (×)
> > ▶OX┃ 건축주와 공사감리자 간의 분쟁은 건축분쟁전문위원회의 조정 및 재정의 대상이다. (○)
> > ※참고┃ 당사자가 조정안을 수락하고 조정서에 기명날인하면 조정서의 내용은 재판상 화해(합의×)와 동일한 효력을 갖는다.

08 이행강제금(=집행벌)의 부과

이행강제금이란 건축주가 위반사항에 대한 시정명령을 받은 후 시정기간 내에 이행하지 않을 경우 반복하여 부과·징수함으로써 1회만 부과·징수할 수 있는 벌금·과태료가 지닌 결함을 보완할 수 있도록 마련된 제도(**계속 반복부과**, **간접강제**, **이행강제금과 벌금을 병과 가능**)

09 이행강제금의 부과금액★

① **건폐율 또는 용적률을 초과하여 건축된 경우 또는 허가를 받지 아니하거나(무허가) 신고를 하지 아니하고(무신고) 건축된 경우** : 지방세법에 따라 해당 건축물에 적용되는 $1m^2$ 당 시가표준액의 50/100에 해당하는 금액에 위반면적을 곱한 금액 이하의 범위에서 위반 내용에 따라 대통령령으로 정하는 비율[**무허가** : 100분의 100, **무신고** : 100분의 70, **용적률을 초과** : 100분의 90, **건폐율을 초과** : 100분의 80, 다만, 건축조례로 다음의 비율을 낮추어 정할 수 있되, 낮추는 경우에도 그 비율은 100분의 60 이상이어야 한다]을 곱한 금액을 부과한다.

② **위의 ① 외의 위반건축물** : 시가표준액에 상당하는 금액의 10/100 범위에서 그 위반내용에 따라 대통령령이 정하는 금액

③ **연면적 60m² 이하 주거용건축물** : **1/2 범위**에서 해당 지방자치단체의 조례로 정하는 금액을 부과한다.

10 이행강제금의 부과절차

계고	이행강제금을 부과·징수한다는 뜻을 미리 문서로써 계고하여야 한다.
징수	부과 및 징수절차에 관하여는 「국고금관리법」 시행규칙을 준용한다.

11 **부과횟수**★

▶ 1년에 2회 씩[×]

① 최초의 시정명령이 있은 날을 기준으로 하여 **1년에 2회 이내**의 범위에서 반복하여 부과한다.

② 시정명령을 이행하는 경우에는 새로운 이행강제금의 부과를 즉시 중지하되, **이미 부과된 이행강제금은 징수하여야 한다**.

③ 허가권자는 영리목적 위반이나 **상습적 위반** : **100분의 100**의 범위에서 **가중하여야 한다**.

12 **이행강제금의 강제징수**

이의신청·납부도 않는 경우 지방행정제재·부과금의 징수 등에 관한 법률에 따라 징수한다.

핵심 예상 문제 048

48 건축법령상 이행강제금에 관한 설명으로 옳은 것은?

① 건축물이 용적률을 초과하여 건축된 경우 해당 건축물에 적용되는 시가표준액의 100분의 10에 해당하는 금액으로 이행강제금이 부과된다.

② 허가대상 건축물을 허가 받지 아니하고 건축하여 벌금이 부과된 자에게 이행강제금을 부과할 수 없다.

③ 허가권자는 영리목적을 위한 위반이나 상습적 위반 등 대통령령으로 정하는 경우에 이행강제금 부과금액을 100분의 100의 범위에서 가중할 수 있다.

④ 허가권자는 시정명령을 받은 자가 시정명령을 이행하는 경우에는 새로운 이행강제금의 부과를 즉시 중지하되, 이미 부과된 이행강제금은 징수하여야 한다.

⑤ 연면적이 $60m^2$ 이하의 건축물에 대한 이행강제금은 법정 부과금액의 1/2 범위에서 해당 지방자치단체의 조례가 정하는 금액을 부과한다.

> **해설** ① 건축물이 용적률을 초과하여 건축된 경우 해당 건축물에 적용되는 $1m^2$당 시가표준액의 100분의 50에 해당하는 금액에 위반면적을 곱한 금액 이하의 범위에서 위반 내용에 따라 대통령령으로 정하는 비율[100분의 90]을 곱한 금액의 이행강제금이 부과된다.
> ② 벌금이 부과된 자에게 이행강제금을 부과할 수 있다.
> ③ 100분의 100의 범위에서 가중하여야 한다.
> ⑤ 연면적이 $60m^2$ 이하의 주거용 건축물　　　　　　　　　　　　　　▶ 정답 ④

주택법 7개 중 5개 이상은 나온다. 1~2개는 틀려도 된다.

THEME **20**. **주택법의 용어정의** [제15,17,18,19,20,21,22,23,25,27,28,29,30,31,32,33,34회]

01 의 의

▶ 부속토지를 제외한다[×]

주택은 세대의 구성원이 장기간 독립된 주거생활을 할 수 있는 구조로 된 건축물의 전부 또는 일부 및 그 부속토지를 말한다.

▶ 주택법의 주택에는 공기가 없다.

| 주거형태(구조)에 따른 분류 | 1. 단독주택 : 단독주택, 다중주택, 다가구주택 | ⇨ **공관(×)** |
| | 2. 공동주택 : 아파트, 연립주택, 다세대주택 | ⇨ **기숙사(×)** |

02 재원에 따른 주택의 분류★★

▶ 민영주택은 국민주택 등을 제외한 주택[×]

국민주택	국민주택은 다음에 해당하는 주택으로서 국민주택규모 이하인 주택을 말한다. 1. **국**가 · **지**방자치단체, **한**국토지주택공사 또는 **지**방공사가 건설하는 주택 2. 국가 · 지방자치단체의 **재정** 또는 「주택도시기금법」에 따른 주택도시**기금**으로부터 자금을 **지원받아 건설되거나 개량되는 주택**
국민주택 규모	주거의 용도로만 쓰이는 면적(이하 "주거전용면적"이라 함)이 1호(戶) 또는 1세대당 **$85m^2$** 이하인 주택(수도권정비계획법에 따른 **수도권을 제외한 도시지역이 아닌 읍 또는 면 지역**은 1호 또는 1세대당 주거전용면적이 **$100m^2$ 이하**인 주택)을 말한다. **OX** 한국토지주택공사가 수도권에 건설한 주거전용면적이 1세대당 80제곱미터인 아파트는 국민주택에 해당한다. (○)
민영주택	**국민주택**을 **제외**한 주택을 말한다.

03 준주택

▶ 오노다기

주택 외의 건축물과 부속토지로서 주거시설로 이용 ⇨ **오**피스텔, **노**인복지주택, [제2종 근린생활시설 또는 숙박시설]**다**중생활시설, **기**숙사[기숙사에 교육기본법의 학생복지주택을 포함한다]

OX 제2종 근린생활시설에 해당하지 않는 숙박시설인 다중생활시설은 준주택이다. (○)
OX 건축법 시행령에 따른 청소년수련시설은 준주택이다. (×)
OX 건축법 시행령에 따른 다중주택은 준주택이다. (×)
OX 건축법 시행령에 따른 다가구주택은 준주택이다. (×)
OX 건축법 시행령에 따른 노유자시설은 준주택이다. (×)

49 주택법령상 용어정의에 관한 설명 중 틀린 것은?

① 민영주택은 국민주택을 제외한 주택을 말한다.

② 수도권에 소재한 읍 또는 면 지역의 경우 국민주택규모의 주택이란 1호(戶) 또는 1세대당 주거전용면적이 100m² 이하인 주택을 말한다.

③ 지방공사가 수도권에 건설한 주거전용면적이 1호당 80m²인 단독주택은 국민주택에 해당한다.

④ 공관과 기숙사는 주택법상 주택이 아니다.

⑤ 국토교통부장관은 주택수요·공급의 적정을 기하기 위하여 필요하다고 인정하는 때에는 주택조합이나 고용자가 건설하는 주택은 100% 이하의 범위에서 일정 비율 이상을 국민주택규모로 건설하게 할 수 있다.

해설 ② 수도권에 소재한 읍 또는 면 지역의 경우 국민주택규모의 주택이란 1호(戶) 또는 1세대당 주거전용면적이 85m² 이하인 주택을 말한다. ▶ **정답** ②

---

04 세[3]대구분형 공동주택★ ▶ 구분소유를 할 수 있는 주택[×]

공동주택의 주택 내부공간의 일부를 세대별로 구분하여 생활이 가능한 구조로 하되, 그 구분된 공간 일부에 대하여 **구분소유를 할 수 없는 주택**(구분된 공간의 세대에 관계없이 **하나의 세대**로 산정한다)

OX 세대구분형 공동주택이란 공동주택의 주택내부 공간의 일부를 세대별로 구분하여 생활이 가능한 구조로 하되 그 구분된 공간의 일부를 구분소유할 수 있는 주택이다. (×)

① 주택법의 **사업계획승인을 받아** 건설하는 공동주택의 경우

> 1. 세대별로 구분된 각각의 공간마다 별도의 욕실, 부엌과 현관을 설치할 것
> 2. 하나의 세대가 통합하여 사용하도록 세대간에 연결문 또는 경량구조의 경계벽 등을 설치할 것
> 3. 세대구분형 공동주택은 주택단지 공동주택 **전체 세대수 1/3을 넘지 아니할 것**
> 4. 주거전용면적 합계가 주택단지 **전체 주거전용면적 합계의 1/3**을 넘지 아니할 것

② 공동주택관리법 제35조에 따른 행위의 **허가를 받거나 신고**를 하고 설치하는 공동주택의 경우

> 1. 구분된 공간의 세대수는 기존 세대를 포함하여 **2세대 이하일 것**
> 2. 세대별로 구분된 각각의 공간마다 별도의 욕실, 부엌과 구분 출입문을 설치할 것
> 3. 세대구분형 공동주택의 세대수가 해당 주택단지 안 **공동주택 전체 세대수의 10분의 1**과 해당 **동의 전체 세대수의 3분의 1**을 각각 넘지 않을 것
> 4. 구조, 화재, 소방 및 피난안전 등 관계 법령에서 정하는 안전 기준을 충족할 것
> > **OX** 하나의 세대가 통합하여 사용할 수 있도록 세대 간에 연결문 또는 경량구조의 경계벽 등을 설치할 것은 「공동주택관리법」에 따른 행위의 허가를 받거나 신고를 하고 설치하는 세대구분형 공동주택이 충족하여야 하는 요건에 해당한다. (×)

다음으로 분리된 토지는 각각 별개의 주택단지로 본다.

> 1. 철도·고속도로·자동차전용도로, 폭 **20m** 이상인 **일반도로**, 폭 **8m** 이상인 도시·군계획**예정도로**
> 2. 도로법에 따른 일반국도·특별시도·광역시도 또는 지방도[12m인 일반도로 = 하나의 주택단지]

핵심 예상 문제 050

50 주택법령상 하나의 주택단지로 보아야 하는 것은?

① 폭 15m의 고속도로로 분리된 주택단지

② 폭 10m의 자동차전용도로로 분리된 주택단지

③ 폭 20m의 도시계획예정도로로 분리된 주택단지

④ 폭 8m의 일반도로로 분리된 주택단지

⑤ 보행자 및 자동차의 통행이 가능한 도로로서 도로법에 따른 일반국도·지방도로 분리된 주택단지

해설 ④ 폭 8m의 일반도로로 분리된 주택단지는 하나의 주택단지로 본다.
폭 20m 이상의 일반도로로 분리된 주택단지는 각각 별개의 주택단지로 본다. ▶ **정답 ④**

---

06 **공공택지** ▶ 사적주체[×], 단독주택[×], 환지방식[×], 조합이 시행하는 정비사업[×]

① 공공택지(민간×)는 공공사업에 의하여 개발·조성되는 공동주택(단독×)건설용지

② 도시**개발사업**, 경제자유구역개발사업(수용·사용의 방식으로 시행하는 사업과 혼용방식 중 수용·사용이 적용되는 구역에서 시행하는 사업에 한한다)

OX 도시개발조합이 시행하는 도시개발사업에 의해 개발·조성되는 공동주택건설용지(환지방식으로 시행하는 사업)는 공공택지에 해당한다. (×)

OX 산업입지 및 개발에 관한 법률에 따른 산업단지개발사업에 의하여 개발·조성되는 단독주택이 건설되는 용지는 공공택지에 해당한다. (×)

07 **공구★** ▶ 사업계획승인을 별도로 수행[×]

하나의 주택단지에서 **둘 이상**으로 구분되는 일단의 구역으로, 착공신고 및 사용검사를 별도 수행

① 6m 이상의 폭으로 경계

② **공구별 세대수: 300세대** 이상

③ **전체 세대수: 600세대** 이상

OX 공구란 하나의 주택단지에서 둘 이상으로 구분되는 일단의 구역으로서 공구별 세대수는 200세대 이상으로 해야 한다. (×)

08 **도시형 생활주택**★★ ▸ 분양가 상한제(×), 아파트(×)

① 도시지역에 건설하는 **300세대 미만**의 국민주택규모(85m^2 이하)에 해당하는 다음의 주택을 말한다.

　OX 300세대인 국민주택규모의 단지형 다세대주택은 도시형 생활주택에 해당한다. (×)

　㉠ 단지형 연립주택 : 소형주택이 아닌 연립주택 ⇨ 건축위원회 **심의** ⇨ **5개**층까지 건축

　㉡ 단지형 다세대주택 : 소형주택이 아닌 다세대주택 ⇨ 건축위원회 **심의** ⇨ **5개**층까지 건축

　㉢ 소형 주택 : 아파트, 연립주택, 다세대주택 중의 어느 하나에 해당하는 주택으로서 다음의 요건을 모두 갖춘 주택

> 1. 세대별 주거전용면적은 **60m^2 이하**일 것
> 2. 세대별로 독립된 주거가 가능하도록 욕실 및 **부엌**을 설치할 것
> 3. 지하층에는 세대를 설치하지 아니할 것
> 　**OX** 도시형 생활주택 중 소형주택은 주거전용면적은 50m^2 이하일 것 (×)

② **복합건축제한** : 하나의 건축물에는 도시형 생활주택과 그 밖의 주택을 함께 건축할 수 없다. 단지형 연립주택 또는 단지형 다세대주택과 소형 주택을 함께 건축할 수 없다. 다만, **소형 주택**과 주거전용면적 85m^{2}를 초과하는 주택 **1세대**를 함께 **건축할 수 있다**. ▸소 +1 ⇨ 상준, 소와 그 외 **상업**지역 또는 **준주거**지역에서 **소형주택과 도시형생활주택 외의 주택을 함께 건축할 수 있다**.

핵심 예상 문제 **051**

51 **주택법령상 도시형 생활주택에 관한 설명 중 틀린 것은?**

　① 국토의 계획 및 이용에 관한 법률에 따른 도시지역에 건설하는 세대별 주거전용면적이 85m^{2}인 아파트는 도시형 생활주택에 해당하지 아니한다.

　② 소형 주택은 세대별 주거전용면적이 85m^2 이하이어야 한다.

　③ 세대별로 독립된 주거가 가능하도록 욕실, 부엌을 설치하여야 한다.

　④ 도시형 생활주택에는 분양가상한제가 적용되지 아니한다.

　⑤ 소형 주택과 주거전용면적 85m^{2}를 초과하는 주택 1세대를 함께 건축하는 경우와 상업지역 또는 준주거지역에서 소형주택과 도시형 생활주택 외의 주택을 함께 건축할 수 있다.

해설 ② 소형 주택은 세대별 주거전용면적이 60m^2 이하이어야 한다. ▸ **정답** ②

09 부대시설★★ ⇨ **딸린 시설**　　　　　　　　　　　　　　▶ 자가용타고 아파트로 퇴근

담장·주택단지 안의 도로·주차장·관리사무소, **건축설비**(우편물 수취함·승강기·안테나·국기게양대·피뢰침)

10 복리시설★★ ⇨ **생활복리 시설**　　　　　　　　　　　　　▶ 할아버지와 손자

어린이놀이터·근린생활시설·유치원·주민운동시설 및 경로당

OX 주택에 딸린 자전거보관소는 복리시설에 해당한다. (×)

11 간선시설★ ⇨ **연결 시설**　　　　　　　　　　　　　　　▶ 도로 + 불 3번 질러

도로·전기시설·가스시설·지역난방시설·상하수도 및 통신시설 등 주택단지 안의 기간시설을 그 주택단지 밖에 있는 같은 종류의 기간시설에 연결시키는 시설을 말한다. 다만, **가**스시설·**통**신시설 및 **지**역난방시설의 경우에는 주택단지 안의 기간시설을 포함한다.

OX 간선시설이란 도로·상하수도·전기시설·가스시설·통신시설·지역난방시설 등을 말한다. (×)

핵심 예상 문제　052

52　주택법령상 용어에 관한 설명으로 틀린 것은?

　　① 주택에 딸린 주차장은 부대시설에 속한다.

　　② 주택에 딸린 건축설비는 부대시설에 속한다.

　　③ 주택단지의 근린생활시설은 부대시설에 속한다.

　　④ 주택단지의 어린이놀이터는 복리시설에 속한다.

　　⑤ 주택단지의 안과 밖을 연결시키는 지역난방시설은 간선시설에 속한다.

　　　해설 ③ 주택단지의 근린생활시설은 복리시설에 속한다.　　　　　　　　▶ **정답 ③**

12 리모델링★　　　　　　　　　　　　　　　　　　　　▶ 공사완료일[×]

① 리모델링 ⇨ 증축(**사용검사일**부터 **15**년이 경과) 또는 대수선(사용검사일부터 10년)하는 행위

② **증축** ⇨ 공동주택을 각 세대 주거전용면적[전유부분]의 30% 이내($85m^2$ 미만인 경우에는 40% 이내)에서 증축하는 행위 ⇨ 공동주택의 기능향상 등을 위하여 **공용부분도 증축**할 수 있다.

③ 각 세대의 증축 가능 면적을 합산한 면적의 범위에서 기존 세대수의 15% 이내에서 세대수 증가형 리모델링. 다만, 수직증축형 리모델링은 **15층 이상** ⇨ **3개층 이하**(**14층** 이하 ⇨ **2**개층 이하)

　　OX 수직증축형 리모델링의 대상이 되는 기존 건축물의 층수가 14층 이하인 경우에는 3개층까지 증축할 수 있다. (×)

　　OX 대수선인 리모델링을 하려는 자는 시장·군수·구청장에게 안전진단을 요청하여야 한다. (×)

53 주택법령상 용어에 관한 설명으로 옳은 것은?

① 세대구분형 공동주택이란 공동주택의 주택내부 공간의 일부를 세대별로 구분하여 생활이 가능한 구조로 하되 그 구분된 공간의 일부를 구분소유할 수 있는 주택이다.

② 공구란 하나의 주택단지에서 둘 이상으로 구분되는 일단의 구역으로서 공구별 세대수는 200세대 이상으로 해야 한다.

③ 입주자대표회의가 리모델링하려는 경우에는 리모델링설계개요, 공사비, 소유자의 비용 분담 명세가 적혀 있는 결의서에 주택단지 소유자 2/3 이상의 동의를 받아야 한다.

④ 공사완료일 또는 사용승인일부터 15년이 경과된 공동주택을 각 세대의 주거전용면적의 3/10 이내에서 증축하는 행위는 리모델링이다.

⑤ 수직증축형 리모델링의 대상이 되는 기존 건축물의 층수가 15층 이상인 경우에는 3개층까지 증축할 수 있다.

> **해설** ① 구분소유할 수 없는 주택이다.
> ② 공구별 세대수는 300세대 이상으로 해야 한다.
> ③ 소유자 2/3 이상이 아니라 전원의 동의를 받아야 한다.
> ④ 공사완료일이 아니라 사용검사일 또는 사용승인일부터 15년이 경과된 공동주택을 각 세대의 주거전용면적의 3/10 이내에서 증축하는 행위는 리모델링이다. ▶ **정답 ⑤**

THEME 21　주택법의 등록사업주체　　[제15,18,19,22,24,26회]

01　등록사업자★　　　　　　　　　　　　　　　　　　　▶ 시공자가 등록[×]

① **등록사업주체** : **연간 20호, 20세대**. 다만, 도시형 생활주택(소형 주택과 주거전용면적 85㎡를 초과하는 주택 1세대를 함께 건축하는 경우를 포함)은 30세대 이상의 주택건설사업을 **시행**하려는 **자** 또는 **연간 1만㎡** 이상의 대지조성사업을 **시행**하려는 **자**[시공하려는 자(×)]는 국토교통부장관에게 **등록**하여야 한다.

② 국가·지방자치단체, 한국토지주택공사, 지방공사, 공익법인, **등록사업자와 공동으로 건설사업을 하는 주택조합, 근로자를 고용하는 자는 등록하지 아니한다**.

> **OX** 한국토지주택공사가 대지조성사업을 시행하고자 하는 경우에는 국토교통부장관에게 등록하여야 한다. (×)
> **OX** 등록사업자와 공동으로 주택건설사업을 하는 조합은 국토교통부장관에게 주택건설사업 등록을 하여야 한다. (×)
> **OX** 주택건설사업의 등록은 시·도지사에게 위임한 국토교통부장관의 권한이다. (×)
> **OX** 영업정지 처분을 받은 등록사업자는 그 처분 전에 사업계획승인을 받은 사업을 계속 수행할 수 없다. (×)

02 **등록말소**

① 등록기준에 미달하면 그 등록을 말소하거나 1년 이내의 기간을 정하여 영업의 정지를 명할 수 있다. 다만, 거짓 그 밖의 부정한 방법으로 등록, 등록증 대여한 때 말소하여야 한다.

② **등록사업자 결격사유**: 제한능력자, 파산자, 금고 이상의 실형을 선고받고 집행이 끝나거나 집행이 면제된 날부터 2년이 지나지 아니한 자, 집행유예기간 중에 있는 자, 등록이 말소된 후 2년이 지나지 아니한 자

03 **공동사업주체로 본다.**　　　　　▸추정[×], ▸고용자는 등록사업자와 공동시행할 수 있다.[×]

① 토지소유자가 주택을 건설하는 경우에는 등록사업자와 공동으로 사업을 시행할 수 있다.

② 주택조합(세대수를 증가하지 아니하는 리모델링 주택조합을 제외)이 그 구성원의 주택을 건설하는 경우에는 등록사업자(지방자치단체·한국토지주택공사 및 지방공사를 포함한다)와 공동으로 사업을 시행할 수 있다.

③ 고용자가 근로자 주택을 건설 ⇨ 등록사업자와 공동으로 사업을 시행하여야 한다.

　　OX 세대수를 증가하는 리모델링주택조합이 그 구성원의 주택을 건설하는 경우에는 국가와 공동으로 사업을 시행할 수 있다. (×)

　　OX 고용자가 그 근로자의 주택을 건설하는 경우에는 대통령령으로 정하는 바에 따라 등록사업자와 공동으로 사업을 시행할 수 있다. (×)

핵심 예상 문제　054

54 주택법령상 주택건설사업 또는 대지조성사업의 등록 등에 관한 설명 중 옳은 것은?

① 한국토지주택공사가 대지조성사업을 시행하고자 하는 경우에는 국토교통부장관에게 등록할 필요가 없다.

② 지방공사가 주택건설사업을 시행하고자 하는 경우에는 국토교통부장관에게 등록하여야 한다.

③ 주택건설사업을 목적으로 하는 공익법인은 국토교통부장관에게 등록하여야 한다.

④ 주택조합이 등록사업자와 공동으로 조합원의 주택을 건설하려는 경우에는 국토교통부장관에게 등록하여야 한다.

⑤ 고용자가 그 근로자의 주택을 건설하는 경우에는 등록사업자와 공동으로 사업을 시행하여야 하며, 이 경우 고용자와 등록사업자를 공동사업주체로 추정한다.

　　해설 ② 지방공사는 등록할 필요가 없다.
③ 공익법인은 등록할 필요가 없다.
④ 주택조합이 등록사업자와 공동으로 조합원의 주택을 건설하려는 경우에는 등록할 필요가 없다.
⑤ 고용자가 그 근로자의 주택을 건설하는 경우에는 등록사업자와 공동으로 사업을 시행하여야 하며, 이 경우 고용자와 등록사업자를 공동사업주체로 본다.　　　　　　　▸정답 ①

01 지역주택조합 · 직장주택조합 및 리모델링주택조합의 특징

① 국민주택을 **공급**받기 위하여 직장주택조합을 설립하려는 자는 관할 시장 · 군수 · 구청장에게 신고 [인가 ×]하여야 한다. ⇨ **무주택자**에 한한다.

② **조합원 모집** : 지역 · 직장주택조합의 설립인가를 받기 위하여 조합원을 모집하려는 자는 **50% 이상 토지 사용권원을 확보**하고, 시장 · 군수 · 구청장에게 **신고**하고, **공개모집**하여야 한다.

⇨ 공개모집 이후 조합원의 사망 · 자격상실 · 탈퇴 등으로 인한 결원을 **충원**하거나 **재모집**하는 경우에는 **신고하지 아니하고 선착순**의 방법으로 조합원을 모집할 수 있다.

⇨ 조합원으로 추가 모집되는 자와 충원되는 자의 자격요건 충족 여부 판단 ⇨ **주택조합설립인가신청일을 기준**으로 한다. ⇨ 상속은 자격요건이 필요없다.

⇨ 주택조합의 **변경인가신청**은 **사업계획승인신청일**까지 하여야 한다.

③ **조합원 수** : 주택조합[리모델링주택조합은 제외한다]은 주택조합 설립인가를 받는 날부터 사용검사 받는 날까지 **주택건설예정세대수**[임대주택 세대수는 제외한다]**의 50% 이상 조합원**으로 구성할 것, 조합원은 **20명 이상일 것**

④ **지역주택조합원의 자격** : **무주택자** 또는 **85m² 이하**의 주택을 한 채 소유한 세대주인 자로서 **6개월 이상 거주**한 자

⑤ **직장주택조합의 자격** : 인가 ⇨ **무주택자** 또는 **85m² 이하**의 주택 한 채 소유한 세대주인 자
직장주택조합의 자격 : **신고** ⇨ **무주택자**에 한한다.

⑥ **주택조합설립인가** : 주택건설대지의 **80% 이상**에 해당하는 토지의 **사용권원을 확보** + 주택건설대지의 **15% 이상**에 해당하는 토지의 **소유권을 확보**하여 시장 · 군수 · 구청장의 인가

⑦ 주택조합의 발기인은 조합원 **모집 신고가 수리된 날부터 2년**이 되는 날까지 **주택조합 설립인가**를 받지 못하는 경우 주택조합 가입 신청자 전원으로 구성되는 총회 의결을 거쳐 주택조합**사업의 종결 여부를 결정**하도록 하여야 한다.

⇨ 주택조합설립**인가를 받은 날부터 2년 이내**에 **사업계획승인을 신청**하여야 한다.

⇨ 주택조합은 주택조합의 설립**인가를 받은 날부터 3년**이 되는 날까지 **사업계획승인을 받지 못하는 경우** 대통령령으로 정하는 바에 따라 총회의 의결을 거쳐 주택조합 **해산 여부를 결정**하여야 한다.

⑧ **리모델링주택조합인가** ⇨ **동을 리모델링** : **2/3 이상** 결의[리모델링허가는 75% 이상]

⇨ 전체 리모델링 : 주택단지 **전체** 구분소유자 및 의결권의 각 **2/3 이상** 결의와 **각 동 과반수** 결의 [리모델링허가는 전체 75% 이상과 각 동별 50% 이상]

⇨ 리모델링허가를 신청하기 위한 동의율을 확보한 경우 리모델링결의를 한 리모델링주택조합은 리모델링결의에 찬성하지 아니하는 자의 주택 및 토지를 **매도청구할 수 있다.**

⇨ 리모델링주택조합이 시공자를 선정하는 경우 **경쟁입찰**[수의계약 ×]방법으로 하여야 한다.

⑨ 소유자 **전원의 동의**를 받은 입주자[대표회의]·사용자·관리단 또는 관리주체는 시장·군수·구청장에게 허가(**신고×**)받고 리모델링을 할 수 있다.

⑩ 주택조합[**리모델링주택조합**[= 건설 ×] 제외]은 구성원을 위하여 **건설**하는 주택을 조합원에게 우선공급할 수 있다. ⇨ 리모델링주택조합은 건설(×), 단 **세대수 증가형은 건설가능**

⑪ 주택조합과 등록사업자가 공동으로 사업을 시행·시공할 경우 등록사업자는 자신의 **귀책사유**로 사업추진이 지연 ⇨ 조합원에게 **손해배상**하여야 한다.

⑫ 시장·군수·구청장은 주택조합 또는 조합구성원이 **명령이나 처분을 위반**, **거짓**으로 설립인가 받은 경우에는 주택조합 설립인가를 **취소할 수 있다**.

⑬ 주택조합의 발기인 또는 임원[겸직금지]의 결격사유[**선고유예**]에 해당하게 되는 경우 해당 발기인은 지위를 상실하고 해당 임원은 **당연퇴직**되며, 퇴직 전에 관여한 행위는 **효력을 상실하지 아니한다**.

⑭ 모집주체는 주택조합 가입계약서의 내용을 주택조합 가입 신청자가 이해할 수 있도록 설명하여야 하고, 설명한 내용을 주택조합 가입 신청자가 이해하였음을 서면으로 확인을 받아 교부하여야 하며, **사본을 5년간 보관**하여야 한다.

⑮ 주택조합 및 주택조합의 발기인은 계약금 등 자금의 보관 업무는 **신탁업자**에게 대행하도록 하여야 한다.

⑯ **청약의 철회** : 주택조합의 가입을 신청한 자는 가입비 등을 **예치한 날부터 30일 이내**에 주택조합 가입에 관한 청약을 철회할 수 있다.

　⇨ 효력발생 : 청약 철회를 서면으로 하는 경우에는 청약 철회의 의사를 표시한 서면을 **발송한 날**에 그 효력이 발생한다.

　⇨ **모집주체는** 주택조합의 가입을 신청한 자가 청약 철회를 한 경우 청약 철회 의사가 도달한 날부터 **7일 이내**에 예치기관의 장에게 가입비등의 반환을 **요청**하여야 한다.

　⇨ 예치기관의 장은 가입비등의 반환 요청을 받은 경우 요청일부터 **10일 이내**에 그 가입비등을 예치한 자에게 **반환**하여야 한다.

　⇨ 모집주체는 주택조합의 가입을 신청한 자에게 청약 철회를 이유로 **위약금 또는 손해배상을 청구할 수 없다**.

⑰ 지역주택조합 또는 직장주택조합은 **설립인가를 받은 후**에는 조합의 구성원을 교체하거나 신규로 가입하게 할 수 없다. 다만, 조합원수가 주택건설예정세대수를 초과하지 아니하는 범위에서 시장·군수·구청장으로부터 조합원 **추가모집의 승인**을 받은 경우와 사망, 자격상실, 탈퇴(**50% 미만**), 사업계획승인 이후에 입주자로 선정된 지위가 양도·증여·판결 등으로 변경된 경우 등의 사유로 결원이 발생한 범위에서 **충원하는 경우**에는 조합의 구성원을 **교체하거나 신규로 가입하게 할 수 있다**.

55 주택법령상 주택조합에 관한 설명으로 옳은 것은?

① 국민주택을 공급받기 위하여 직장주택조합을 설립하는 경우 관할 시장·군수·구청장의 인가를 받아야 한다.

② 주택조합과 등록사업자가 공동으로 사업을 시행·시공할 경우 등록사업자는 자신의 귀책사유로 사업추진이 지연됨으로 인해 조합원에게 발생한 손해를 배상해야 한다.

③ 지역주택조합설립인가를 받으려는 자는 해당 주택건설대지의 50% 이상에 해당하는 토지의 사용권원을 확보하고, 해당 주택건설대지의 15% 이상에 해당하는 토지의 소유권을 확보하여야 한다.

④ 지역주택조합의 설립인가를 받기 위하여 조합원을 모집하려는 자는 관할 시장·군수·구청장에게 신고하고, 선착순의 방법으로 조합원을 모집하여야 한다.

⑤ 조합설립 인가 후에 조합원으로 추가모집되는 자가 조합원 자격 요건을 갖추었는지를 판단할 때에는 추가모집공고일을 기준으로 하고, 조합원 추가모집에 따른 주택조합의 변경인가 신청은 사업계획승인신청일까지 하여야 한다.

해설 ① 신고를 하여야 한다.
③ 50%가 아니라 80% 이상
④ 신고하고, 공개모집의 방법으로 조합원을 모집하여야 한다.
⑤ 추가모집공고일이 아니라 조합설립인가신청일이 기준이다.　　　　　　　　　▶ **정답** ②

---

56 주택법령상 리모델링에 관한 설명으로 옳은 것은? (단, 조례는 고려하지 않음)

① 기존 14층 건축물에 수직증축형 리모델링이 허용되는 경우 2개층까지 증축할 수 있다.

② 리모델링주택조합의 설립인가를 받으려는 자는 인가신청서에 해당 주택소재지의 80% 이상의 토지에 대한 토지사용승낙서를 첨부하여 관할 시장·군수 또는 구청장에게 제출하여야 한다.

③ 소유자 전원의 동의를 받은 입주자대표회의는 시장·군수·구청장에게 신고하고 리모델링을 할 수 있다.

④ 수직증축형 리모델링의 경우 리모델링주택조합의 설립인가신청서에 당해 주택이 사용검사를 받은 후 10년 이상의 기간이 경과하였음을 증명하는 서류를 첨부하여야 한다.

⑤ 리모델링주택조합이 시공자를 선정하는 경우 수의계약의 방법으로 하여야 한다.

해설 ② 리모델링주택조합인가 ⇨ 동을 리모델링: 2/3 이상 결의
⇨ 전체 리모델링: 주택단지 전체 구분소유자 및 의결권의 각 2/3 이상 결의와 각 동 과반수 결의
③ 허가 받아 리모델링을 할 수 있다. ④ 수직증축형 리모델링의 경우 15년 이상의 기간이 경과
⑤ 경쟁입찰의 방법으로 하여야 한다.　　　　　　　　　▶ **정답** ①

01 **주택상환사채**★★[제19,23,25,27,31,32,33회]   ▶ 기획재정부장관[×]

① **발행** : 한국토지주택공사(보증 ×), **등록**사업자(보증 O) ⇨ **국토교통부장관**의 **승인**받아 발행

　※**참고** 등록사업자의 사채발행요건 : 법인으로서 자본금 5억 이상, 최근 3년간 연평균 주택건설 실적이 300세대 이상일 것

　※**참고** 주택상환사채 발행 규모 : 등록사업자가 발행할 수 있는 주택상환사채의 규모는 최근 3년간의 연평균 주택건설호수 이내로 한다.

　OX 주택상환사채의 납입금이 사용될 수 있는 용도는 주택건설자재의 구입, 택지의 구입 및 조성, 주택조합 운영비에의 충당, 주택조합 가입 청약철회자의 가입비 반환 등이다. (×)

② **발행방법** : 액면 또는 할인의 방법으로 **기명**증권 ⇨ 주택상환사채는 양도하거나 중도에 해약할 수 없다. ⇨ 세대원 **전원**이 해외이주, 상속 등 부득이한 사유가 있는 경우에는 양도할 수 있다. ⇨ 주택상환사채 **명의변경**(취득자의 성명과 주소를 **사채원부**에 기재하는 방법) ⇨ **대항력**(취득자의 성명을 **채권**에 기록 ⇨ 사채발행자 및 제3자에게 대항할 수 있다)

　OX 세대원의 근무로 인하여 세대원 일부가 다른 행정구역으로 이전하는 경우에는 양도하거나 중도에 해약할 수 있다. (×)

③ **상환** : 발행일로부터 **3년** 초과금지(사채발행일부터 주택공급계약 체결일까지의 기간)

④ **효력** : 등록사업자의 **등록이 말소**되어도 주택상환사채의 효력에는 **영향을 미치지 아니한다**.

　OX 등록사업자의 등록이 말소된 경우에는 등록사업자가 발행한 주택상환사채도 효력을 상실한다. (×)

⑤ **적용법규** : 주택법에 규정이 있는 경우 외에는 「**상법**」 중 **사채**발행에 관한 규정을 적용한다.

핵심 예상 문제 **057**

57 **주택법령상 주택상환사채에 관한 설명으로 틀린 것은?**

① 한국토지주택공사는 주택상환사채를 발행할 수 있다.

② 주택상환사채는 취득자의 성명을 채권에 기록하지 아니하면 사채발행자 및 제3자에게 대항할 수 없다.

③ 등록사업자의 등록이 말소된 경우에는 등록사업자가 발행한 주택상환사채의 효력은 상실된다.

④ 주택상환사채는 액면 또는 할인의 방법으로 발행할 수 있으며, 기명증권(記名證券)으로 발행한다.

⑤ 주택상환사채를 발행하려는 자는 주택상환사채발행계획을 수립하여 국토교통부장관의 승인을 받아야 한다.

　해설 ③ 등록사업자의 등록이 말소되어도 주택상환사채의 효력에는 영향을 미치지 아니한다.　▶ **정답** ③

02 사업계획승인권자 [제21,22,25,26,28,29,30회]　　　　　　　　　▶ 구청장(×)

1. 다음의 구분에 따라 그 사업계획승인을 받아야 한다.
   ① **원칙** : ㉠ 10만m² 이상. 시·도지사, 대도시 시장
   　　㉡ 10만m² 미만. 특별시장·광역시장·특별자치시장·특별자치도지사·시장 또는 군수
   ② **예외** : **국토교통부장관**(**국가·한국토지주택공사**가 시행하는 경우, **330만m² 이상**의 규모로 **택지개발사업** 또는 **도시개발사업**을 추진하는 지역, 수도권·광역시 지역의 긴급한 주택난 해소가 필요하거나 **지역균형개발**이 필요한 경우, 광역적 차원의 조정이 필요한 경우 등)

   OX 한국토지주택공사가 서울특별시 A구역에서 대지면적 10만m²에 50호의 한옥 건설사업을 시행하려는 경우 서울특별시장으로부터 사업계획승인을 받아야 한다. (×)

2. **결정·통보** : 신청일부터 **60일 이내에 승인 여부 결정**하고 결과를 사업주체에게 **알려야 한다.**

3. 사업계획승인권자는 착공신고를 받은 날부터 **20일 이내**에 **신고수리 여부**를 신고인에게 **통지**

4. **형별승인** : **한국토지주택공사, 지방공사 또는 등록사업자**는 동일한 규모의 주택을 대량으로 건설하려는 경우에는 국토교통부령으로 정하는 바에 따라 **국토교통부장관에게 주택의 형별(型別)**로 표본설계도서를 작성·제출하여 **승인**을 받을 수 있다.

   OX 등록사업자는 동일한 규모의 주택을 대량으로 건설하려는 경우에는 시·도지사에게 주택의 형별로 표본설계도서를 작성·제출하여 승인을 받을 수 있다. (×)

03 공사착공 및 취소★★　　　　　　　▶ 최초공구 외의 공구 : 2년 미착수 ⇨ 취소(×)

① **사업계획승인을 받은 경우** : 승인받은 날부터 **5년 이내에** 착수 ⇨ 승인받은 날부터 5년 미착수 ⇨ **취소할 수 있다**(소유권 분쟁[소송절차 진행]으로 지연, 조건이행으로 공사 착수가 지연되는 등 정당한 사유가 있으면 **1년 범위 내에서 연장**할 수 있다).

② 공구별 분할시행에 따라 사업계획승인을 받은 경우
   ㉠ **최초로 공사를 진행하는 공구** : 승인 받은 날부터 **5년 이내에** 착수 ⇨ 승인받은 날부터 5년 미착수 ⇨ **취소할 수 있다.**(정당한 사유가 있으면 1년 범위 내에서 연장할 수 있다)
   ㉡ **최초로 공사를 진행하는 공구 외의 공구** : 그 주택단지에 대한 최초 착공신고일[사업계획승인×]부터 **2년 이내**에 착수 ⇨ 착공신고일부터 2년 미착수 ⇨ **취소할 수 없다.**

③ 주택 분양보증을 받지 않은 사업주체가 경매·공매로 대지소유권 상실 ⇨ **취소할 수 있다.**

④ 주택 분양보증을 받지 않은 사업주체의 부도·파산으로 공사의 완료가 불가능 ⇨ **취소할 수 있다.**

   ▶ 주택법의 취소는 모두 ~~취소할 수 있다. 다만, 주택공급질서교란행위시 계약은 취소하여야 한다.

   OX 사업주체는 사업계획승인을 받은 날부터 1년 이내에 공사를 착수하여야 한다. (×)

   OX 사업계획승인권자는 사업주체가 경매로 인하여 대지소유권을 상실한 경우에는 사업계획의 승인을 취소하여야 한다. (×)

   ※참고 부당요구 금지 : 사업계획승인권자는 사업계획을 승인할 때 사업주체가 제출하는 사업계획에 해당 주택건설사업 또는 대지조성사업과 **직접적으로 관련이 없는** 공공청사 등의 용지의 기부채납이나 간선시설 등의 설치에 관한 계획을 포함하도록 요구하여서는 아니 된다.

58 사업주체 甲은 사업계획승인권자 乙로부터 사업계획승인을 받았다. 주택법령상 이에 관한 설명으로 틀린 것은?

① 甲이 사업계획승인을 받은 날부터 5년 이내 공사를 시작하지 아니한 경우, 乙은 사업계획의 승인을 취소할 수 있으며, 甲이 소송 진행으로 인하여 공사착수가 지연되어 연장신청을 한 경우, 乙은 그 분쟁이 종료된 날부터 1년의 범위에서 공사착수기간을 연장할 수 있다.

② 甲이 최초로 공사를 진행하는 공구에서 사업계획승인을 받은 날부터 5년 이내 공사를 시작하지 아니한 경우, 乙은 사업계획의 승인을 취소할 수 있다.

③ 甲이 최초로 공사를 진행하는 공구 외의 공구에서 해당 주택단지에 대한 최초 사업계획승인을 받은 날부터 2년이 지났음에도 사업주체가 공사를 시작하지 아니한 경우, 乙은 사업계획승인을 취소할 수 있다.

④ 주택분양보증을 받지 않은 甲이 파산하여 공사 완료가 불가능한 경우, 乙은 사업계획승인을 취소할 수 있다.

⑤ 주택분양보증을 받지 않은 甲이 경매·공매 등으로 인하여 대지소유권을 상실한 경우, 甲이 파산하여 공사 완료가 불가능한 경우, 乙은 사업계획승인을 취소할 수 있다.

해설 ③ 최초 착공신고일부터 2년이 지났음에도 사업주체가 공사를 시작하지 아니한 경우, 乙은 사업계획승인을 취소할 수 없다. ▶ **정답 ③**

---

04 **매도청구**★★ ▶ 공시지가[×]

매도청구의 주체 및 상대방 : 80% 이상을 사용할 수 있는 권원을 확보하여 사업계획승인을 받은 사업주체는 해당 주택건설대지 중 사용할 수 있는 권원을 확보하지 못한 대지의 소유자에게 그 **대지(건축물 포함)**를 **시가**에 따라 매도할 것을 청구할 수 있다(3개월 이상 협의).

① **95% 이상 사용권원을 확보** : 사용권원을 확보하지 못한 **모든** 소유자에게 매도청구

OX 사업주체가 주택건설대지면적 중 90%에 대하여 사용권원을 확보한 경우, 사용권원을 확보하지 못한 대지의 모든 소유자에게 매도청구를 할 수 있다. (×)

② **80% 이상 95% 미만 사용권원을 확보** : 지구단위계획구역 결정고시일 **10년 이전**에 대지의 소유권을 **취득하여** 계속 **보유**하고 있는 자를 **제외한** 소유자에게 **매도청구를 할 수 있다.**

59 주택법령상 사업계획승인을 받은 사업주체에게 인정되는 매도청구권에 관한 설명으로 틀린 것은?

① 주택건설대지에 사용권원을 확보하지 못한 건축물이 있는 경우 그 건축물도 매도청구대
상에 포함된다.

② 사업주체는 매도청구를 하기 전에 3개월 이상 협의를 하여야 한다.

③ 사업주체가 주택건설대지면적 중 100분의 80에 대하여 사용권원을 확보한 경우, 사용권
원을 확보하지 못한 대지의 소유자 중 지구단위계획구역 결정고시일 10년 이전에 해당
대지의 소유권을 취득하여 계속 보유하고 있는 자를 제외한 소유자에게 매도청구를 할
수 있다.

④ 사업주체가 주택건설대지면적 중 100분의 95에 대하여 사용권원을 확보한 경우, 사용권
원을 확보하지 못한 대지의 모든 소유자에게 매도청구를 할 수 있다.

⑤ 사업주체는 매도청구대상 대지의 소유자에게 그 대지를 공시지가로 매도할 것을 청구할
수 있다.

해설 ⑤ 그 대지를 시가로 매도할 것을 청구할 수 있다.　　　　　　　　　　▶ **정답 ⑤**

---

05 **국·공유지 우선 매각 및 임대**★　　　　　▶ 2년 이내 미착수 계약을 취소하여야 한다. [×]

① 국가 또는 지방자치단체는 그가 소유하는 토지를 매각하거나 임대할 때 다음의 목적으로 그 토지
의 매수 또는 임차를 원하는 자가 있으면 우선적으로 매각하거나 임대할 수 있다.

㉠ 국민주택규모의 주택을 **50% 이상**으로 건설하는 주택의 건설

㉡ 주택조합이 건설하는 주택의 건설

② 국가 또는 지방자치단체는 국가 또는 지방자치단체로부터 토지를 매수하거나 임차한 자가 매수일
또는 임차일부터 **2년** 이내에 국민주택규모의 주택 또는 조합주택을 건설하지 아니하거나 그 주택을
건설하기 위한 대지조성사업을 시행하지 아니한 경우에는 환매하거나 임대계약을 **취소할 수 있다.**

▶**OX** 국공유지를 임차한 자가 임차일부터 1년 이내에 국민주택규모의 주택을 건설하기 위한 대지조성사업을 시행
하지 아니한 경우 국가 또는 지방자치단체는 임대계약을 취소하여야 한다. (×)

06 **체비지 매각**★　　　　　　　　　　　　▶ 체비지의 양도가격 : 공시지가[×]

① 사업주체가 국민주택용지로 사용하기 위하여 도시개발사업 시행자에게 체비지의 매각을 요구한
경우 개발사업시행자는 체비지의 총면적의 **50%**의 범위에서 이를 우선적으로 사업주체에게 **매각
할 수 있다.**

② **체비지의 양도가격 : 감정가격**을 기준으로 한다. **예외** ⇨ **조성원가**를 기준으로 할 수 있다.

▶**OX** 사업주체가 국민주택용지로 사용하기 위하여 도시개발사업시행자에게 체비지의 매각을 요구한 경우 그 양
도가격은 조성원가로 하여야 한다. (×)

① 대지조성사업의 경우 ⇨ 구획별로 공사가 완료된 때

② 주택건설사업의 경우 ⇨ 건축물의 동별로 공사가 완료된 때

③ 공동주택인 경우 ⇨ 세대별로 임시사용승인을 할 수 있다.

④ **사용검사기간** : 사용검사는 신청일부터 15일 이내에 하여야 한다.

08 **사용검사 후 매도청구★★**   2 3/4 5 **다 시가** ▶ 공시지가[×]

① **주택 소유자의 매도청구** : 주택(복리시설 포함)의 소유자들은 주택단지 전체 대지에 속하는 일부의 토지에 대한 소유권이전등기 말소소송 등에 따라 사용검사를 받은 이후에 해당 토지의 소유권을 회복한 자(실소유자)에게 해당 토지를 **시가**로 매도할 것을 청구할 수 있다.

② **대표자 선정요건** : 주택의 소유자들은 대표자를 선정하여 매도청구에 관한 소송을 제기할 수 있다. 이 경우 대표자는 주택의 소유자 전체의 **4분의 3 이상의 동의**를 받아 선정한다.

③ **판결 효력** : 매도청구에 관한 소송에 대한 판결은 주택의 소유자 **전체에 대하여 효력**이 있다.

④ **매도청구의 요건** : 매도청구를 하려는 경우에는 해당 토지의 면적이 주택단지 전체 대지 면적의 **100분의 5 미만**이어야 한다.

⑤ **송달기간** : 매도청구의 의사표시는 실소유자가 해당 토지 소유권을 회복한 날부터 **2년 이내**에 해당 실소유자에게 송달되어야 한다.

⑥ **구상권 행사** : 주택의 소유자들은 매도청구로 인하여 발생한 비용의 **전부**를 사업주체에게 **구상**(求償)할 수 있다.

핵심 예상 문제 **060**

60 **주택법령상 사용검사 후 매도청구 등에 관한 설명으로 틀린 것은?**

① 주택의 소유자들은 주택단지 전체 대지에 속하는 일부의 토지에 대한 소유권이전등기 말소소송 등에 따라 사용검사를 받은 이후에 토지소유권을 회복한 자에게 그 토지를 시가로 매도할 것을 청구할 수 있다.

② 주택의 소유자들은 대표자를 선정하여 매도청구에 관한 소송을 제기할 수 있고 대표자는 주택의 소유자 전체의 2/3 이상의 동의를 얻어 선정한다.

③ 매도청구에 관한 소송에 대한 판결은 주택의 소유자 전체에 대하여 효력이 있다.

④ 매도청구를 하려는 경우에는 해당 토지의 면적이 주택단지 전체 대지 면적의 5/100 미만이어야 한다.

⑤ 매도청구의 의사표시는 실소유자가 해당 토지 소유권을 회복한 날부터 2년 이내에 해당 실소유자에게 송달되어야 한다.

해설 ② 주택의 소유자들은 대표자를 선정하여 매도청구에 관한 소송을 제기할 수 있고 대표자는 주택의 소유자 전체의 3/4 이상의 동의를 얻어 선정한다. ▶ **정답** ②

분양가상한제 등 [제19,21,22,23,24,25,27,28,30,32,33,34회]

01 분양가상한제 적용주택★★ [제21,22,23,25,27,28회]

① **적용주택** : 사업주체가 일반인에게 공급하는 공동주택 중 다음에 해당하는 지역에서 공급하는 주택의 경우에는 분양가격 이하로 공급하여야(분양가상한제 적용주택) 한다.

> 1. 공공택지
> 2. 공공택지 외의 택지(민간택지)로서 주택가격 상승 우려가 있어 국토교통부장관이 주거정책심의위원회의 심의를 거쳐 지정하는 지역

② **분양가상한제 적용제외** : 다음의 경우에는 분양가상한제를 적용하지 아니한다.

> 1. 도시형 생활주택 [암기] 특자도에서 혁신적인 소규모 주거환경개선사업 및 공공재개발, 공공주택을 만든다.
> 2. 경제자유구역에서 건설·공급하는 공동주택(경제자유구역위원회가 심의·의결한 경우)
> 3. 관광특구에서 건설·공급하는 층수가 50층 이상이거나 높이가 150m 이상인 공동주택
> 4. 한국토지주택공사 또는 지방공사가 소규모주택정비사업의 시행자로 참여하여 건설·공급하는 주택
> 5. 도시 및 주거환경정비법에 따른 주거환경개선사업 및 공공재개발사업에서 건설·공급하는 주택
> 6. 주거재생혁신지구에서 시행하는 혁신지구재생사업에서 건설·공급하는 주택
> 7. 공공주택 특별법에 따른 도심 공공주택 복합사업에서 건설·공급하는 주택

③ 분양가격은 택지비(땅 값)와 건축비(집 값)로 구성한다. 다만, 토지임대부 분양주택의 분양가격은 건축비만으로 구성된다.

> [OX] 토지임대부 분양주택의 분양가격은 택지비와 건축비로 구성된다. (×)

④ **분양가격의 공시** : 공공택지는 사업주체가 분양가격을 공시하여야 한다.
> 공공택지 외의 택지는 시장·군수·구청장이 분양가격을 공시하여야 한다.

핵심 예상 문제 061

61 주택법령상 주택의 공급 및 분양가상한제 적용주택에 대한 설명으로 틀린 것은?

① 도시 및 주거환경정비법에 따른 주거환경개선사업 및 공공재개발사업과 공공재건축사업에서 건설·공급하는 주택은 분양가상한제가 적용되지 않는다.

② 분양가상한제 적용주택의 분양가격은 택지비와 건축비로 구성된다.

③ 사업주체가 일반인에게 공급하는 도시형 생활주택에 대해서는 분양가상한제가 적용되지 않는다.

④ 시장·군수·구청장은 주택의 분양가격 제한과 분양가격의 공시에 관한 사항을 심의하기 위하여 사업계획승인 신청이 있는 날부터 20일 이내에 분양가심사위원회를 설치·운영하여야 한다.

⑤ 사업주체는 공공택지에서 공급하는 분양가상한제 적용주택에 대하여 입주자모집승인을 받았을 때에는 분양가격을 공시하여야 한다.

> [해설] ① 주거환경개선사업 및 공공재개발사업[공공재건축사업x] 분양가상한제가 적용되지 않는다. ▶ **정답** ①

① **지정요건** : **국토교통부장관**은 주택가격상승률이 물가상승률보다 현저히 높은 지역으로서 주택가격이 급등하거나 급등할 우려가 있는 지역 중 대통령령으로 정하는 기준을 충족하는 지역에 대하여는 **주거정책심의위원회 심의**를 거쳐 분양가상한제 적용 지역으로 지정할 수 있다.

> **투기과열지구 중** 다음에 해당하는 지역을 말한다.
> 1. 분양가상한제 적용지역으로 지정하는 날이 속하는 달의 바로 전 달(이하 "분양가상한제적용직전월")부터 소급하여 **12개월간의 아파트 분양가격상승률이 물가상승률의 2배를 초과한 지역**
> 2. 분양가상한제적용직전월부터 소급하여 **3개월간**의 주택매매**거래량**이 전년 동기 대비 **20% 이상** 증가한 지역
> 3. 분양가상한제적용직전월부터 소급하여 주택공급이 있었던 **2개월** 동안 해당 지역에서 공급되는 주택의 월평균 청약경쟁률이 모두 **5대 1을 초과**하였거나 해당 지역에서 공급되는 **국민주택규모 주택**의 월평균 청약경쟁률이 모두 **10대 1을 초과**한 지역

② 분양가상한제 적용지역 지정의 해제를 요청받은 국토교통부장관 ⇨ **40일 이내** ⇨ 결정하여 통보

③ **시장·군수·구청장**은 주택의 분양가격제한과 분양가격공시에 관한 사항을 심의하기 위하여 사업계획승인 신청이 있는 날부터 **20일** 이내에 분양가심사위[2]원회를 설치·운영하여야 한다.

핵심 예상 문제 **062**

62 분양가상한제 적용 지역의 지정 기준에 관한 조문의 일부이다. 다음 (   )에 들어갈 숫자를 옳게 연결한 것은?

> 투기과열지구 중 다음에 해당하는 지역을 말한다.
> 1. 분양가상한제적용직전월부터 소급하여 12개월간의 아파트 분양가격상승률이 물가상승률의 (㉠   )배를 초과한 지역
> 2. 분양가상한제적용직전월부터 소급하여 3개월간의 주택매매거래량이 전년 동기대비 (㉡   )퍼센트 이상 증가한 지역
> 3. 분양가상한제적용직전월부터 소급하여 주택공급이 있었던 2개월 동안 해당 지역에서 공급되는 주택의 월평균 청약경쟁률이 모두 (㉢   )대 1을 초과하였거나 해당 지역에서 공급되는 국민주택규모 주택의 월평균 청약경쟁률이 모두 (㉣   )대 1을 초과한 지역

① ㉠: 2, ㉡: 20, ㉢: 5, ㉣: 10

② ㉠: 2, ㉡: 30, ㉢: 5, ㉣: 10

③ ㉠: 3, ㉡: 20, ㉢: 3, ㉣: 20

④ ㉠: 2, ㉡: 10, ㉢: 3, ㉣: 30

⑤ ㉠: 3, ㉡: 20, ㉢: 5, ㉣: 30

해설 ① ㉠: 2, ㉡: 20, ㉢: 5, ㉣: 10 ▶ **정답 ①**

03 주택의 공급*

사업주체가 입주자 모집시 **시장·군수·구청장의 승인(복리시설의 경우에는 신고)**을 받아 주택을 건설·공급하여야 한다. ⇨ **국가·지방자치단체·한국토지주택공사·지방공사는 승인을 받지 아니하고, 복리시설은 신고하지 아니한다.**

▸OX▸ 한국토지주택공사가 총지분의 70% 출자한 부동산투자회사가 사업주체로서 입주자를 모집하려는 경우에는 시장·군수·구청장의 승인을 받아야 한다. (×)

▸OX▸ 지방공사가 복리시설의 입주자를 모집하려는 경우 시장·군수·구청장에게 신고한다. (×)

04 마감자재 목록표 등의 제출

① **목록표 등의 제출**: 사업주체가 시장·군수·구청장의 입주자모집승인을 받으려는 경우(사업주체가 **국가·지방자치단체·한국토지주택공사 및 지방공사**인 경우에는 **견본주택을 건설**하는 경우를 말한다)에는 건설하는 견본주택에 사용되는 마감자재의 규격·성능 및 재질을 적은 **마감자재 목록표와 견본주택의 각 실의 내부를 촬영한 영상물 등을 제작하여 승인권자에게 제출**하여야 한다.

▸OX▸ 지방공사가 사업주체로서 견본주택을 건설하는 경우에는 견본주택에 사용되는 마감자재 목록표와 견본주택의 각 실의 내부를 촬영한 영상물 등을 제작하여 시장·군수·구청장에게 제출하지 아니한다. (×)

② **목록표 등의 보관**: 시장·군수·구청장은 마감자재 목록표와 영상물 등을 사용검사가 있은 날부터 **2년 이상 보관**하여야 하며, 입주자가 열람을 요구하는 경우에는 이를 **공개하여야 한다**.

③ **마감자재의 변경**: 사업주체가 마감자재 생산업체의 부도 등으로 인한 제품의 품귀 등 부득이한 사유로 인하여 사업계획승인 또는 마감자재목록표의 마감자재와 다르게 마감자재를 시공·설치하려는 경우에는 당초의 마감자재와 **같은 질 이상으로 설치하여야 하며**, 사업주체가 마감자재목록표의 자재와 다른 마감자재를 시공·설치하려는 경우에는 그 사실을 **입주예정자에게 알려야 한다**.

▸OX▸ 사업주체가 부득이한 사유로 인하여 사업계획승인의 마감자재와 다르게 시공·설치하려는 경우에는 당초의 마감자재와 같은 질 이하의 자재로 설치할 수 있다. (×)

05 주택공급질서 교란금지행위** [제15,18,23,24,25,32회]   ▸ 도시개발채권은 양도가능하다.

누구든지 주택을 공급받을 수 있는 조합원의 지위, 주택상환사채, 입주자저축증서, 무허가건물확인서·건물철거예정증명서·건물철거확인서, 이주대책대상자확인서를 **양도** 또는 **양수(매매, 증여)**하거나 **알선**하거나 **광고**를 하는 행위를 금지한다. 다만, **상속·저당, 채권의 양도**는 가능하다.

핵심 예상 문제 063

63 주택법령상 주택공급질서의 교란을 방지하기 위하여 금지되는 행위인 것은?

① 도시개발채권의 양도   ② 토지상환채권의 양도

③ 입주자저축증서의 증여   ④ 주택상환사채의 저당

⑤ 주택을 공급받을 수 있는 주택조합원 지위의 상속

해설 ③ 입주자저축증서의 증여는 주택공급질서의 교란을 방지하기 위하여 금지되는 행위이다.   ▸ **정답 ③**

06 위반 효과

① 주택공급신청 할 수 있는 지위의 무효, 체결된 공급**계약을 취소하여야 한다**.
   ▸ 주택법의 취소는 모두 ~~취소할 수 있다. 다만, 주택공급질서교란행위시 계약은 취소하여야 한다.

② **환매** : 주택가격산정금액 지급시 사업주체가 해당 주택을 취득한 것으로 본다.

③ **퇴거명령** : 주택가격을 지급하거나 법원에 공탁한 경우에는 해당 주택에 입주한 자에 대하여 기간을 정하여 퇴거를 명할 수 있다.

④ 위반한 자에 대하여 **10년 이내**의 범위에서 주택의 입주자 자격을 제한할 수 있다.

⑤ 3년 이하 징역 또는 3,000만 원 이하의 벌금을 부과한다. 다만, 그 위반행위로 얻은 이익의 3배에 해당하는 금액이 3천만원을 초과하는 자는 **그 이익의 3배에 해당하는 금액 이하의 벌금**에 처한다.

THEME 25. 저당권설정 등 제한★★   [제19,20회]

▸ 이전등기 신청할 수 있는 날 이후 90일[×]

저당권 설정 등의 제한	**사업주체**는 주택건설사업에 의하여 건설된 주택 및 대지에 대하여는 **입주자 모집공고 승인신청일**부터(**주택조합**은 **사업계획승인신청일**) 소유권 **이전등기 신청할 수 있는 날**(= 통보한 입주 가능일) **이후 60일**까지의 기간 동안 입주예정자의 동의 없이 가등기담보, 저당권 설정 등의 행위를 하여서는 아니 된다. ▸ 입사 주사 60일 **OX** '일정 기간'이란, 입주자모집공고승인 신청일 이후부터 입주예정자가 소유권이전등기를 신청할 수 있는 날 이후 90일까지의 기간을 말한다. (×) **OX** '소유권이전등기를 신청할 수 있는 날'이란 사업주체가 입주예정자에게 통보한 잔금지급일을 말한다. (×)
부기등기	① **대지**의 경우에는 **입주자 모집공고 승인신청과 동시** ② **주택**의 경우에는 **소유권 보존등기와 동시** **OX** 사업주체가 저당권 설정제한의 부기등기를 하는 경우, 주택건설대지에 대하여는 소유권보존등기와 동시에, 건설된 주택에 대하여는 입주자모집공고승인 신청과 동시에 하여야 한다. (×)
등기내용	부기등기일 이후에 양도·제한물권 설정·압류·가압류·가처분을 할 수 없다.
부기등기 이후 처분행위의 효력	무효(**2**년 이하의 징역 또는 **2**천만 원 이하의 벌금)

OX 부기등기일 이후에 해당 대지·주택을 양수하거나 제한물권을 설정·압류·가압류·가처분 등의 목적물로 한 경우에는 효력을 취소한다. (×)

신탁사유	사업주체의 재무상황 및 금융거래상황이 극히 불량한 경우 분양보증을 하면서 주택건설대지를 주택도시보증공사에 신탁하게 할 경우에는 사업주체는 그 주택건설대지를 신탁할 수 있다. **OX** 주택도시보증공사가 분양보증을 하면서 주택건설대지를 자신에게 신탁하게 할 경우 사업주체는 이를 신탁해야 한다. (×)

투기과열지구 및 전매제한 [제15,17,19,21,22,23,24,25,27,28,29,30,32회]

01 투기과열지구 지정 및 해제★ ▸입주자로 선정된 주택[지위 포함]이 전매제한[○]

① **지정권자** : **국토교통부장관 또는 시·도지사**는 주택가격의 안정을 위하여 필요한 경우에는 주거정책 심의위원회의 심의를 거쳐 일정한 지역을 투기과열지구로 지정하거나 해제할 수 있다. 이 경우 투기과열지구는 그 지정 목적을 달성할 수 있는 최소한의 범위에서 시·군·구 또는 읍·면·동의 지역 단위로 지정하되, 택지개발지구등 해당 지역 여건을 고려하여 지정 단위를 조정할 수 있다.

> 1. 투기과열지구로 지정하는 날이 속하는 달의 바로 전달(이하 "투기과열지구지정직전월"이라 한다)부터 소급하여 주택공급이 있었던 **2개월 동안** 해당 지역에서 공급되는 주택의 월별 평균 **청약경쟁률**이 모두 **5대 1을 초과**하였거나 **국민주택규모 주택**의 월별 평균 **청약경쟁률**이 모두 **10대 1**을 **초과**한 곳
> 2. 다음의 어느 하나에 해당하여 주택공급이 위축될 우려가 있는 곳
>   ① 투기과열지구지정직전월의 주택분양실적이 **전달**보다 **30% 이상 감소**한 곳
>   ② 사업계획승인 건수나 건축법에 따른 건축허가 건수(투기과열지구지정직전월부터 소급하여 6개월간의 건수를 말한다)가 직전 **연도**보다 급격하게 **감소**한 곳
> 3. 신도시 개발이나 주택의 전매행위 성행 등으로 투기 및 주거불안의 우려가 있는 곳으로서 다음의 어느 하나에 해당하는 곳
>   ① 해당 지역이 속하는 시·도별 **주택보급률이 전국 평균 이하**인 경우
>   ② 해당 지역이 속하는 시·도별 **자가주택비율이 전국 평균 이하**인 경우
>   ③ 해당 지역의 분양주택의 수가 입주자저축에 가입한 사람으로서 국토교통부령으로 정하는 사람의 수보다 현저히 적은 곳
>   **OX** 주택의 건축허가실적이 직전월보다 30% 이상 감소한 곳으로 주택공급이 위축될 우려가 있는 곳은 투기과열지구로 지정할 수 있다. (×)
>   **OX** 국토교통부장관은 시·도별 주택보급률 또는 자가주택비율이 전국 평균을 초과하는 지역을 투기과열지구로 지정할 수 있다. (×)
>   **OX** 주택공급이 있었던 직전 2개월간 해당 지역에서 공급되는 주택의 청약경쟁률이 5대 1을 초과하였거나 국민주택규모 이하 주택의 청약경쟁률이 20대 1을 초과한 곳은 투기과열지구로 지정할 수 있다. (×)

② **의견청취·협의** : **국토교통부장관**이 투기과열지구를 지정하거나 해제할 경우에는 미리 **시·도지사의 의견**을 듣고 그 의견에 대한 검토의견을 회신하여야 하며, **시·도지사**가 지정하거나 해제할 경우 **국토교통부장관과 협의**하여야 한다.

③ **재검토** : 국토교통부장관은 **반기마다** 투기과열지구 지정의 유지 여부를 **재검토**하여야 한다.

OX 투기과열지구의 지정기간은 3년으로 하되, 해당 지역 시장·군수·구청장의 의견을 들어 연장할 수 있다. (×)

④ **심의** : 시·도지사, 시장, 군수 또는 구청장 ⇨ 주택가격이 안정되는 등 지정 사유가 없어졌다고 인정 ⇨ 국토교통부장관 또는 시·도지사에게 투기과열지구 지정의 해제를 요청 ⇨ **40일 이내**에 주거정책심의위원회 심의를 거쳐 ⇨ **해제 여부**를 **결정**하여 ⇨ 심의결과 **통보**하여야 한다.

※**참고** 투기과열지구에서 건설·공급되는 주택의 전매제한기간 : 입주자로 선정된 날부터 수도권은 3년 수도권 외의 지역 : 1년이다.

64 주택법령상 투기과열지구에 관한 설명으로 옳은 것은?

① 시장·군수 또는 구청장은 주택가격의 안정을 위하여 필요한 경우 일정 지역을 주거정책 심의위원회의 심의를 거쳐 투기과열지구로 지정할 수 있다.

② 국토교통부장관은 1년마다 주거정책심의위원회의 회의를 소집하여 투기과열지구로 지 정된 지역별로 투기과열지구 지정의 유지 여부를 재검토하여야 한다.

③ 시·도지사가 투기과열지구를 지정하거나 이를 해제할 경우에는 국토교통부장관과 협의 를 하여야 한다.

④ 투기과열지구지정직전월의 사업계획승인 건수나 건축허가 건수가 전달보다 급격하게 감 소한 곳은 투기과열지구로 지정할 수 있다.

⑤ 국토교통부장관은 시·도별 주택보급률 또는 자가주택비율이 전국 평균을 초과하는 지 역을 투기과열지구로 지정할 수 있다.

> **해설** ① 국토교통부장관 또는 시·도지사[시장·군수 또는 구청장x]이다.
> ② 반기마다 재검토
> ④ 직전연도[전달x]
> ⑤ 이하[초과x]인 지역을 투기과열지구로 지정할 수 있다. ▶ **정답** ③

---

02 전매행위예외 인정★★ ▶ 세대원 일부[×]

전매제한 특례 : 사업주체의 **동의 받아 전매**할 수 있다. ⇨ 다만, 주택을 공급받은 자가 전매하는 경우 에는 한국토지주택공사가 그 주택을 우선 매입할 수 있다.

① 세대원이 **근무** 또는 **생업상**의 사정이나 **질병치료·취학·결혼**으로 인하여 세대원 **전원**이 다른 광역 시, 특별자치시, 특별자치도, 시 또는 군(광역시의 군을 제외)으로 이전하는 경우로 이전하는 경우 다만, **수도권 안에서 이전**하는 경우를 **제외**한다.

② **상속**에 의하여 취득한 주택으로 **세대원 전원**이 이전하는 경우

③ **세대원 전원**이 해외로 **이주**하거나 **2년** 이상의 기간 동안 해외에 체류하고자 하는 경우

④ **이혼**으로 인하여 입주자로 선정된 지위 또는 주택을 그 배우자에게 이전하는 경우

⑤ **이주대책용 주택을 공급받은 경우**로서 시장·군수 또는 구청장이 확인하는 경우

⑥ 국가·지방자치단체에 대한 채무를 이행하지 못하여 **경매·공매가 시행**되는 경우

⑦ 입주자로 선정된 지위 또는 주택의 **일부**를 그 **배우자**에게 **증여**하는 경우

⑧ 실직·파산 또는 신용불량으로 **경제적 어려움이 발생한 경우**

　✔ 사업주체가 분양가상한제 적용주택 또는 수도권의 지역으로서 공공택지 외의 택지에서 건설· 공급되는 주택을 공급하는 경우에는 주택의 소유권을 **제3자에게 이전할 수 없음을 소유권에 관한 등기에 부기등기**하여야 한다.

✔ 전매행위 제한을 위반하여 전매가 이루어진 경우 사업주체가 **매입비용**[전매대금×]을 지급한 날 그 입주자로 선정된 지위를 취득한 것으로 본다.

✔ 위반한 자에 대하여 10년 이내의 범위에서 주택의 입주자 자격을 제한할 수 있다.

핵심 예상 문제 065

65 세대주인 甲이 취득한 주택은 주택법령에 따른 전매제한 기간 중에 있다. 다음 중 甲이 이 주택을 전매할 수 있는 경우는?

① 세대원인 甲의 아들의 결혼으로 甲의 세대원 전원이 서울특별시로 이전하는 경우

② 甲의 실직·파산 또는 신용불량으로 경제적 어려움이 발생한 경우

③ 甲은 상속에 의하여 취득한 주택으로 이전하면서, 甲을 제외한 나머지 세대원은 다른 새로운 주택으로 이전하는 경우

④ 甲의 세대원 전원이 1년 6개월간 해외에 체류하려는 경우

⑤ 세대원인 甲의 가족은 국내에 체류하고, 甲은 해외로 이주하는 경우

⑥ 甲이 이 주택의 전부를 배우자에게 증여하는 경우

⑦ 분양가상한제 적용주택의 소유자 甲이 금융기관에 대한 채무를 이행하지 못하여 사업주체의 동의없이 경매 또는 공매가 시행되는 경우

해설 ① 서울특별시로 이전하는 경우는 제외한다.
③ 상속에 의하여 취득한 주택으로 세대원 전원이 이전하는 경우
④ 甲의 세대원 전원이 2년 이상 해외에 체류하려는 경우
⑤ 甲의 세대원 전원이 해외로 이주하는 경우
⑥ 甲이 이 주택의 일부를 배우자에게 증여하는 경우
⑦ 분양가상한제 적용주택의 소유자 甲이 금융기관에 대한 채무를 이행하지 못하여 사업주체의 동의 받아 경매 또는 공매가 시행되는 경우 ▶ **정답 ②**

도시개발법 6개 중 4개 이상은 해결한다. 2개 정도는 틀려도 된다.

THEME 27 **개발계획** [제14,15,19,21,22,25,26,28,33,34회]

01 수립권자 = 지정권자

도시개발구역 지정권자(국토교통부장관, 시·도지사, 대도시 시장)

02 수립시기★★ ▶ 주거·상업·공업지역의 면적 40 % 이하[×]

① **원칙** : 선 개발계획을 수립 ⇨ 후 개발구역을 지정
② **예외** : **선 개발구역 지정** ⇨ **후 개발계획을 수립**[투기차단(기습발표) ⇨ 보전녹지지역(×)]
  ㉠ **자연**녹지지역, **생산**녹지지역(도시개발구역 지정면적의 30% 이하)
  ㉡ **도시지역 외의 지역**[(보전, 생산, 계획)관리지역, 농림지역, 자연환경보전지역]
  ㉢ 국토교통부장관이 **지역균형발전**을 위하여 중앙행정기관의 장과 협의(자연환경보전지역은 제외)
  ㉣ 주거지역·상업지역·공업지역의 면적 ⇨ 전체 면적의 **30 %** 이하
  ㉤ 개발계획안 **공모시**

> **OX** 계획관리지역은 도시개발구역을 지정한 후에 개발계획을 수립할 수 있다. (○)
> **OX** 국토교통부장관이 지역균형발전을 위하여 관계 중앙행정기관의 장과 협의하여 자연환경보전지역에 도시개발구역을 지정할 경우에는 도시개발구역을 지정한 후에 개발계획을 수립할 수 있다. (×)

핵심 예상 문제 **066**

66 도시개발법령상 도시개발구역을 지정한 후에 개발계획을 수립할 수 있는 경우가 아닌 것은?
  ① 개발계획을 공모하는 경우
  ② 생산녹지지역(개발구역면적의 100분의 30 이하인 경우)에 도시개발구역을 지정할 때
  ③ 도시지역 외의 지역에 도시개발구역을 지정할 경우
  ④ 국토교통부장관이 지역균형발전을 위하여 관계 중앙행정기관의 장과 협의하여 상업지역에 도시개발구역을 지정할 경우
  ⑤ 해당 도시개발구역에 포함되는 주거지역이 전체 도시개발구역 지정 면적의 100분의 40인 지역을 도시개발구역으로 지정할 경우

해설 ⑤ 해당 도시개발구역에 포함되는 주거지역이 전체 도시개발구역 지정 면적의 100분의 30 이하인 지역을 도시개발구역으로 지정할 경우에는 도시개발구역을 지정한 후에 개발계획을 수립할 수 있다. ▶ **정답** ⑤

---

03 개발계획 내용★

▶ 지구단위계획[×]

① **공사현장** : 개발구역의 명칭·위치·면적／지정목적 및 기간／시행자／시행방식
② **도시문제** : 인구수용계획／토지이용계획／교통처리계획／환경보전계획／재원조달계획／보건의
료시설／기반시설의 설치계획

> **OX** 지구단위계획은 개발계획의 내용이다. (×)

③ **세부항목** : 도시개발구역을 지정한 후에 개발계획에 포함시킬 수 있다.　　**▶세단비용 세부목록**

- 임대주택(「민간임대주택에 관한 특별법」에 따른 민간임대주택 및 「공공주택 특별법」에 따른 공공임대주택을 말한다. 이하 같다)건설계획 등 **세**입자 등의 주거 및 생활안정대책
- 순환개발 등 **단**계적 사업추진이 필요한 경우 사업추진계획 등에 관한 사항
- 도시개발구역 밖의 지역에 기반시설을 설치하여야 하는 경우에는 그 시설의 설치에 필요한 **비용**의 부담계획
- 수용 또는 사용의 대상이 되는 토지·건축물 또는 토지에 정착한 물건과 이에 관한 소유권 외의 권리, 광업권, 어업권, 양식업권, 물의 사용에 관한 권리가 있는 경우 그 **세부목록**

핵심 예상 문제 067

67 도시개발법령상 도시개발구역을 지정한 후에 개발계획에 포함시킬 수 있는 사항이다. 틀린 것은?

① 임대주택(「민간임대주택에 관한 특별법」에 따른 민간임대주택 및 「공공주택 특별법」에 따른 공공임대주택을 말한다. 이하 같다)건설계획 등 세입자 등의 주거 및 생활 안정 대책
② 순환개발 등 단계적 사업추진이 필요한 경우 사업추진 계획 등에 관한 사항
③ 도시개발구역 밖의 지역에 기반시설을 설치하여야 하는 경우 그 시설의 설치에 필요한 비용의 부담계획
④ 수용·사용의 대상이 되는 토지·건축물, 광업권, 어업권, 양식업권, 물의 사용에 관한 권리가 있는 경우에는 그 세부목록
⑤ 도시개발구역을 둘 이상의 사업시행지구로 분할하거나 서로 떨어진 둘 이상의 지역을 하나의 구역으로 결합하여 도시개발사업을 시행하는 경우에는 그 분할이나 결합에 관한 사항

> **해설** ⑤는 도시개발구역을 지정한 후에 개발계획에 포함시킬 수 있는 사항이 아니다.　　▶ **정답 ⑤**

04 환지동의★

▶ 또는 [×]

면적 2/3 이상 토지소유자**와** 토지소유자 **총수 1/2 이상** 동의 ⇨ (**국가·지방자치단체** ⇨ **동의×**) ⇨ [너비가 12m 미만인 도로를 신설 또는 폐지, 도시개발구역의 명칭 변경, 시행자의 변경, 문화재보호계획, 수용예정인구가 종전보다 100분의 10 미만 증감하는 경우(변경 이후 수용예정인구가 3천명 미만), 보건의료시설면적 및 복지시설면적의 100분의 10 미만의 변경, 기반시설을 제외한 도시개발구역의 용적률이 종전보다 100분의 5 미만 증가하는 경우 등 경미한 사항의 변경은 동의를 받지 아니한다]

05 **동의자수 산정**★ 면적 2/3 + 총수 1/2   ▶ 변경된 수[×]

① **토지면적을 산정하는 경우** : **국공유지**를 **포함**

> **OX** 도시개발구역의 토지면적을 산정하는 경우 국공유지는 제외한다. (×)

> **OX** 지정권자는 도시개발사업을 환지방식으로 시행하려고 개발계획을 수립할 때 시행자가 지방자치단체인 경우 토지소유자의 동의를 받아야 한다. (×)

② **공유**는 **대표 공유자 1명만**을 토지 소유자. 다만, **구분소유자**는 **각각을 1명**으로 본다.

> **OX** 둘 이상 필지의 토지를 소유한 공유자가 동일한 경우에는 공유자 각각을 토지 소유자로 본다. (×)

③ **1인이 둘 이상 필지의 토지를 단독으로 소유한 경우** : 필지의 수에 관계없이 토지 소유자를 1인으로 볼 것

④ **둘 이상 필지의 토지를 소유한 공유자가 동일한 경우** : 공유자 여럿을 대표하는 1인을 토지 소유자로 볼 것

⑤ **철회한 자** : 그 사람은 동의자 수에서 **제외**할 것 *주의!* 한번 철회는 영원한 철회

> **OX** 개발계획 변경시 계발계획의 변경을 요청받기 전에 동의를 철회하는 사람이 있는 경우 그 사람은 동의자 수에 포함한다. (×)

⑥ **동의 순서** : (국공유지를 제외한)**사유**토지 ▷ 국공유지 **관리청**의 동의 [암기] 사관

> **OX** 국공유지를 포함한 전체 사유 토지면적 및 토지 소유자에 대하여 동의 요건 이상으로 동의를 받은 후에 그 토지면적 및 토지 소유자의 수가 법적 동의 요건에 미달하게 된 경우에는 국공유지 관리청의 동의를 받아야 한다. (×)

⑦ **어떠한 기준시점 이후 토지소유자가 변경(증가)된 경우** : **변경 전**(기존, 이전) 동의서 기준

> **OX** 구역지정을 위한 주민의 의견청취하기 위한 공람·공고일 후에 집합건물의 소유 및 관리에 관한 법률에 따른 구분소유권을 분할하게 되어 토지 소유자의 수가 증가하게 된 경우에는 공람·공고일 후의 토지 소유자의 수를 기준으로 산정한다. (×)

> **OX** 개발구역의 지정이 제안된 후부터 개발계획이 수립되기 전까지의 사이에 토지소유자가 변경된 경우 변경된 토지소유자의 동의서를 기준으로 한다. (×)

THEME 28 **도시개발구역**   [제15,16,17,18,20,23,24,25,26,28,29,30,31,32,33회]

---

01 **도시개발사업 관련면적**★★   ▶ 결합개발, 분할개발[각각 1만m² 이상]가능

① **1만m² 이상** : 주거지역·상업지역·생산녹지지역·자연녹지지역(보전녹지지역은 개발사업×)

② **3만m² 이상** : 공업지역

③ **10만m² 미만** : 도시개발구역의 면적이 **10만m²** 미만인 경우에는 **일간신문에 공고하지 아니하고** 공보와 해당 시·군 또는 구의 인터넷 홈페이지에 공고할 수 있다.

④ **30만m² 이상** : 도시 외(관리지역, 농림지역, 자연환경보전지역) ▷ 예외적으로 10만m² 이상도 가능

⑤ **30만m² 이상** : 공공기관이나 정부출연기관의 장이 국장에게 제안시(국가계획과 밀접한 관련)

⑥ **100만m² 이상** : **공람기간 끝난 후에 공청회를 개최하여야 한다. (국장과 협의는 50만m² 이상)**

⑦ **330만m² 이상** : 상호기능의 조화를 이루는 도시(복합도시)

02 도시개발구역의 지정권자★   ▶ 2 이상의 시·도에 걸치면 국장[×]

① **원칙** : 특별시장·광역시장·도지사·특별자치도지사(= 시·도지사), 대도시 시장 ⇨ 시장·군수(×)

  ㉠ 면적이 50만 m² 이상, 개발계획이 국가계획과 밀접한 관련 ⇨ 국토교통부장관 협의

  ㉡ 2 이상의 시·도 또는 대도시에 걸친 경우 ⇨ **시·도지사 또는 대도시 시장이 협의하여 지정할 자를 정한다**.

② **예외** : 국토교통부장관 ⇨ 국가, 중앙, 정부. 협의가 안되면, 천재지변

  ㉠ **국가**가 도시개발사업을 실시할 필요가 있는 경우

  ㉡ **중앙**행정기관의 장(장관)이 요청하는 경우 ⇨ 시장·군수(×)

   OX 산업통상자원부장관이 10만m² 규모로 도시개발구역의 지정을 요청하는 경우에는 국토교통부장관이 도시개발구역을 지정할 수 있다. (○)

  ㉢ 공공기관의 장이 또는 **정부**출연기관의 장이 30만m² 이상으로 **국가계획**과 밀접한 관련이 있는 개발 구역의 지정을 제안하는 경우 ⇨ 지방공사(×)

  ㉣ 시·도지사와 대도시 시장의 **협의가 성립되지 아니하는 경우**

  ㉤ **천재지변** 그 밖에의 사유로 인하여 도시개발사업을 긴급하게 할 필요가 있는 경우

핵심 예상 문제 068

68 도시개발법상 국토교통부장관이 도시개발구역을 지정할 수 있는 사유로 옳은 것은?

  ① 시장 또는 군수가 요청하는 경우

  ② 지방공사의 장이 30만m² 이상으로 국가계획과 밀접한 관련이 있는 도시개발구역의 지정을 제안하는 경우

  ③ 정부출연기관의 장이 30만m² 이상으로 도시개발구역의 지정을 제안하는 경우

  ④ 도시개발사업이 필요하다고 인정되는 지역이 2 이상의 시·도의 행정구역에 걸치는 경우

  ⑤ 한국토지주택공사 사장이 30만 제곱미터의 규모로 국가계획과 밀접한 관련이 있는 도시개발구역의 지정을 제안하는 경우

  해설 ① 중앙행정기관의 장[시장·군수×] ② 공공기관의 장이 또는 정부출연기관의 장[지방공사의 장×]
  ③ 국가계획과 밀접한 관련이 있는 도시개발구역의 지정을 제안하는 경우
  ④ 2 이상의 시·도의 행정구역에 걸치는 경우에는 시·도지사의 협의가 성립되지 아니하는 경우   ▶ **정답** ⑤

03 도시개발구역의 지정제안 및 요청   ▶ 공법상 제안시 모두 2/3 이상 동의, 기반시설만 4/5

① 국가·지방자치단체·**조합을 제외**한 시행자가 될 수 있는 자 ⇨ 지정제안 ⇨ 민간시행자(조합 제외) ⇨ 면적의 **2/3 이상 동의** ⇨ 반영 여부 통보 ⇨ 1개월 + 1개월 범위에서 연장 ⇨ 비용의 전부 또는 일부를 제안자에게 부담시킬 수 있다. ⇨ 시장(대도시 시장 제외)·군수·구청장은 시·군·구도시계획위원회에 자문을 한 후 시·도지사에게 도시개발구역의 지정을 요청할 수 있다.

   OX 지방공사, 한국관광공사, 도시개발조합은 도시개발구역의 지정을 제안할 수 있는 자이다. (×)

04 도시개발구역의 지정효과

도시지역과 지구단위계획구역 결정·고시된 것으로 본다. 다만, 도시지역 외의 지구단위계획구역 및 **취락지구는 도시지역과 지구단위계획구역으로 결정·고시된 것으로 보지 아니한다**.

▶OX 취락지구는 도시지역과 지구단위계획구역 결정·고시된 것으로 본다. (×)

05 도시개발구역에서 개발행위허가★★

① **특별시장·광역시장·특별자치도지사·시장·군수의 개발행위허가** : 건축물[가설건축물]의 건축 (대수선 또는 용도변경 포함) ⇨ 공작물의 설치 ⇨ 토지의 형질변경 ⇨ 토석채취 ⇨ 토지분할[토지의 합병x] ⇨ 쌓고[1개월 이상 적치] ⇨ 심고[죽목의 벌채 및 식재] ⇨ 위반시(3/3)

② **허용사항** : 다음의 행위는 허가를 받지 아니하고 이를 할 수 있다.

> 1. **재해복구** 또는 재난수습에 필요한 응급조치를 위하여 하는 행위
> 2. **농림**수산물의 생산에 직접 이용되는 간이공작물(비닐하우스, 건조장, 버섯재배사, 종묘배양장, 탈곡장등)의 설치
> 3. **경작**을 위한 토지의 형질변경
> 4. 개발에 **지장을 주지 아니하고** 자연경관을 손상하지 아니하는 토석의 채취
> 5. 도시개발구역에 **남겨두기**로 결정된 대지 안에서 물건을 쌓아놓는 행위
> 6. 관상용 죽목의 **임시식재**(**경작지**에서의 임시식재를 **허가**는 받아야 한다.)

③ **의견청취** : 개발행위허가를 하려는 경우에 시행자가 있으면 시행자의 의견을 들어야 한다.

④ 개발행위 허가를 받은 자는 국토계획법상 개발행위허가를 받은 것으로 본다.

⑤ **기득권 보호** : 30일 이내에 신고한 후 계속 시행할 수 있다.

핵심 예상 문제 069

69 도시개발법령상 도시개발구역에서 허가를 받아야 하는 행위는?

① 농림수산물의 생산에 직접 이용되는 비닐하우스 설치

② 경작을 위한 토지의 형질변경

③ 도시개발구역의 개발에 지장을 주지 아니하고 자연경관을 손상하지 아니하는 범위에서의 토석의 채취

④ 경작지에서의 관상용 죽목의 임시식재

⑤ 도시개발구역에 남겨두기로 결정된 대지에서 물건을 쌓아 놓는 행위

해설 ④ 관상용 죽목의 임시식재는 허가를 받지 아니 한다. 그러나 경작지에서의 관상용 죽목의 임시식재는 허가를 받아야 한다.　　　　　　　　　　　　　　　　　　　　　　　　　　　　　▶ **정답** ④

도시개발구역 법정해제간주사유(다음 날) ▶ 공사완료로 해제 : 환원과 안친해

목적달성에 따른 해제의제(다음 날 해제)
1. 수용·사용방식 ⇨ 공사완료공고일 **다음 날**, 환지방식 ⇨ 환지처분공고일 **다음 날** 2. 도시지역과 지구단위계획구역으로 존속, 유지 ▶ 공사완료로 해제 : 환원·폐지된 것으로 보지 아니한다.

목적달성이 안 된 경우의 해제의제
1. **실시계획 인가를 신청×** ⇨ **3년**이 되는 날의 다음 날 ⇨ 환원, 폐지의제 2. [선]개발구역지정 후 [후]개발계획 수립시에는 2년 이내 **개발계획 미수립시 2년**이 되는 날 다음 날 ⇨ 개발계획 수립 후 3년 이내 실시계획 미인가 신청시 3년이 되는 날 다음 날 ⇨ 330만m² 이상인 경우 5년이 되는 날 다음 날 해제 종전 용도지역 및 지구단위계획구역으로 각각 환원되거나 폐지된 것으로 본다.

핵심 예상 문제 **070**

70 도시개발법령상 도시개발구역지정의 해제에 관한 사항 중 옳은 것은?

① 도시개발사업의 공사완료(환지방식에 의한 사업인 경우에는 그 환지처분)의 공고일에 해제된 것으로 본다.

② 도시개발구역을 지정·고시한 날부터 2년이 되는 날까지 개발계획을 수립·고시하지 아니하는 경우에는 도시개발구역의 지정이 해제된 것으로 본다.

③ 도시개발구역이 지정·고시된 날부터 2년이 되는 날까지 실시계획의 인가를 신청하지 아니하는 경우에는 그 2년이 되는 날의 다음 날에 해제된 것으로 본다.

④ 도시개발구역을 지정한 후 개발계획을 수립하는 경우에 도시개발구역의 면적이 330만제곱미터 이상인 경우에는 개발계획을 수립·고시한 날부터 3년이 되는 날까지 실시계획 인가를 신청하지 아니하는 경우에는 그 3년이 되는 날의 다음 날에 해제된 것으로 본다.

⑤ 도시개발사업의 공사완료로 도시개발구역의 지정이 해제의제된 경우에는 도시개발구역의 용도지역은 해당 도시개발구역 지정 전의 용도지역으로 환원된 것으로 보지 아니한다.

해설 ①② 다음 날에 해제된 것으로 본다. ③ 3년이 되는 날의 다음 날 ④ 5년이 되는 날의 다음 날
▶ **정답** ⑤

07 도시개발사업 시행자★ [제16,25,27,29회]

① **시행자 지정** : 도시개발사업의 시행자는 지정권자가 지정한다. 다만, 도시개발구역의 전부를 환지방식으로 시행하는 경우에는 **토지소유자 또는 조합**을 시행자로 지정한다.

> **OX** 한국부동산원은 도시개발사업 시행자로 지정될 수 있다. (×)
> **OX** 한국철도공사는 역세권의 개발 및 이용에 관한 법률에 따른 역세권개발사업을 시행하는 경우에는 도시개발사업의 시행자가 된다. (×)

② **시행자 변경사유**

> 1. 도시개발구역의 전부를 환지방식으로 시행하는 경우, 시행자로 지정된 자(토지소유자 또는 조합)가 도시개발구역 지정의 고시일로부터 **1년**(다만, 6개월의 범위에서 연장한 경우에는 그 연장된 기간) 이내에 개발사업에 관한 실시계획의 인가를 신청하지 아니하는 경우
> 2. 실시계획의 인가를 받은 후 **2년 이내에 사업을 착수하지 아니하는 경우**
> 3. 시행자의 **부도·파산** 등으로 도시개발사업의 목적을 달성하기 어렵다고 인정되는 경우
> 4. 행정처분에 따라 시행자의 **지정** 또는 실시계획의 **인가가 취소**된 경우

핵심 예상 문제 071

71 도시개발법령상 도시개발구역 지정권자가 시행자를 변경할 수 있는 경우가 아닌 것은?

① 도시개발사업에 관한 실시계획의 인가를 받은 후 2년 이내에 사업을 착수하지 아니하는 경우

② 행정처분으로 사업시행자의 지정 또는 실시계획의 인가가 취소된 경우

③ 사업시행자가 도시개발구역 지정의 고시일부터 6개월 이내에 실시계획의 인가를 신청하지 아니하는 경우

④ 사업시행자의 부도로 도시개발사업의 목적을 달성하기 어렵다고 인정되는 경우

⑤ 지정권자가 시행자 지정 신청기간의 연장이 불가피하다고 인정하여 6개월의 범위에서 연장한 경우에는 그 연장된 기간 이내에 실시계획의 인가를 신청하지 아니하는 경우

> **해설** ③ 도시개발구역 지정의 고시일부터 1년 이내에 실시계획의 인가를 신청하지 아니하는 경우 ▶ **정답 ③**

---

08 도시개발사업의 대행★ [제28,29,30회]

공공사업시행자(**국가나 지방자치단체, 공공기관, 정부출연기관, 지방공사**)는 실시설계·부지조성공사·기반시설공사·조성토지 등의 분양 등 도시개발사업의 일부를 주택법에 따른 주택건설사업자 등으로 하여금 대행하게 할 수 있다.

> **OX** 지방공사는 도시개발사업을 효율적으로 시행하기 위하여 필요한 경우에는 실시설계, 부지조성공사, 기반시설공사, 조성된 토지의 분양, 도시개발채권의 발행을 주택법에 따른 주택건설사업자 등으로 하여금 대행하게 할 수 있다. (×)
> **OX** 도시개발법령상 지방자치단체, 한국관광공사법에 따른 한국관광공사, 부동산투자회사법에 따라 설립된 자기관리부동산투자회사, 토지소유자는 실시설계, 부지조성공사 등을 대행하게 할 수 있다. (×)

01 조합설립
▸ 주된 사무소의 소재지 변경은 인가[×]

토지소유자 7명 이상이 정관을 작성하여 지정권자의 인가, 변경도 인가. 단, **주된** 사무소의 소재지 변경, 공고방법 변경은 **신고**하여야 한다. 토지**면적의 2/3 이상**의 토지소유자**와** 그 구역의 토지소유자 **총수의 1/2 이상**의 동의를 받아야 한다.
▸ 또는[×]

OX 조합설립의 인가를 신청하려면 국공유지를 제외한 해당 도시개발구역의 토지면적의 3분의 2 이상에 해당하는 토지소유자 또는 그 구역의 토지소유자 총수의 2분의 1 이상의 동의를 받아야 한다. (×) 제27, 29, 31, 33회

OX 조합을 설립하려면 도시개발구역의 토지소유자 7명 이상이 국토교통부장관에게 조합 설립의 인가를 받아야 한다.
(×) 제29회

OX 조합이 인가받은 사항 중 주된 사무소의 소재지를 변경하려는 경우 변경인가를 받아야 한다. (×) 제29, 33회

OX 조합이 조합 설립의 인가를 받은 사항 중 공고방법을 변경하려는 경우 지정권자로부터 변경인가를 받아야 한다.
(×) 제34회

02 법적성격
▸ 지정권자의 인가를 받으면 성립한다.[×]

① **공법상 사단법인** : 조합에 관하여 이 법에 규정한 것을 제외하고는 민법 중 사단법인에 관한 규정 준용

② **도시개발조합의 성립등기** : 인가 후 **30일** 이내에 **등기하여야 성립**한다.

OX 도시개발조합은 조합설립인가를 받은 때에 성립한다. (×)

03 조합원★★
▸ 토지면적에 비례한 의결권[×]

조합의 조합원은 도시개발구역 안의 **토지소유자**로 한다. ⇨ 조합설립에 동의를 하지 않아도 **당연 조합원** ⇨ **토지면적에 관계없는 평등한 의결권** ⇨ 조합설립에 동의한 자는 조합설립**인가 신청 전에 철회**할 수 있다[조합설립인가 신청 후에 철회할 수 없다].

OX 조합원은 보유토지의 면적에 비례하여 의결권을 갖는다. (×)

OX 조합 설립인가에 동의한 자로부터 토지를 취득한 자는 조합 설립인가 신청 전에 동의를 철회할 수 없다. (×)

04 조합임원★★
▸ 미성년자는 조합원이 될 수 없다.[×]

① **임원** : 조합장 1인, 이사, 감사[임원 = 토지소유자]를 둔다(조합임원 **겸직금지**).

② **조합장** 또는 **이사**의 자기를 위한 조합과의 계약이나 소송은 **감사**가 조합을 대표한다.

③ **임원 결격사유** : 제한능력자 ⇨ 파산자 ⇨ 금고 이상의 형을 선고받고 2년이 지나지 아니한 자 ⇨ 집행유예기간 중에 있는 자

④ 임원의 결격사유에 해당 ⇨ **다음 날**부터 임원의 자격을 **상실**한다.
▸ 당연 퇴임한다.[×]

OX 조합원으로 된 자가 금고 이상의 형의 선고를 받은 경우에는 그 사유가 발생한 다음 날부터 조합원의 자격을 상실한다. (×)

OX 조합장의 자기를 위한 조합과의 계약에 관하여는 이사가 조합을 대표한다. (×)

① 의결권을 가진 조합원의 수가 **50인** 이상인 조합은 **대의원회를 둘 수 있다**.

  OX 의결권을 가진 조합원의 수가 100인 이상인 조합은 총회의 권한을 대행하는 대의원회를 두어야 한다. (×)

② **대의원 수** : 의결권을 가진 조합원 총수의 100분의 10 이상으로 한다.

③ 대의원회는 총회의 권한을 대행할 수 있다.

④ 대의원회의 총회권한 대행 불가능 사유(총회만 행사) ▶ 정개조조환지

> 1. **정**관변경
> 2. **개**발계획의 수립·변경(개발계획의 경미한 변경 및 실시계획의 수립·변경은 제외)
> 3. **조**합임원(조합장, 이사, 감사)의 선임
> 4. **조**합의 합병 또는 해산
> 5. **환지**계획의 작성(환지예정지×)

  OX 실시계획의 수립, 환지예정지의 지정은 대의원회가 총회의 권한을 대행할 수 없다. (×)

핵심 예상 문제 072

72 **도시개발법령상 도시개발조합에 관한 설명이다. 옳은 것은 몇 개인가?**

> ㉠ 의결권을 가진 조합원의 수가 100인인 조합은 총회의 권한을 대행하게 하기 위하여 대의원회를 둘 수 있다.
> ㉡ 조합설립인가를 신청하는 때에는 도시개발구역 안의 토지면적의 2/3 이상 소유자 또는 토지소유자 총수의 1/2 이상의 동의를 얻어야 한다.
> ㉢ 조합원은 보유토지의 면적과 관계없는 평등한 의결권을 가지므로, 공유 토지의 경우 공유자별로 의결권이 있다.
> ㉣ 정관기재사항인 주된 사무소의 소재지를 변경하려는 경우에는 변경신고를 하여야 한다.
> ㉤ 조합의 이사는 도시개발구역의 토지소유자이어야 한다.
> ㉥ 조합 설립인가에 동의한 자로부터 토지를 취득한 자는 조합설립의 인가 신청 전에도 동의를 철회할 수 없다.
> ㉦ 이사의 자기를 위한 조합과의 계약이나 소송에 관하여는 조합장이 조합을 대표한다.
> ㉧ 토지소유자는 조합설립에 동의를 하지 않았더라도 조합이 설립되면 당연 조합원이 된다.
> ㉨ 정관의 변경, 개발계획의 수립, 조합장의 선임, 조합의 합병, 환지계획의 작성에 관한 사항은 대의원회가 총회의 권한을 대행할 수 있다.

① 1개   ② 2개   ③ 3개
④ 4개   ⑤ 5개

해설 ㉠㉣㉥㉧ 4개이다.
㉡ "또는"이 아니라 "와"   ㉢ 공유 토지의 경우 대표공유자 1명만 의결권이 있다.
㉥ 신청 전에 동의를 철회할 수 있다.   ㉦ 감사가 조합을 대표한다.   ㉨ 대행할 수 없다.   ▶ **정답 ④**

① **실시계획의 작성** : 시행자는 도시개발사업에 관한 실시계획(설계도서, 자금계획, 시행기간)을 작성하여야 한다. 실시계획에는 **지구단위계획이 포함되어야 한다**. ⇨ 개발계획에 부합 : 실시계획은 개발계획에 부합하게 작성하여야 한다.

② 실시계획 ⇨ 지정권자의 인가

    ㉠ **국토교통부장관**인 지정권자는 **시 · 도지사 또는 대도시 시장**의 의견을 미리 들어야 한다.

    ㉡ **시 · 도지사**인 지정권자는 **시장(대도시 시장 제외)·군수·구청장**의 의견을 미리 들어야 한다.

    ㉢ **경미한 변경** : 사업시행면적의 100분의 10의 범위에서의 **면적의 감소**, 사업비의 100분의 10의 범위에서의 **사업비의 증감**은 실시계획의 변경에 관하여 변경**인가를 받지 아니한다**.

③ **실시계획 고시의 효과** : 실시계획을 고시한 경우 도시·군관리계획(지구단위계획을 포함)으로 결정하여야 하는 사항은 **도시·군관리계획이 결정·고시된 것으로 본다**. 이 경우 종전에 도시·군관리계획으로 결정된 사항 중 고시내용에 **저촉되는 사항**은 **고시된 내용으로 변경된 것으로 본다**.

④ **의견제출** : 지정권자는 실시계획을 작성하거나 인가할 때 그 내용에 관련 인·허가 등의 의제에 해당하는 사항이 있으면 미리 관계 행정기관의 장과 협의하여야 한다. 이 경우 관계 행정기관의 장은 협의 요청을 받은 날부터 **20일 이내에 의견을 제출**하여야 하며, 그 기간 내에 의견을 제출하지 아니하면 협의한 것으로 본다.

핵심 예상 문제 **073**

73 **도시개발법상 도시개발사업시행 중 실시계획에 관한 내용이다. 틀린 것은?**

    ① 시행자가 수립하는 실시계획은 개발계획에 맞게 작성하여야 하고, 지구단위계획을 포함하여야 한다.

    ② 실시계획 인가신청서를 제출하는 때에는 계획평면도 및 개략설계도, 위치도 등을 첨부하여야 한다.

    ③ 지정권자인 국토교통부장관이 실시계획을 작성하는 경우 시장·군수 또는 구청장의 의견을 미리 들어야 한다.

    ④ 실시계획을 고시한 경우 그 고시된 내용 중 국토의 계획 및 이용에 관한 법률에 따라 도시·군관리계획(지구단위계획을 포함)으로 결정하여야 하는 사항은 도시·군관리계획이 결정·고시된 것으로 본다. 이 경우 종전에 도시·군관리계획으로 결정된 사항 중 고시내용에 저촉되는 사항은 고시된 내용으로 변경된 것으로 본다.

    ⑤ 인가를 받은 실시계획 중 사업시행면적의 100분의 10이 감소된 경우 지정권자의 변경인가를 받을 필요가 없다.

해설 ③ 지정권자인 국토교통부장관이 실시계획을 작성하는 경우 시·도지사 또는 대도시 시장의 의견을 미리 들어야 한다.
▶ **정답** ③

수용 또는 사용방식 [제16.17,18,20,22,23,24,25,26,27,30,32,33,34회]

01 수용사용 방식★★　　　　　　　▶수용·사용방식 ⇨ 수집,　▶환지방식 ⇨ 안 수집

① **수용권자** : 시행자는 도시개발사업에 필요한 토지 등을 수용 또는 사용할 수 있다.

② **토지수용 등에 대한 동의** : 민간부문 시행자(조합은 제외)는 토지**면적의 2/3 이상**의 토지를 **소유**하고 토지소유자 **총수의 1/2 이상의 동의** (지방자치단체×, 지방공사×, 공공기관×)

③ 이 법에 특별한 규정이 있는 경우를 제외하고는 공·취·법을 준용한다.

④ 세부목록 **고시** ⇨ **사업인정 및 고시의제** ⇨ 재결신청 : 시행기간 종료일까지

핵심 예상 문제 074

74 **도시개발법령상 수용 또는 사용방식에 따른 사업시행에 관한 설명이다. 옳은 것은?**

① 시행자가 아닌 지정권자는 도시개발사업에 필요한 토지 등을 수용할 수 있다.

② 한국토지주택공사인 시행자는 사업대상 토지면적의 2/3 이상에 해당하는 토지를 소유하고 토지소유자 총수의 1/2 이상에 해당하는 자의 동의를 받은 경우에 한해 시행자에게 수용권이 인정된다.

③ 도시개발사업을 위한 토지의 수용에 관하여 특별한 규정이 없으면 도시 및 주거환경정비법에 따른다.

④ 도시개발사업 실시계획을 인가·고시한 때에는 공익사업을 위한 토지 등의 취득 및 보상에 관한 법률에 따른 사업인정 및 그 고시가 있었던 것으로 본다.

⑤ 재결신청은 개발계획에서 정한 도시개발사업의 시행기간 종료일까지 행하여야 한다.

해설 ① 지정권자 아닌 시행자가 수용할 수 있다.　② 한국토지주택공사는 동의를 받지 아니한다.
③ 공익사업을 위한 토지 등의 취득 및 보상에 관한 법률을 준용한다. ④ 세부 목록을 고시한 경우　▶ **정답 ⑤**

02 토지상환채권　　　　　　　▶1/3[×], 국가도 발행가능[○], 양도 불가능[×]

① **발행** : 시행자는 토지소유자가 **원**하는 경우 ⇨ 매수대금의 **일부**를 지급 ⇨ 토지·건축물로 상환하는 채권을 발행 ⇨ 분양 토지 또는 건축물 면적의 **1/2을 초과**하지 아니하도록 하여야 한다.

　　OX 도시개발사업을 시행하는 공공기관은 토지상환채권을 발행할 수 없다. (×)
　　OX 토지상환채권에 의하여 토지를 상환하는 경우에는 추첨의 방법으로 할 수 있다. (×)
　　OX 토지 등의 매수 대금 전부 또는 일부의 지급을 위하여 토지상환채권을 발행할 수 있다. (×)

② **지급보증** : 민간부문 시행자(조합 포함)가 토지상환채권을 발행하는 경우 ⇨ 지급**보증**

　　OX 지방공사인 시행자가 토지상환채권을 발행하는 때에는 금융기관 등의 지급보증을 받아야 한다. (×)

③ **발행방법** : **기명**으로 발행 ⇨ **양도 가능** ⇨ **이율** : **발행자**가 정한다. ⇨ **지정권자의 승인**

④ **이전** : 취득자는 성명과 주소를 토지상환채권원부에 기재하여 줄 것을 요청하여야 한다.

⑤ **대항력** : 취득자의 성명과 주소가 토지상환채권에 기재 ⇨ 발행자 및 제3자에게 대항

75 도시개발법령상 토지상환채권에 관한 설명으로 옳은 것은?

① 토지상환채권은 타인에게 이전하지 못한다.

② 토지상환채권은 기명식 또는 무기명식 증권으로 한다.

③ 토지상환채권의 이율은 발행 당시의 금융기관의 예금금리 및 부동산수급상황을 고려해서 기획재정부장관이 정한다.

④ 도시개발구역의 토지소유자인 시행자가 토지상환채권을 발행하는 때에는 은행법에 따른 금융기관 등의 지급보증을 받아야 한다.

⑤ 토지상환채권의 발행규모는 그 토지상환채권으로 상환할 토지 또는 건축물이 해당 도시개발사업으로 조성되는 분양토지 또는 분양건축물 면적의 3분의 2를 넘지 않아야 한다.

해설 ① 이전이 가능하다. ② 기명식 증권으로 한다. ③ 발행자가 정한다. ⑤ 2분의 1   ▶ **정답 ④**

---

03 공급방법★

① **원칙** : 토지의 공급은 경쟁입찰의 방법에 따른다.

② **예외** : 다음은 **추첨의 방법**으로 분양할 수 있다. ⇨ 수의계약방식이 아닌 것은? **정답은 추첨**이다.

　㉠ $330m^2$ 이하의 **단독**주택용지　**(주택+공장 = 당구공~~)**

　㉡ **국민주택규모**($85m^2$) 이하의 주택건설용지

　㉢ **공공**택지

　㉣ **공장**용지

　㉤ 수의계약의 방법으로 조성토지를 공급하기로 하였으나 공급신청량이 지정권자에게 제출한 조성토지 등의 공급계획에서 계획된 면적을 초과하는 경우

　　OX 원형지가 공공택지 용도인 경우 원형지개발자의 선정은 추첨의 방법으로 할 수 있다. (×)

③ **예외(수의계약)** : 토지상환채권, 일반에게 분양할 수 없는 공공용지는 국가, 지방자치단체에게 수의계약방법으로 조성토지 등을 공급할 수 있다.

　OX $330m^2$ 이하의 단독주택용지를 공급하는 경우에는 수의계약의 방법으로 할 수 있다. (×)

　OX 공공청사용지를 지방자치단체에게 공급하는 경우에는 수의계약의 방법으로 할 수 없다. (×)

④ 시행자는 조성토지 등을 공급하려고 할 때에는 조성토지 등의 공급계획을 작성하여야 하며, 지정권자가 아닌 시행자는 작성한 조성토지 등의 **공급계획에 대하여 지정권자의 승인**을 받아야 한다.

　OX 지정권자가 아닌 시행자는 작성한 조성토지 등의 공급계획에 대하여 지정권자에게 제출하여야 한다. (×)

04 수용사용 방식의 가격평가　　　　　　　　　　　▶ 공시지가(×)

① **원칙** : 조성토지 등의 가격평가는 **감정가격**으로 한다.

② **예외(좋은 일)** : 학교·폐기물처리시설, 공공청사, 사회복지시설(무료), 공장, **임대주택**, 200실 이상의 객실을 갖춘 호텔업 시설 등은 감정평가법인 등이 **감정평가한 가격 이하로 정할 수 있다**. 다만, **공공시행자에게 임대주택 건설용지를 공급하는 경우에는 해당 토지의 가격을 감정평가한 가격 이하로 정하여야 한다**.

> **OX** 공공시행자에게 임대주택 건설용지를 공급하는 경우에는 감정평가한 가격 이하로 정할 수 있다. (×)
> **OX** 사회복지법인이 설치하는 유료의 사회복지시설은 감정평가한 가격 이하로 정할 수 있다. (×)

05 원형지 공급대상★   ▶ 정부출연기관 [×], ▶ 1/2[×]

① 시행자는 도시를 자연친화적으로 개발하거나 복합적·입체적으로 개발하기 위하여 필요한 경우 미리 지정권자의 승인을 받아 국가 또는 지방자치단체, 공공기관, 지방공사, 공모에서 선정된 자, **학교나 공장** 등의 부지로 직접 사용하는 자에게 원형지를 공급하여 개발하게 할 수 있다. [원형지 ⇨ 개발구역에서 개발사업으로 조성되지 아니한 상태의 토지]

② 원형지는 도시개발구역 전체 토지면적의 **1/3** 이내로 한정한다. ⇨ **이행조건을 붙일 수 있다**.

> **OX** 시행자는 지방자치단체에게 도시개발구역 전체 토지면적의 2분의 1 이내에서 원형지를 공급하여 개발하게 할 수 있다. (×)

06 원형지 매각제한   ▶ 국가 및 지방자치단체도 매각할 수 없다.[×]

원형지개발자(**국가 및 지방자치단체는 제외**)는 10년의 범위에서 원형지에 대한 공사완료 공고일부터 5년 또는 공급계약일부터 10년 기간 중 먼저 끝나는 기간 안에는 **매각할 수 없다**.

> **OX** 원형지개발자인 지방자치단체는 10년의 범위에서 대통령령으로 정하는 기간 안에는 원형지를 매각할 수 없다. (×)
> **OX** 원형지를 공급받아 개발하는 지방공사는 원형지에 대한 공사완료 공고일부터 5년의 기간 안에 원형지를 매각할 수 있다. (×)

07 원형지 공급계약 해제   ▶ 매미지위

시행자는 다음의 경우에 원형지 개발자에게 2회 이상 시정을 요구하여야 하고, 원형지 개발자가 시정하지 아니한 경우에는 원형지 공급계약을 해제할 수 있다.

① **제3자에게 매각** : 공급받은 토지를 시행자 동의 없이 제3자에게 매각하는 경우
② **미착수** : 세부 계획에서 정한 착수기한 안에 공사에 착수하지 아니하는 경우
③ **지연** : 공사 착수 후 세부 계획에서 정한 사업기간을 넘겨 사업시행을 지연하는 경우
④ **계약내용 위반** : 세부 계획에서 정한 목적대로 사용하지 아니하는 등 계약의 내용을 위반한 경우

> **OX** 원형지개발자가 공급받은 토지의 전부를 시행자의 동의 없이 제3자에게 매각하는 경우 시행자는 원형지개발자에 대한 시정요구 없이 원형지 공급계약을 해제할 수 있다. (×)

08 원형지개발자의 선정방법과 공급가격   ▶ 원형지 : 3자 =1/3, 가격평가 조건도 3개

① **원칙** : 수의계약 방법 ⇨ 예외적으로 원형지를 **학교**나 **공장** 등의 부지 ⇨ **경쟁입찰**의 방식 ⇨ 경쟁입찰이 2회 이상 유찰 ⇨ 수의계약

② **원형지 공급가격** : 개발계획이 반영된 원형지의 **감정가격**에 시행자가 원형지에 설치한 **기반시설 등의 공사비**를 더한 금액을 기준으로 시행자와 원형지개발자가 **협의**하여 결정한다.

> **OX** 원형지 공급가격은 원형지의 감정가격과 원형지에 설치한 기반시설 공사비의 합산 금액을 기준으로 시·도의 조례로 정한다. (×)

> **OX** 원형지를 공장 부지로 직접 사용하는 원형지개발자의 선정은 경쟁입찰의 방식으로 하며, 경쟁입찰이 3회 이상 유찰된 경우에는 수의계약의 방법으로 할 수 있다. (×)

핵심 예상 문제 076

76 도시개발법령상 원형지의 공급과 개발에 관한 설명으로 틀린 것은?

① 원형지를 공장 부지로 직접 사용하는 자는 원형지개발자가 될 수 있다.

② 원형지는 도시개발구역 전체 토지 면적의 3분의 1 이내의 면적으로만 공급될 수 있다.

③ 원형지가 공공택지 용도인 경우 원형지개발자의 선정은 수의계약의 방법으로 할 수 있다.

④ 원형지 공급가격은 개발계획이 반영된 원형지의 감정가격으로 한다.

⑤ 원형지를 공급받아 개발하는 지방공사는 원형지에 대한 공사완료 공고일부터 5년이 지난 시점이라면 해당 원형지를 매각할 수 있다.

> **해설** ④ 원형지 공급가격은 개발계획이 반영된 원형지의 감정가격에 시행자가 원형지에 설치한 기반시설 등의 공사비를 더한 금액을 기준으로 시행자와 원형지개발자가 협의하여 결정한다. ▶ **정답 ④**

THEME 31 **환지계획·환지예정지** [제16,17,18,19,20,22,23,24,25,26,27,29,30,32,34회]

01 환지계획의 의의 ▶ 환지계획의 내용에는 청산금×]

환지처분의 내용을 정하는 계획 ⇨ 환지계획 작성**기준**, 보류지 책정기준 : **국토교통부령**으로 정한다. ⇨ 위치·지목·면적·토질·수리·이용상황·환경 등을 종합적으로 고려하여 정한다.

02 토지부담률 ▶ 보-시시 / 환-시시

시행자는 환지계획구역의 토지부담률을 산정 ⇨ 환지계획구역의 평균 **토지부담률**[5자]은 **50%**를 초과할 수 없다. 다만, **지정권자 인정**[6자]하는 경우에는 **60%**까지로 할 수 있으며, 환지계획구역의 토지소유자 총수의 **2/3 이상이 동의**하는 경우에는 **60%를 초과**하여 정할 수 있다.

> **OX** 환지계획구역의 외부와 연결되는 환지계획구역 안의 도로로서 너비 25m 이상의 간선도로는 관할 지방자치단체가 도로의 부지를 부담한다. (×)

$$\text{토지부담률} = \frac{\text{보류지면적} - (\text{시행자에게 무상귀속되는 공공시설의 면적} + \text{시행자가 소유하는 토지})}{\text{환지계획구역면적} - (\text{시행자에게 무상귀속되는 공공시설의 면적} + \text{시행자가 소유하는 토지})} \times 100$$

77 도시개발법령상 환지설계를 면적식으로 하는 경우 환지계획구역의 평균토지부담률은?

- 환지계획구역 면적 : 120만m²
- 보류지 면적 : 60만m²
- 체비지 면적 : 30만m²
- 시행자가 소유하는 토지 면적 : 10만m²
- 시행자에게 무상 귀속되는 공공시설 면적 : 10만m²
- 청산 대상 토지 면적 : 10만m²

① 30%　　　② 40%　　　③ 45%　　　④ 50%　　　⑤ 60%

해설 ② 40%

$$토지부담률 = \frac{60만m^2 - (\ 10만m^2 + 10만m^2)}{120만m^2 - (\ 10만m^2 + 10만m^2)} \times 100 = 40만m^2/100만m^2 \times 100 = 40\%$$

※참고 환지설계를 평가식으로 하는 경우 비례율 = $\dfrac{조성되는 \ 토지 \cdot 건축물의 \ 평가액 \ 합계[새땅 \ 가격] - 총 \ 사업비}{환지 \ 전 \ 토지 \cdot 건축물의 \ 평가액 \ 합계[헌땅 \ 가격]} \times 100$

▶ 정답 ②

---

03 **인가권자**★★　　　　　　　　　　　　　▶ 지정권자의 인가[×], 사전검토[×]

특별자치도지사 · 시장 · 군수 · 구청장(속 시끄러워 ⇨ 최말단)**의 인가**를 받아야 한다.

04 **환지부지정 등**★★　　　　　　　　　　　　　　　▶ 임차권자 동의[○]

① **환지부지정** : 토지소유자가 신청하거나 동의하면 해당 토지의 전부 또는 일부에 대하여 환지를 정하지 아니할 수 있다. 다만, 해당 토지에 관하여 **임차권자 등이 있는 경우에는 그 동의**를 받아야 한다. ⇨ 날짜를 정하여 그 날부터 사용수익 정지 ⇨ 30일 이상의 기간을 두고 임차권자 등에게 알려야 한다.

② **보류지 · 체비지**★ : 시행자는 도시개발사업에 필요한 경비에 충당하거나 규약 · 정관 · 시행규정 · 실시계획이 정하는 목적을 위하여 일정한 토지를 보류지로 정할 수 있으며, 그 중 일부를 체비지로 정하여 도시개발사업에 필요한 경비에 충당할 수 있다.

③ **환지방식의 가격평가**★ : 공인평가기관[감정평가법인 등]이 평가(**감정가격**)를 거친 후 토지평가협의회의 **심의**를 거쳐 결정한다.　　　　　　　　　　　　　　　　　　　　　▶ 환심

④ **입체환지**★ : 시행자는 토지 또는 건축물 소유자의 **신청**(동의×)을 받아 건축물의 일부와 그 건축물이 있는 토지의 공유지분을 부여할 수 있다.

78 도시개발법령상 환지계획에 관한 설명으로 옳은 것은?

① 환지계획 작성에 따른 환지계획의 기준, 보류지 책정기준 등에 관하여 필요한 사항은 시행자가 정한다.

② 시행자는 보류지 중 일부를 체비지로 정하여 개발사업에 필요한 경비에 충당할 수 있다.

③ 토지소유자의 신청 또는 동의가 있는 때에는 해당 토지의 전부 또는 일부에 대하여 환지를 정하지 아니할 수 있다. 다만, 해당 토지에 관하여 임차권자 등이 있는 때에는 그 동의를 받지 아니한다.

④ 행정청이 아닌 시행자가 환지계획을 작성한 경우에는 지정권자의 인가를 받아야 한다.

⑤ 시행자는 환지방식이 적용되는 도시개발구역에 있는 조성토지 등의 가격을 평가할 때에는 감정평가법인 등의 평가를 거치기 전 토지평가협의회의 심의를 거쳐 결정한다.

해설 ① 국토교통부령으로 정한다.
③ 임차권자 등이 있는 때에는 그 동의를 받아야 한다.
④ 특별자치도지사·시장·군수·구청장의 인가
⑤ 감정평가법인 등의 평가를 거친 후 토지평가협의회의 심의 ▶ **정답 ②**

---

05 **환지예정지 지정효과**★★ ▶ 환지예정지를 지정하여야 한다.[×]

① 환지예정지의 지정효과(소유권 이전은 일어나지 않는다.) ⇨ 환지예정지를 **지정할 수 있다**.

구 분	사 용	수 익	처 분	비 고
종전 토지	×	×	○	수인의무
환지예정지	○	○	×	종전과 동일내용 권리행사
체비지	○	○	○	**체비지를 매입한 자는 이전등기를 마친 때 소유권을 취득**

② 종전 토지에 대한 **임차권자 등이 있으면** 해당 환지예정지에 대하여 해당 권리의 목적인 토지 또는 그 부분을 **아울러 지정하여야 한다**.

③ 장애가 될 물건이 있는 경우에는 환지예정지의 사용 또는 수익을 개시할 날을 **따로 정할 수 있다**.

④ 임차권등의 목적인 토지에 환지예정지가 지정된 경우 임대료 증감청구나 권리포기, 계약해지, 손실보상청구등의 행사는 환지예정지 지정의 효력발생일부터 60일이 지나면 행사할 수 없다.

환지처분   [제15,17,18,19,21,23,24,26,27,28,29,30,31,33,34회]

01 환지처분 효과★★   ▶ 취득 = 다음날 ➡ 소멸 = 끝나는 때

① 환지처분의 효력발생시기 : **권리 취득(환지처분 공고일의 다음 날 ➡ 종전 토지로 본다)**

권리 소멸(공고일이 끝나는 때 ➡ 소멸한다)

② 지역권은 종전토지에 존속한다. ➡ 행사할 이익이 없어진 지역권은 공고일이 **끝나는 때**에 **소멸**한다.

> OX 도시개발사업의 시행으로 행사할 이익이 없어진 지역권은 환지처분이 공고된 날의 다음 날이 끝나는 때에 소멸한다. (×)

③ 행정상·재판상의 처분은 종전 토지에 전속하는 처분은 존속한다. ➡ 경제적 가치를 목적으로 하는 처분은 환지로 이전한다.

④ **입체환지처분의 효과** : 건축물의 일부와 토지의 공유지분을 환지처분이 공고된 날의 **다음 날**에 **취득** ➡ 종전의 토지에 대한 **저당권**은 환지처분의 공고가 있는 날의 다음 날부터 건축물의 일부와 토지의 공유지분에 존재하는 것으로 본다.

> OX 환지계획에 따라 입체환지처분을 받은 자는 환지처분이 공고된 날에 환지계획으로 정하는 바에 따라 건축물의 일부와 그 토지의 공유지분을 취득한다. (×)

⑤ **체비지·보류지의 취득** : **체비지는 시행자, 보류지는 환지계획에서 정한 자** ➡ 환지처분의 공고가 있은 날의 **다음 날** 소유권을 **취득** ➡ 이미 처분된 체비지는 체비지를 **매입**한 자가 소유권 **이전등기**를 **마친 때**에 이를 취득한다.

> OX 체비지는 환지계획에서 정한 자가 환지처분이 공고된 날에 해당 소유권을 취득한다. (×)
> OX 도시개발사업의 준공검사 전에는 체비지를 사용할 수 없다. (×)
> OX 시행자는 지정권자에 의한 준공검사를 받은 경우에는 90일 이내에 환지처분을 하여야 한다. (×)

⑥ 임대료 증감청구, 권리의 포기, 계약해지, 손실보상 청구의 행사 ➡ 환지처분 공고가 있는 날부터 **60**일이 지나면 임대료 증감청구 등을 행사할 수 없다.

02 환지등기

시행자는 환지처분의 공고 후 14일 이내에 등기 ➡ 환지처분의 공고가 있는 날부터 등기가 있는 때까지는 다른 등기를 할 수 없다. ➡ 확정일자가 있는 서류에 의하여 환지처분의 공고일 전에 등기원인이 생긴 것임을 증명한 경우에는 그러하지 아니하다(다른 등기를 할 수 있다).

03 청산금   ▶ 청산금은 공고가 있는 날의 다음날 결정[×]

① **청산금 결정시기** : 청산금은 **환지처분을 하는 때에 이를 결정**하여야 한다. 다만, 토지소유자의 신청 또는 동의에 따른 환지부지정이나 토지면적을 고려하여 환지대상에서 제외한 토지 등에 대하여는 청산금을 교부하는 때에 결정할 수 있다.

> OX 토지 면적의 규모를 조정할 특별한 필요가 있어 환지를 정하지 아니하는 토지에 대하여는 환지처분 전에 청산금을 교부할 수 없다. (×)

② **청산금의 확정** : 환지처분의 공고가 있은 날의 **다음 날**에 **확정**된다.

③ **청산금의 징수·교부** : 원칙은 일괄징수, 일괄교부 ⇨ **이자 붙여** 분할징수, 분할교부할 수 있다.

> **OX** 청산금은 이자를 붙이더라도 분할교부할 수 없다. (×)

④ **징수위탁** : 행정청인 시행자는 청산금을 납부하여야 할 자가 납부하지 아니하는 때에는 국세체납처분 또는 지방세체납처분의 예에 따라 이를 징수할 수 있으며, 행정청이 아닌 시행자는 특별자치도지사·시장·군수·구청장에게 청산금의 징수를 위탁할 수 있다(위탁 수수료 : 4/100).

⑤ **청산금의 소5멸시효** : **5년**간 이를 행사하지 아니하는 때에는 **소멸한다**.

> **OX** 청산금을 받을 권리나 징수할 권리를 3년간 행사하지 아니하면 시효로 소멸한다. (×)

핵심 예상 문제　079

79 도시개발법령상 환지처분에 관한 설명으로 틀린 것은?

① 환지계획에서 정하여진 환지는 그 환지처분이 공고된 날의 다음 날부터 종전의 토지로 본다.

② 환지처분은 행정상 처분으로서 종전의 토지에 전속하는 것에 관하여 영향을 미치지 아니한다. 다만, 경제적 가치를 목적으로 하는 처분은 환지로 이전한다.

③ 도시개발구역의 토지에 대한 지역권은 개발사업의 시행으로 행사할 이익이 없어진 경우 환지처분이 공고된 날이 끝나는 때 소멸한다.

④ 보류지는 시행자가, 체비지는 환지계획에서 정한 자가 환지처분의 공고가 있는 날의 다음 날에 그 소유권을 취득한다.

⑤ 지정권자는 도시개발사업의 조성토지등(체비지는 제외)이 그 사용으로 인하여 사업시행에 지장이 없는 경우에는 준공 전에 사용허가를 할 수 있다.

> **해설** ④ 체비지는 시행자가, 보류지는 환지계획에서 정한 자가 환지처분의 공고가 있는 날의 다음 날에 그 소유권을 취득한다.　▶ **정답** ④

04　도시개발채권의 발행 [제15,21,24,27,28,29,33회]　▶ 조합이 발행[×]

① **발행권자[조합×]** : **시·도지사**가 도시개발사업에 필요한 자금을 조달하기 위하여 발행할 수 있다.

> **OX** 도시개발사업을 공공기관이 시행하는 경우 해당 공공기관의 장은 시·도지사의 승인을 받아 도시개발채권을 발행할 수 있다. (×)

② **행정안전부장관의 승인** : 시·도지사가 도시개발채권의 발행을 하고자 할 때 채권의 발행방법, 총액, 조건, 상환방법 및 절차 등 **행정안전부장관의 승인**을 받아야 한다.

> **OX** 도시개발채권을 발행하려는 시·도지사는 기획재정부장관의 승인을 받은 후 채권의 발행총액 등을 공고하여야 한다. (×)

③ 도시개발채권의 이율은 채권의 발행 당시의 국채·공채 등의 금리와 특별회계의 상황 등을 고려하여 해당 시·도의 조례로 정한다(이율은 행정안전부장관의 승인 ✕).

④ **발행방법**: 주식·사채 등의 전자등록에 관한 법률에 따라 전자등록하여 발행하거나 **무기명**으로 발행할 수 있으며, 상환기간은 5년부터 10년의 범위에서 지방자치단체의 조례로 정한다.

> [OX] 도시개발채권의 상환은 2년부터 10년까지의 범위에서 지방자치단체의 조례로 정한다. (✕)
> [OX] 도시개발채권의 상환기간은 5년보다 짧게 정할 수는 없다. (○)

⑤ **도시개발채권의 소5멸시효**: 소멸시효는 상환일부터 기산하여 **원금은 5년, 이[2]자는 2년**

> [OX] 도시개발채권의 소멸시효는 상환일부터 기산하여 원금은 5년, 이자는 3년으로 한다. (✕)
> [OX] 매입자로부터 제출받은 매입필증을 10년간 따로 보관하여야 한다. (✕)

⑥ **도시개발채권의 매입**: 국토의 계획 및 이용에 관한 법률 규정에 따른 **개발행위허가를 받는 자** 중 토지형질변경 허가를 받은 자는 도시개발채권을 **매입하여야 한다**.

> [OX] 수용 또는 사용방식으로 시행하는 도시개발사업의 경우 한국토지주택공사와 공사도급계약을 체결하는 자는 도시개발채권을 매입하여야 한다. (○)
> [OX] 국토의 계획 및 이용에 관한 법률에 따른 공작물의 설치허가를 받은 자는 도시개발채권을 매입하여야 한다. (✕)

⑦ **중도상환**: 허가 또는 인가가 매입자의 **귀책사유 없이 취소, 착오로 매입**, 매입하여야 할 금액을 **초과**하여 도시개발채권을 **매입**한 경우에는 **중도에 상환할 수 있다**.

> [OX] 도시개발채권의 매입의무자가 매입하여야 할 금액을 초과하여 도시개발채권을 매입한 경우 중도상환을 신청할 수 없다. (✕)
> [OX] 도시개발채권의 매입의무자가 아닌 자가 착오로 도시개발채권을 매입한 경우에는 도시개발채권을 중도에 상환할 수 없다. (✕)

핵심 예상 문제 080

80 도시개발법령상 도시개발채권에 관한 설명으로 틀린 것은?

① 시·도지사는 도시개발사업 또는 도시·군계획시설사업에 필요한 자금을 조달하기 위하여 도시개발채권을 발행할 수 있다.

② 도시개발채권을 발행하는 경우 채권의 발행총액, 발행방법, 발행조건, 상환방법 및 절차에 대하여 행정안전부장관의 승인을 받아야 한다.

③ 도시개발채권의 상환은 5년부터 10년의 범위에서 지방자치단체의 조례로 정한다.

④ 도시개발채권의 소멸시효는 상환일부터 기산하여 원금은 7년, 이자는 3년으로 한다.

⑤ 도시개발채권의 매입의무자가 매입하여야 할 금액을 초과하여 도시개발채권을 매입한 경우에는 도시개발채권을 중도에 상환할 수 있다.

해설 ④ 도시개발채권의 소멸시효는 상환일부터 기산하여 원금은 5년, 이자는 2년으로 한다. ▶ **정답 ④**

정비법 6개 중 4개 이상은 나온다. 2~3개는 틀려도 된다.

THEME 33. 용어정의 · 안전진단 [제15,16.17,18,19,20,22,23,24,25,27,28,29,32,34회]

01 정비사업의 의의★★

▶ 재개발사업 : 열악, ▶ 재건축사업 : 양호

① **주거환경개선사업** : 도시저소득 주민이 집단거주하는 지역으로서 정비기반시설이 극히 열악하고 노후 · 불량건축물이 과도하게 밀집한 지역의 주거환경을 개선하거나 단독주택 및 다세대주택이 밀집한 지역에서 정비기반시설과 공동이용시설 확충을 통하여 주거환경을 보전 · 정비 · 개량하기 위한 사업(달동네)

② **재개발사업** : 정비기반시설이 열악하고 노후 · 불량건축물이 밀집한 지역에서 주거환경을 개선하거나 상업지역 · 공업지역 등에서 도시기능의 회복 및 상권활성화 등을 위하여 도시환경을 개선하기 위한 사업

③ **재건축사업** : 정비기반시설은 양호하나 노후 · 불량건축물에 해당하는 공동주택이 밀집한 지역에서 주거환경을 개선하기 위한 사업

02 정비기반시설★

도로 · 상하수도 · 구거(도랑) · 공원 · 공용주차장 · 광장 · 공공공지 · 공동구 그 밖에 주민의 생활에 필요한 열 · 가스 등의 공급시설로서 대통령령으로 정하는 시설을 말한다.

03 공동이용시설★

▶ 놀마공, 판탁탁, 어린이집

주민이 공동으로 사용하는 **놀**이터 · **마**을회관 · **공**동작업장 그 밖에 대통령령이 정하는 시설(구**판**장 · 세**탁**장 · **탁**아소 · **어린이집** · 경로당 및 화장실, **수도** 등)을 말한다.

[OX] 공동작업장, 하천, 공공공지, 공용주차장, 공원은 정비기반시설에 해당한다. (×)

[OX] 공동으로 사용하는 구판장, 상하수도, 수도, 유치원은 공동이용시설이다. (×)

04 노후 · 불량건축물 등★

▶ 보수보강[4자] = 40년

① 해당 건축물을 준공일 기준으로 40년까지 사용하기 위하여 보수 · 보강하는데 드는 비용이 신축비보다 클 것으로 예상되는 건축물은 노후 · 불량건축물이다.

② 도시미관을 저해하거나 노후화된 건축물로서 준공된 후 20년 이상 30년 이하의 범위에서 조례로 정하는 기간이 지난 건축물은 노후 · 불량건축물이다.

③ 대지는 정비사업에 따라 조성된 토지를 말한다(지목 불문).

④ 토지주택공사 등은 한국토지주택공사 또는 주택사업을 수행하기 위하여 설립된 지방공사이다.

05 **토지등소유자**★★　　　　　　▶ 위탁자 = 토지등소유자 ▶ 재건축사업의 토지등소유자 : 지상권자[×]

① **주거환경개선사업 · 재개발사업의 경우** : 정비구역에 위치한 **토지 또는 건축물의 소유자 또는 그 지상권자**

② **재건축사업의 경우** : 정비구역에 위치한 건축물 및 그 부속토지의 소유자(**지상권자는 제외**)

　　OX 재건축사업에 있어 토지등소유자는 정비구역에 위치한 토지 또는 건축물 소유자와 지상권자를 말한다. (×)

핵심 예상 문제 081

81 **도시 및 주거환경정비법령상의 용어정의에 대한 설명 중 옳은 것은?**

① 재개발사업은 정비기반시설이 열악하고 노후 · 불량건축물이 밀집한 지역에서 주거환경을 개선하거나 상업지역 · 공업지역 등에서 도시기능의 회복 및 상권활성화 등을 위하여 도시환경을 개선하기 위한 사업이다.

② 재건축사업의 정비구역 안에 위치한 토지의 지상권자는 토지등소유자에 해당한다.

③ 준공일 기준으로 20년까지 사용하기 위한 보수 · 보강비용이 철거 후 신축비용보다 큰 건축물은 노후 · 불량건축물에 해당된다.

④ 주민이 공동으로 사용하는 도로, 구거, 공원, 공동작업장, 공용주차장 등은 공동이용시설이다.

⑤ 대지라 함은 정비사업구역과 인접구역의 지목이 대인 토지를 말한다.

　해설 ② 재건축사업에 있어 토지의 지상권자는 토지등소유자에 해당하지 아니한다.
③ 준공일 기준으로 40년
④ 도로, 구거, 공원, 공용주차장은 정비기반시설, 공동작업장은 공동이용시설이다.
⑤ 대지라 함은 정비사업에 의하여 조성된 토지를 말한다[지목 불문].　　　　▶ **정답** ①

---

06 **안전진단**★　　　　　　　　　　　　▶ 시장 · 군수가 비용을 부담한다.[×]

① **정비계획의 입안권자**(특별자치시장, 특별자치도지사, 시장, 군수, 구청장등)는 재건축사업 **정비계획의 수립시기가 도래한 때** 또는 입안을 제안하기 전에 해당 정비예정구역에 위치한 건축물 및 그 부속토지의 소유자 **1/10 이상의 동의**를 받아 안전진단의 실시를 요청하는 경우에는 안전진단을 실시하여야 한다. ⇨ 30일 이내 안전진단의 **실시 여부를 결정하여 요청인에게 통보**

② 정비계획의 입안권자는 **안전진단에 드는 비용**을 해당 안전진단의 실시를 **요청하는 자에게 부담하게 할 수 있다**.

　　OX 정비계획의 입안권자는 안전진단에 드는 비용을 해당 안전진단의 실시를 1/3 이상의 동의를 받아 요청하는 자에게 부담하게 할 수 있다. (×)

07 **안전진단 대상**★★

① 재건축사업의 안전진단은 주택단지 내의 건축물을 대상으로 한다.

② **천재지변**, 구조안전상 **사용금지**, 노후·불량건축물 수에 관한 기준을 충족한 경우 **잔여 건축물**, 진입도로 등 기반시설 설치를 위하여 불가피하게 정비구역에 포함된 것으로 **입안권자가 인정**하는 건축물(**자세불량**), **안전등급이 D**(미흡) 또는 E(불량)인 건축물은 **안전진단을 제외할 수 있다**.

> **OX** 천재지변 등으로 주택이 붕괴되어 신속히 재건축을 추진할 필요가 있다고 시·도지사가 인정하는 경우에는 안전진단 대상에서 제외할 수 있다. (×)
> **OX** 진입도로 등 기반시설 설치를 위하여 불가피하게 정비구역에 포함된 것으로 시·도지사가 인정하는 주택단지 내의 건축물을 안전진단 대상에서 제외할 수 있다. (×)
> **OX** 주택의 구조안전상 사용금지가 필요하다고 입안권자가 인정할 때에는 안전진단을 실시하여야 한다. (×)
> **OX** 시설물의 안전 및 유지관리에 관한 특별법의 시설물로서 지정받은 안전등급이 D (미흡) 또는 E (불량)인 건축물은 안전진단 대상이다. (×)

08 **안전진단 시행 여부 결정**

① 정비계획의 입안권자는 안전진단의 결과와 도시계획 및 지역여건을 종합적으로 검토하여 정비계획의 입안 여부를 결정하여야 한다.

② 시·도지사는 필요한 경우 국토안전관리원 또는 **한국**건설기술연구원에 안전진단결과의 적정성에 대한 검토를 의뢰할 수 있다. ⇨ 국토교통부장관은 시·도지사에게 안전진단결과의 적정성에 대한 검토를 하도록 요청할 수 있다.

09 **안전진단 취소 등 요청** ▶ 시·도지사가 취소하여야 한다.[×]

시·도지사는 적정성 검토결과에 따라 정비계획의 입안권자에게 정비계획 입안결정의 **취소 등 필요한 조치를 요청할 수 있으며**, 정비계획의 입안권자는 특별한 사유가 없으면 그 요청에 따라야 한다.

> **OX** 시·도지사는 적정성 검토결과에 따라 정비계획의 입안권자의 정비계획 입안결정을 취소할 수 있다. (×)

01 정비기본계획 수립 [제19,20,22,26,27,29회]

▶ 군수가 기본계획 수립[×]

① **정비기본방침** : 국토교통부장관[10년 수립, 5년 타당성 검토] ⇨ 내용 : 도시 및 주거환경 정비를 위한 국가의 정책 방향, 노후·불량 주거지 조사 및 개선계획, 재정지원계획, 기본계획의 수립 방향

② **정비기본계획 수립** : ㉠ 기본계획을 수립하려는 경우에는 **14일 이상 주민에게 공람하여 의견을 들어야 하며**, 제시된 의견이 타당하다고 인정되면 반영하여야 한다. ⇨ 지방의회(60일 이내)의 의견청취 ⇨ ㉡ 특별시장·광역시장·특별자치시장·특별자치도지사·시장(**군수 ×**)이 10년 단위의 정비예정인 구역의 개략적 범위와 단계별 정비사업추진계획을 정하는 계획, **건폐율·용적률 등 건축물의 밀도계획 포함** ⇨ **5년마다 타당성 검토** ⇨ **도지사가 기본계획을 수립할 필요가 없다고 인정하는 시(대도시가 아닌 지역을 말한다)에 대하여는 기본계획을 수립하지 아니할 수 있다.** ⇨ 대도시의 시장이 아닌 시장은 기본계획을 수립한 때에는 도지사의 승인 ⇨ ㉢ 특별시장·광역시장·특별자치시장·특별자치도지사·**시장은 국토교통부장관에게 보고** ⇨ ㉣ 작성**기준** 및 작성**방법**은 **국토교통부장관**이 정한다.

OX 기본계획의 수립권자는 기본계획을 수립하려는 경우 30일 이상 주민에게 공람하여 의견을 들어야 한다. (×)

OX 기본계획의 수립권자는 주민설명회를 개최하여 주민의 의견을 들어야 한다. (×)

▶ 공법상 주민설명회는 정비계획만 나와

OX 시장은 기본계획을 수립한 때에는 도지사에게 보고하여야 한다. (×)

핵심 예상 문제 082

82 도시 및 주거환경정비법령상 도시·주거환경정비기본계획(이하 '기본계획'이라 함)의 수립에 관한 설명으로 틀린 것은?

① 도지사가 대도시가 아닌 시로서 기본계획을 수립할 필요가 없다고 인정하는 시에 대하여는 기본계획을 수립하지 아니할 수 있다.

② 국토교통부장관은 기본계획에 대하여 5년마다 타당성 여부를 검토하여 그 결과를 기본계획에 반영하여야 한다.

③ 기본계획의 수립권자는 기본계획을 수립하려는 경우 14일 이상 주민에게 공람하여 의견을 들어야 한다.

④ 시장은 기본계획을 수립하거나 변경한 때에는 국토교통부령이 정하는 방법 및 절차에 따라 국토교통부장관에게 보고하여야 한다.

⑤ 대도시의 시장이 아닌 시장은 기본계획을 수립한 때에는 도지사의 승인을 받아야 한다.

해설 ② 국토교통부장관이 아니라 특별시장·광역시장·특별자치시장·특별자치도지사·시장(군수 ×)은 기본계획에 대하여 5년마다 타당성 여부를 검토하여 그 결과를 기본계획에 반영하여야 한다. ▶ **정답 ②**

① 건축물[가설건축물]의 건축(**용도변경 ○, 대수선 ×**) ⇨ 공작물의 설치 ⇨ 토지의 형질변경 ⇨ 토석의 채취 ⇨ 토지분할[토지의 합병×] ⇨ 쌓고[1개월 이상 적치] ⇨ 죽목의 벌채 및 식재 ⇨ 시장·군수 등의 개발행위허가 ⇨ 개발행위허가를 하려는 경우에는 시행자의 의견을 들어야 한다. ⇨ 국토계획법상 개발행위허가를 받은 것으로 본다. ⇨ 기득권 보호 30일 내 신고 ⇨ 위반시 처벌(2/2)

> **OX** 허가받은 사항을 변경하는 경우에는 시장·군수 등에게 신고하여야 한다. (×)

> **OX** 토지의 합병은 시장·군수 등의 개발행위허가를 받아야 한다. (×)

② **허용사항** : 다음의 행위는 허가를 받지 아니하고 이를 할 수 있다.
- **재해복구 또는 재난수습**에 필요한 응급조치를 위하여 하는 행위

  > **OX** 재해복구 또는 재난수습 등을 위한 응급조치는 1개월 이내에 시장·군수 등에게 신고를 하여야 한다. (×)
- **기존 건축물의 붕괴 등 안전사고의 우려가 있는 경우 해당 건축물에 대한 안전조치를 위한 행위**
- **농림**수산물의 생산에 직접 이용되는 **간이공작물**(비닐하우스, 종묘배양장, 건조장)의 설치

  > **OX** 농산물의 생산에 직접 이용되는 탈곡장의 설치는 시장·군수 등의 허가를 받아야 한다. (×)
- **경작을 위한 토지의 형질변경**
- 정비구역의 개발에 **지장을 주지 아니하고** 자연경관을 손상하지 아니하는 범위의 토석채취
- 정비구역에 **남겨두기로** 결정된 대지 안에서 물건을 쌓아놓는 행위
- 관상용 죽목의 임시식재[**경작지에서의 임시식재는 허가**를 받아야 한다.]

핵심 예상 문제 **083**

83 도시 및 주거환경정비법령상 정비구역 안에서의 행위제한에 관한 설명으로 옳은 것은?

① 정비구역에서 가설건축물의 건축 등의 행위를 하려는 자는 시장·군수 등의 허가를 받지 아니한다.

② 농림수산물의 생산에 직접 이용되는 간이공작물의 설치(비닐하우스, 건조장, 버섯재배사, 종묘배양장, 탈곡장, 양잠장)는 허가를 받아야 한다.

③ 이동이 용이하지 아니한 물건을 4주 이상 쌓아놓는 행위는 시장·군수 등의 허가를 받아야 한다.

④ 기존 건축물의 붕괴 등 안전사고의 우려가 있는 경우 해당 건축물에 대한 안전조치를 위한 행위는 허가를 받지 아니하고 이를 할 수 있다.

⑤ 관상용 죽목의 경작지에서 임시식재는 허가를 받지 아니한다.

해설 ① 허가를 받아야 한다.
② 허가를 받지 아니한다.
③ 1개월 이상(4주×)
⑤ 관상용 죽목의 경작지에서 임시식재는 허가를 받아야 한다.　　　　　　　▶ **정답** ④

03   개발행위의 제한

① **제한권자** : 국토교통부장관, 시·도지사, 시장, 군수 또는 구청장(자치구의 구청장을 말한다)

② **제한사유 및 대상** : 비경제적인 건축행위 및 투기 수요의 유입을 막기 위하여 기본계획을 공람 중인 정비예정구역 또는 정비계획을 수립 중인 지역에 대하여 3년 이내의 기간(1년의 범위에서 한차례만 연장할 수 있다)을 정하여 대통령령으로 정하는 방법과 절차에 따라 다음의 행위를 제한할 수 있다.

> 1. **건축물의 건축**
> 2. **토지분할**
> 3. 건축법에 따른 건축물대장 중 일반건축물대장을 **집합건축물대장**으로 전환
> 4. 건축법에 따른 건축물대장 중 **집합건축물대장**의 전유부분 분할

OX 비경제적인 건축행위 및 투기 수요의 유입을 막기 위하여 토석의 채취를 제한할 수 있다. (×)

04   정비구역 등 해제★★

① **필수적 해제** : **추진위[2]원회 보이면 ▷ 2년 / 추진위원회 안보이면 ▷ 3년 / 토지등소유자 시행[재개발사업 20인 미만]시 ▷ 5년** ▷ 정비구역등의 해제를 요청하여야 한다. ▷ 해제하여야 한다.

② **임의적 해제** : 토지등소유자의 **과도한 부담**이 예상되는 경우 ▷ **목적을 달성할 수 없다**고 인정하는 경우 ▷ 토지등소유자의 100분의 30 이상이 정비구역 등의 해제를 요청하는 경우 ▷ 자력개발방식[주거환경개선사업] : 10년 이상 경과하고 토지등소유자 과반수가 해제에 동의 ▷ 정비구역의 지정권자는 지방도시계획위원회의 심의를 거쳐 정비구역 등을 **해제할 수 있다**.

핵심 예상 문제   084

84 도시 및 주거환경정비법상 정비구역의 지정권자가 정비구역 등을 해제를 하여야 하는 경우이다. 틀린 것은?

① 정비사업의 시행으로 토지등소유자의 과도한 부담이 발생할 것으로 예상되는 경우

② 조합이 시행하는 재건축사업에서 추진위원회가 추진위원회승인일부터 2년이 되는 날까지 조합설립인가를 신청하지 아니하는 경우

③ 토지등소유자가 정비구역으로 지정·고시된 날부터 3년이 되는 날까지 조합설립인가를 신청하지 아니하는 경우(추진위원회를 구성하지 아니하는 경우로 한정한다)

④ 조합이 시행하는 재건축사업에서 조합이 조합설립인가를 받은 날부터 3년 되는 날까지 사업시행계획인가를 신청하지 아니하는 경우

⑤ 토지등소유자가 시행하는 재개발사업으로서 토지등소유자가 정비구역지정·고시된 날부터 5년이 되는 날까지 사업시행계획인가를 신청하지 아니하는 경우

해설 ① 정비사업의 시행으로 토지등소유자의 과도한 부담이 발생할 것으로 예상되는 경우에는 정비구역 등을 해제할 수 있다.
▶ **정답 ①**

01 시행방법★★ [제20,28,29,30회]

▶ 환지방식과 관리처분방식 모두가능 ⇨ 주거환경개선사업, 재개발사업

사업의 종류	환지방식	자력개량방식	수용방식	혼용방식	관리처분계획방식	공급대상
주거환경개선사업	○	○	○	○	○	주택+부대+복리
재개발사업	○	(×)	(×)	(×)	○	건축물
재건축사업	(×)	(×)	(×)	(×)	○	주택+부대+복리 및 **오피스텔**
	오피스텔을 건설하여 공급하는 경우에는 **상업지역** 및 **준주거지역**에서만 건설할 수 있으며, 오피스텔의 연면적은 전체 건축물 연면적의 **100분의 30** 이하					

※참고 주거환경개선사업 : 환, 자, 수용해서 짬뽕(혼용)먹이면서 관리하는 방식

▶OX◀ 주거환경개선사업은 사업시행자가 정비구역에서 인가받은 사업시행계획에 따라 주택, 부대시설·복리시설 및 오피스텔을 건설하여 공급하여야 한다. (×)

▶OX◀ 재개발사업의 준공업지역 및 상업지역에서 오피스텔을 건설하여 공급하는 경우에는 오피스텔의 연면적은 전체 건축물 연면적의 100분의 30 이하이어야 한다. (×)

핵심 예상 문제 085

85 **도시 및 주거환경정비법령상 정비사업의 시행방법에 관한 설명이다. 틀린 것은?**

① 주거환경개선사업은 정비구역의 전부 또는 일부를 수용하여 주택을 건설한 후 토지등소유자에게 우선 공급하는 방법으로 한다.

② 주거환경개선사업은 정비구역에서 인가받은 사업시행계획에 따라 주택 및 부대시설·복리시설 및 오피스텔을 건설하여 공급하는 방법과 환지로 공급하는 방법을 혼용하는 방법으로 한다.

③ 재개발사업은 정비구역에서 인가받은 관리처분계획에 따라 건축물을 건설하여 공급하거나 환지로 공급하는 방법으로 한다.

④ 재건축사업은 정비구역에서 인가받은 관리처분계획에 따라 주택 및 부대시설·복리시설 및 오피스텔을 건설하여 공급하는 방법으로 한다.

⑤ 재건축사업의 준주거지역 및 상업지역에서 오피스텔을 건설하여 공급하는 경우에는 오피스텔의 연면적은 전체 건축물 연면적의 100분의 30 이하이어야 한다.

해설 ② 주거환경개선사업은 정비구역에서 인가받은 관리처분계획(사업시행계획×)에 따라 주택 및 부대시설·복리시설(오피스텔×)을 건설하여 공급하는 방법과 환지로 공급하는 방법을 혼용하는 방법으로 한다. ▶ **정답 ②**

주거환경 개선사업	① 스스로 주택을 보전·정비하거나 개량하는 방법으로 시행하는 주거환경개선사업은 시장·군수 등이 직접 시행하되, 토지주택공사 등을 사업시행자로 지정하여 시행하게 하려는 경우에는 토지등소유자의 과반수의 동의를 받아야 한다. ② 수용방법, 환지방법, 관리처분계획에 따라 공급하는 방법으로 시행하는 주거환경개선사업은 토지등소유자 **2/3 이상의 동의** ＋ 세입자 세대수 과반수의 동의(세입자의 세대수가 토지등소유자의 1/2 이하인 경우에는 **세입자의 동의 생략**)를 받아 시장·군수 등이 다음에 따라 이를 시행하게 할 수 있다. 　1. 시장·군수 등이 직접 시행하거나 토지주택공사 등, 공공기관이 총지분의 50%를 초과하는 출자로 설립한 법인을 사업시행자로 지정하는 경우 　2. 시장·군수등이 토지주택공사 등, 법인에 해당하는 자와 건설업자, 등록사업자에 해당하는 자를 공동시행자로 지정하는 경우 ③ **천재지변** 그 밖의 불가피한 사유로 긴급히 사업을 시행 ⇨ **동의없이** 시행할 수 있다.
재개발 사업	① 조합이 단독으로 시행하거나 ② 조합원 과반수의 동의를 받아 조합과 시장·군수 등·토지주택공사 등·건설업자·등록사업자·**한국부동산원·신탁회사**와 공동으로 시행할 수 있다. ③ **토지등소유자가 20인 미만인 경우에는 토지등소유자가 시행**하거나 토지등소유자가 토지등소유자의 과반수의 동의를 받아 시장·군수 등, 토지주택공사 등, 건설업자, 등록사업자·**한국부동산원·신탁회사**와 공동으로 시행할 수 있다.
재건축 사업	① 조합이 단독으로 시행하거나 ② 조합원 과반수의 동의를 받아 조합과 시장·군수 등·토지주택공사 등·**건설업자·등록사업자**와 공동으로 시행할 수 있다.　　　　[한국부동산원[×] 신탁회사[×]]

핵심 예상 문제　086

86 도시 및 주거환경정비법령상 정비사업의 시행자에 대한 설명 중 틀린 것은?

① 주거환경개선사업은 조합이나 토지등소유자가 단독으로 시행할 수 없다.

② 재건축사업 또는 재개발사업은 조합이 시행하거나, 조합이 조합원의 과반수의 동의를 얻어 시장·군수 등 또는 토지주택공사 등, 건설업자, 등록사업자, 신탁업자, 한국부동산원과 공동으로 시행할 수 있다.

③ 재개발사업은 토지등소유자가 20인 미만인 경우에는 토지등소유자가 시행할 수 있다.

④ 환지방식의 주거환경개선사업은 정비계획 공람·공고일 현재 해당 정비예정구역의 토지 또는 건축물의 소유자 또는 지상권자의 2/3 이상의 동의와 세입자 세대수 과반수의 동의를 얻어 시장·군수 등이 직접 시행할 수 있다.

⑤ 시장·군수 등은 천재지변으로 건축물의 붕괴우려가 있어 긴급히 주거환경개선사업을 시행할 필요가 있을 경우에는 토지등소유자의 동의 없이 직접 시행하거나 토지주택공사 등으로 하여금 시행하게 할 수 있다.

해설 ② 재건축사업은 신탁업자, 한국부동산원과 공동으로 시행할 수 없다. 재개발사업은 신탁업자, 한국부동산원과 공동으로 시행할 수 있다.　　　　　▶ **정답** ②

① 시장·군수 등은 재개발사업 및 재건축사업이 다음에 해당하는 때에는 직접 정비사업을 시행하거나 토지주택공사 등(토지주택공사 등이 건설업자 또는 등록사업자와 공동으로 시행하는 경우를 포함한다)을 사업시행자로 지정하여 정비사업을 시행하게 할 수 있다.

> 1. **천재지변**, 사용제한·사용금지 등 긴급히 정비사업을 시행할 필요가 있다고 인정하는 때
> 2. 지방자치단체의 장이 시행하는 **도시·군계획사업과 병행하**여 정비사업을 시행할 필요시
> 3. **순환정비방식**으로 정비사업을 시행할 필요가 있다고 인정하는 때
> 4. **사업시행계획인가가 취소**된 때
> 5. 국공유지 ⇨ 해당 정비구역의 **국·공유지** 면적 또는 국·공유지와 토지주택공사 등이 소유한 토지를 합한 면적이 전체 토지**면적의 1/2 이상**으로서 토지등**소유자의 과반수**가 시장·군수 등 또는 토지주택공사 등을 사업시행자로 지정하는 것에 **동의**하는 때
> 6. 국공유지 외 ⇨ 정비구역 안의 토지**면적 1/2 이상**의 토지소유자와 토지등**소유자의 2/3 이상**에 해당하는 자가 시장·군수 등 또는 **토지주택공사 등**을 사업시행자로 지정할 것을 **요청**하는 때
> 7. 고시된 정비계획에서 정한 정비사업시행 예정일부터 **2년 이내에 사업시행계획인가를 신청하지 아니**하거나 인가를 신청한 내용이 위법 또는 부당하다고 인정하는 때**(재건축사업은 제외)**
> 8. 추진위원회가 시장·군수 등의 구성 승인을 받은 날부터 **3년 이내**에 조합의 설립인가를 신청하지 아니하거나, **조합이** 설립인가를 받은 날부터 **3년 이내에 사업시행계획인가를 신청하지 아니한 때**

② 시장·군수 등이 직접 정비사업을 시행하거나 토지주택공사 등을 사업시행자로 지정·고시한 때에는 그 **고시일 다음 날**에 추진위원회의 구성승인 또는 **조합설립인가가 취소된 것으로 본다**.

87 도시 및 주거환경정비법령상 시장·군수 등이 직접 정비사업을 시행하거나 토지주택공사 등을 사업시행자로 지정하여 재건축사업을 시행하게 할 수 있는 경우에 해당하지 않는 것은?

① 천재지변으로 긴급하게 정비사업을 시행할 필요가 있다고 인정하는 때

② 정비사업시행 예정일부터 2년 이내에 사업시행계획인가를 신청하지 아니한 때

③ 조합설립추진위원회가 시장·군수 등의 구성승인을 받은 날부터 3년 이내에 조합설립인가를 신청하지 아니한 때

④ 해당 정비구역의 국·공유지 면적이 전체 토지면적의 1/2 이상으로서 토지등소유자의 과반수가 시장·군수 등 또는 토지주택공사 등을 사업시행자로 지정하는 것에 동의하는 때

⑤ 정비구역 안의 토지면적 1/2 이상의 토지소유자와 토지등소유자의 2/3 이상에 해당하는 자가 시장·군수 등 또는 토지주택공사 등을 사업시행자로 지정할 것을 요청하는 때

해설 ② 정비사업시행 예정일부터 2년 이내에 사업시행계획인가를 신청하지 아니한 때(재건축사업은 제외) 시장·군수 등이 직접 시행하거나 토지주택공사 등을 사업시행자로 지정하여 재개발사업을 시행하게 할 수 있다.

▶ **정답** ②

01 추진위원회 구성 ▶ 공공지원 : 추진위원회를 구성 [×]

정비구역 지정·고시 후 추진위원장을 포함한 5명 이상의 추진위원 ⇨ 토지등소유자 과반수 동의 ⇨ 시장·군수 등 승인, 다만, 공공지원을 하려는 경우에는 추진위원회를 구성하지 아니할 수 있다.

02 조합설립 추진위원회★ ▶ 조합원 이야기 하지마

① **추진위원회의 업무** : 정비사업전문관리업자의 선정[경쟁입찰 또는 수의계약(2회 이상 경쟁입찰이 유찰된 경우로 한정한다)의 방법으로 선정], 개략적인 정비사업시행계획서의 작성, 조합의 설립인 가를 받기 위한 준비업무, 설계자 선정 및 변경의 업무를 수행, 조합정관의 초안작성, 토지등소유 자의 동의서의 접수(안전진단 신청 업무×, 시공자 선정×, 조합원×)

② **추진위원회의 조직** : 위원장 1인과 감사를 두어야 한다(이사×).

③ **조합과의 관계** : 추진위원회의 권리와 의무는 조합이 포괄승계 ⇨ 회계장부 및 관련서류(인가일부 터 30일 이내 인계하여야 한다)

03 추진위원·조합임원의 선출 ▶ 돈 주고 받지마[5/5]

① 추진위원의 선출과 관련하여 금품, 향응 또는 그 밖의 재산상 이익을 제공하거나 제공의사를 표시 하거나 제공을 약속하는 행위 등을 할 수 없다. ⇨ 5년 이하 징역 5천만원 이하 벌금에 처한다.

② 총회 의결을 거쳐 추진위원·조합임원 선출 ⇨ 선거관리를 선거관리위원회에 위탁할 수 있다.

04 추진위원·조합임원 결격사유★★ ▶ 당연퇴임

① **결격사유** : 제한능력자 ⇨ 파산자 ⇨ 금고 이상의 형을 선고받고 집행이 종료되거나 집행이 면제 된 날부터 2년이 지나지 아니한 자 ⇨ 금고 이상의 형의 집행유예 중에 있는 자 ⇨ 이 법을 위반하 여 벌금 100만 원 이상의 형을 선고받고 10년이 지나지 아니한 자, 조합설립 인가권자에 해당하는 지방자치단체의 장, 지방의회의원 또는 그 배우자·직계존속·직계비속는 추진위원·조합임원·전문 조합관리인이 될 수 없다. ⇨ 조합임원이 결격사유에 해당하는 자, 조합임원이 임원 자격요건을 갖추지 못한 경우에는 당연 퇴임한다. ⇨ 퇴임 전에 관여한 행위는 효력을 잃지 아니한다.

② 시장·군수 등이 전문조합관리인 선정한 경우 전문조합관리인이 업무를 대행할 임원은 당연퇴임한다.

[OX] 조합임원이 결격사유에 해당하여 당연 퇴임한 경우 그가 퇴임 전에 관여한 행위는 효력을 잃는다. (×)

05 조합설립인가의 동의요건★★

재개발사업		토지등소유자의 **3/4** 이상 및 면적의 **1/2** 이상 동의 ⇨ **변경시 조합원의 2/3 이상**
재건축사업 주택단지	내	• 각 동별 구분소유자의 **과반수**의 동의 ⇨ **변경시 조합원의 2/3 이상** • 전체 구분소유자의 **3/4** 이상 + 면적의 **3/4** 이상의 동의
	외	소유자의 **3/4** 이상 + 면적의 **2/3** 이상의 동의

88 도시 및 주거환경정비법령상 조합설립추진위원회에 대한 설명으로 옳은 것은?

① 추진위원회는 토지등소유자 과반수의 동의를 얻어 추진위원장을 포함한 7명 이상의 추진위원으로 구성하며, 정비사업에 대하여 공공지원을 하려는 경우에는 추진위원회를 구성하지 아니할 수 있다.

② 추진위원회는 추진위원회를 대표하는 위원장 1명과 이사, 감사를 두어야 한다.

③ 조합정관의 변경, 시공자의 선정, 정비사업비의 조합원별 분담내역의 결정, 안전진단의 신청업무는 추진위원회가 수행하는 업무이다.

④ 추진위원회가 정비사업전문관리업자를 선정하려는 경우에는 시장·군수 등의 추진위원회 승인을 받은 후 경쟁입찰 또는 수의계약(2회 이상 경쟁입찰이 유찰된 경우로 한정한다)의 방법으로 선정하여야 한다.

⑤ 추진위원회는 사용경비를 기재한 회계장부 및 관계 서류를 조합설립인가일부터 20일 이내에 조합에 인계하여야 한다.

해설 ① 5명 이상의 추진위원으로 구성
② 추진위원회는 위원장 1명과 감사(이사×)를 두어야 한다.
③ 추진위원회가 수행하는 업무가 아니다.
⑤ 30일 이내에 조합에 인계하여야 한다. ▶ **정답** ④

89 도시 및 주거환경정비법령상 조합설립인가를 받기 위한 동의에 관하여 (   )에 들어갈 내용을 바르게 나열한 것은?

> • 재개발사업의 추진위원회가 조합을 설립하려면 토지등소유자의 (㉠) 이상 및 토지면적의 (㉡) 이상의 토지소유자의 동의를 받아야 한다. 이 경우 설립된 조합이 인가받은 사항을 변경하고자 하는 때에는 총회에서 조합원의 (㉢) 이상의 찬성으로 의결하고 시장·군수 등의 인가를 받아야 한다.
> • 재건축사업의 추진위원회가 조합을 설립하려는 경우 주택단지가 아닌 지역이 정비구역에 포함된 때에는 주택단지가 아닌 지역의 토지 또는 건축물 소유자의 (㉣) 이상 및 토지면적의 (㉤) 이상의 토지소유자의 동의를 받아야 한다.

① ㉠: 4분의 3,   ㉡: 2분의 1,   ㉢: 3분의 2,   ㉣: 4분의 3,   ㉤: 3분의 2

② ㉠: 4분의 3,   ㉡: 3분의 1,   ㉢: 2분의 1,   ㉣: 4분의 3,   ㉤: 2분의 1

③ ㉠: 4분의 3,   ㉡: 2분의 1,   ㉢: 4분의 3,   ㉣: 3분의 2,   ㉤: 2분의 1

④ ㉠: 2분의 1,   ㉡: 3분의 1,   ㉢: 3분의 2,   ㉣: 2분의 1,   ㉤: 3분의 2

⑤ ㉠: 2분의 1,   ㉡: 3분의 1,   ㉢: 4분의 3,   ㉣: 4분의 3,   ㉤: 2분의 1

해설 ㉠: 4분의 3,   ㉡: 2분의 1,   ㉢: 3분의 2,   ㉣: 4분의 3,   ㉤: 3분의 2 ▶ **정답** ①

06 조합원
▸ 재건축은 조합설립의무[○], 주거환경개선사업은 조합[×]

① 조합원은 토지등소유자 ⇨ **재건축사업은 재건축사업에 동의한 자에 한하여 조합원이 된다**.

② **토지등소유자가 재개발사업을 단독**으로 시행하려는 경우 조합을 설립하지 아니한다.

③ 공법상 사단법인 ⇨ 민법의 사단법인 규정 준용 ⇨ 인가 후 **30일 이내 등기**함으로써 **성립**한다.

④ **조합원 지위 양도 금지**: 투기과열지구에서 재건축사업: 조합설립인가 후, **재개발사업: 관리처분계획의 인가 후** 건축물 또는 토지를 양수(상속·이혼은 제외)한 자는 조합원이 될 수 없다.

> **OX** 조합설립인가를 받은 경우에는 따로 등기를 하지 않아도 조합이 성립된다. (×)

07 토지등소유자 동의방법

① 조합을 설립에 동의하는 경우, 정비구역의 해제에 동의하는 경우, 사업시행계획인가를 신청하는 경우에 대한 동의는 서면동의서에 토지등소유자가 성명을 적고 지장을 날인하는 방법으로 하며, 주민등록증, 여권 등 신원을 확인할 수 있는 신분증명서의 사본을 첨부 ⇨ 검인한 서면동의서를 사용하여야 하며, **검인을 받지 아니한 서면동의서는 그 효력이 발생하지 아니한다**.

> **OX** 조합설립추진위원회의 조합설립을 위한 토지등소유자의 동의는 구두로도 할 수 있다. (×)

② 주거환경개선사업, 재개발사업의 경우 토지등소유자의 동의는 다음의 기준에 따라 산정한다.

> 1. 1필지의 토지 또는 하나의 건축물을 여럿이서 **공유**할 때에는 **토지등소유자의 3/4 이상의 동의**를 받아 이를 대표하는 **1인을 토지등소유자로 산정**할 것
> 2. **토지에 지상권이 설정되어 있는 경우** 토지의 소유자와 해당 토지의 지상권자를 **대표하는 1인**을 토지등소유자로 산정할 것
> 3. 1인이 다수 필지의 토지 또는 다수의 건축물을 소유하고 있는 경우에는 필지나 건축물의 수에 관계없이 토지등소유자를 **1인으로 산정**할 것
> 4. 둘 이상의 토지 또는 건축물을 소유한 공유자가 동일한 경우에는 그 공유자 여럿을 대표하는 **1인을 토지등소유자**로 산정할 것

08 총회 및 대의원회
▸ 대의원회를 둘 수 있다.[×]

① 조합에는 총회를 두어야 하며 조합원이 **100인 이상**인 조합은 **대의원회를 두어야 한다**.

② 대의원회는 조합원의 1/10 이상으로 하며 조합원의 1/10이 100인을 넘는 경우에는 조합원의 1/10 범위에서 100인 이상으로 구성할 수 있다.

> **OX** 조합에는 총회를 두어야 하며 조합원이 100인 이상인 조합은 대의원회를 둘 수 있다. (×)

09 조합임원★★
▸ 조합장을 이사가 대표한다.[×]

① 조합은 조합원으로서 정비구역에 위치한 건축물 또는 토지(재건축사업의 경우에는 건축물과 그 부속토지를 말한다)를 소유한 자[하나의 건축물 또는 토지의 소유권을 **다른 사람과 공유한 경우에는 가장 많은 지분을 소유**(2인 이상의 공유자가 가장 많은 지분을 소유한 경우를 포함한다)한 경우로 한정한다] 중 다음의 어느 하나의 요건을 갖춘 **조합장 1명과 이사, 감사를 임원으로 둔다**. 이 경우 **조합장은** 선임일부터 **관리처분계획인가를 받을 때까지**는 해당 정비구역에서 **거주**(영업을 하는 자의 경우 영업을 말한다)**하여야 한다.** ⇨ 이사의 수: 3명[100명 초과: 5명] 이상, 감사의 수는 1명 이상 3명 이하

1. 정비구역에 위치한 건축물 또는 토지를 **5년 이상 소유**할 것
2. 정비구역에서 거주하고 있는 자로서 선임일 직전 3년 동안 정비구역에서 **1년 이상 거주**할 것

▶ OX) 토지등소유자가 100명 이하인 조합에는 2명 이하의 이사를 둔다. (×)

▶ OX) 토지등소유자의 수가 100명 미만인 조합에는 감사를 두지 않을 수 있다. (×)

② **조합장** 또는 **이사**의 조합과의 계약이나 소송에 관하여는 **감사**가 조합을 대표한다.

③ 조합장이 아닌 조합의 임원**(이사, 감사)은 대의원이 될 수 없다**.

④ 조합임원은 다른 조합의 임원 또는 직원을 겸할 수 없다.

⑤ 조합임원의 임기는 **3년 이하의** 범위에서 정관으로 정하되, 연임할 수 있다.

⑥ 총회에서 의결을 하는 경우에는 조합원의 **10/100 이상이 직접 출석**(대리인을 통하여 의결권을 행사하는 경우 직접 출석한 것으로 본다)하여야 한다. 다만, **시공자의 선정을 의결하는 총회의 경우**에는 조합원의 **과반수가 직접 출석**하여야 하고, 창립**총회**, **사**업시행계획서의 작성 및 변경, **관리처분**계획의 수립 및 변경, 정비**사업비**의 사용 및 변경을 위하여 개최하는 총회, 시공자 선정 **취소**를 위한 총회 등 경우에는 조합원의 **20/100 이상이 직접 출석**하여야 한다.

핵심 예상 문제 090

90 도시 및 주거환경정비법령상 총회에서 의결을 하는 경우에는 조합원의 20/100 이상이 직접 출석하여야 하는 경우가 아닌 것은?

① 시공자의 선정을 의결하는 총회
② 창립총회
③ 사업시행계획서의 작성 및 변경
④ 관리처분계획의 수립 및 변경
⑤ 정비사업비의 사용 및 변경

해설 ① 시공자의 선정을 의결하는 총회의 경우에는 조합원의 과반수가 직접 출석하여야 하고, 시공자 선정 취소를 위한 총회 등 경우에는 조합원의 20/100 이상이 직접 출석하여야 한다. ▶ **정답 ①**

⑦ 조합이 **정관을 변경**하려는 경우에는 총회를 개최하여 **조합원 과반수의 찬성**으로 시장·군수 등의 인가를 받아야 한다. 다만, 다음의 경우에는 **조합원 3분의 2 이상의 찬성**으로 한다.

1. 조합원의 **자격**
2. 조합원의 **제명·탈퇴 및 교체**
3. **정비구역**의 위치 및 면적
4. 조합의 **비용**부담 및 조합의 **회계**
5. 정비**사업비**의 부담 시기 및 절차
6. **시공자·설계자의 선정** 및 **계약서**에 포함될 내용

▶ OX) 청산금의 징수·지급의 방법 및 절차는 조합의 정관을 변경하기 위하여 총회에서 조합원 3분의 2 이상의 찬성을 요하는 사항이다. (×)

▶ OX) 조합의 명칭 및 사무소의 소재지는 조합의 정관을 변경하기 위하여 총회에서 조합원 3분의 2 이상의 찬성을 요하는 사항이다. (×)

⑧ 표준정관 작성 : 시·도지사(국토교통부장관✕)는 표준정관을 작성하여 보급할 수 있다.

⑨ 총회만 권한행사

> 1. 정관의 변경에 관한 사항
> 2. 조합임원과 대의원의 선임 및 해임에 관한 사항, 조합장의 보궐 선임
> 3. 시공자·설계자·감정평가법인등의 선임
> 4. 조합의 합병 또는 해산. 다만, **사업완료로 인한 해산의 경우는 제외**한다.
> 5. 사업시행계획서, 관리처분계획의 수립 및 변경에 관한 사항
> 6. 정비사업비의 변경에 관한 사항

09 조합의 해산

① 조합장은 소유권 이전고시가 있은 날부터 **1년 이내에 조합 해산을 위한 총회를 소집**하여야 한다.

② 조합장이 1년 이내에 총회를 소집하지 아니한 경우 조합원 5분의 1 이상의 요구로 소집된 총회에서 조합원 과반수의 출석과 출석 조합원 과반수의 동의를 받아 해산을 의결할 수 있다.

③ **시장·군수 등**은 조합이 정당한 사유 없이 **해산을 의결하지 아니하는 경우**에는 조합설립**인가를 취소할 수 있다.**

④ 해산하는 조합에 청산인이 될 자가 없는 경우에는 시장·군수 등은 **법원에 청산인의 선임을 청구할 수 있다.**

핵심 예상 문제 091

91 도시 및 주거환경정비법령상 조합임원 등에 관한 설명으로 옳은 것은?

① 조합임원의 임기는 5년 이하의 범위에서 정관으로 정하되, 연임할 수 있다.

② 조합원의 수가 100인 이상인 조합은 총회의 권한을 대행하게 하기 위하여 대의원회를 둘 수 있다.

③ 조합원은 토지등소유자로 하고, 재건축사업은 재건축사업에 동의한 자에 한한다.

④ 조합임원은 조합의 대의원이 될 수 있으며, 조합장이 대의원회의 의장이 되는 경우에는 대의원으로 본다.

⑤ 조합임원은 선임일부터 관리처분계획인가를 받을 때까지는 해당 정비구역에서 거주(영업을 하는 자의 경우 영업)하여야 한다.

해설 ① 조합임원의 임기는 3년 이하의 범위에서 정관으로 정하되, 연임할 수 있다.
② 조합원의 수가 100인 이상인 조합은 총회의 권한을 대행하게 하기 위하여 대의원회를 두어야 한다.
④ 조합장이 아닌 조합임원은 대의원이 될 수 없으며, 조합장이 대의원회의 의장이 되는 경우에는 대의원으로 본다.
⑤ 조합장(임원✕)은 선임일부터 관리처분계획인가를 받을 때까지는 해당 정비구역에서 거주(영업을 하는 자의 경우 영업)하여야 한다.
▶ 정답 ③

사업시행계획 [제16,18,19,20,22,25,28,31,33회]

01 사업시행계획서 내용
▶ 분양이야기 하지마

① 토지이용계획(건축물배치계획을 포함한다), 폐기물의 처리계획

② 정비기반시설 및 공동이용시설의 설치계획, 건축물의 높이 및 용적률 등에 관한 건축계획

③ 임시거주시설을 포함한 주민이주대책, 세입자의 주거대책, 임대주택 건설계획[재건축사업은 제외]

④ 사업시행기간 동안 정비구역 내 가로등 설치, 폐쇄회로 텔레비전설치 등 범죄예방대책

⑤ 국민주택규모 주택의 건설계획(주거환경개선사업의 경우는 제외한다)

> OX 사업시행계획서에는 재건축사업의 임대주택건설계획, 조합원이 아닌 일반분양대상자에 대한 입주대책, 기존주택의 철거계획이 포함된다. (×)

02 사업시행계획인가여부 결정통보

시장·군수 등은 특별한 사유가 없으면 사업시행계획서의 제출이 있는 날부터 60일 이내에 인가 여부를 결정하여 사업시행자에게 통보하여야 한다. ⇨ 사업시행계획서를 작성시 14일 이상 공람 ⇨ 경미한 사항을 변경하려는 때에는 시장·군수 등에게 신고하여야 하며, 신고를 받은 날부터 20일 이내에 신고수리 여부를 신고인에게 통지하여야 한다.

> OX 시장·군수 등은 특별한 사유가 없으면 사업시행계획서의 제출이 있는 날부터 20일 이내에 인가 여부를 결정하여 사업시행자에게 통보하여야 한다. (×)

03 교육감 또는 교육장과 협의
▶ 100m[×]

정비구역으로부터 200미터 이내에 교육시설이 설치 ⇨ 교육감 또는 교육장과 협의하여야 한다.

> OX 시장·군수 등은 사업시행계획인가를 하려는 경우 정비구역으로부터 100미터 이내에 교육시설이 설치되어 있는 때에는 교육감 또는 교육장과 협의하여야 한다. (×)

04 사업시행계획인가 동의요건

토지등소유자가 재개발사업을 시행 : 토지등소유자의 3/4 이상 및 토지면적의 1/2 이상의 토지소유자의 동의를 받아야 한다. 다만, 변경시에는 토지등소유자의 과반수의 동의를 받아야 한다.

05 정비사업비 예치★
▶ 재건축사업[×]

① 재개발사업의 사업시행계획인가를 하려는 경우 정비사업의 시행자가 지정개발자인 때에는 정비사업비 100분의 20 범위에서 시·도 조례가 정하는 금액을 예치하게 할 수 있다.

② 예치금 반환 : 청산금 지급이 완료된 때에 반환한다.

> OX 시장·군수 등은 재건축사업의 사업시행계획인가를 하려는 경우 해당 정비사업의 사업시행자가 지정개발자인 때에는 정비사업비의 20/100 범위에서 조례가 정하는 금액을 예치하게 할 수 있다. (×)

06 사업시행계획인가고시의 효과★

① 사업시행계획인가고시의 효과 ⇨ 사업인정고시 의제 ⇨ 공취법을 준용한다.

② 재결신청 ⇨ 사업시행기간내 ⇨ 현물보상의 특례 ⇨ 준공인가 이후

> OX 재개발사업의 실시계획인가의 고시가 있은 때에는 공익사업을 위한 토지 등의 취득 및 보상에 관한 법률에 의한 사업인정 및 그 고시가 있는 것으로 본다. (×)

07 임시거주시설 및 임시상가★　　　　　　　　　　　　　　　　　　▶ 재건축사업[×]

사업시행자는 **주거환경개선사업 및 재개발사업**의 시행으로 철거되는 주택의 소유자 또는 세입자에게 임대주택 등의 시설에 임시로 거주하게 하거나 주택자금의 융자알선 등 **임시거주에 상응하는 조치를 하여야 한다**.　　　　　　　　　　　　　　　　　　　▶ 매매, 확정, 사용허가를 한 경우 거절 가능

① **국·공유지 등의 무상사용** : 국가·지방자치단체 ⇨ 사용료·대부료를 면제(30일 이내 원상회복)

② 공공단체 또는 개인 ⇨ 토지를 일시 사용함 ⇨ 손실을 받은 자가 있는 경우 ⇨ 손실보상

> OX 주거환경개선사업, 재개발사업 및 재건축사업의 시행자는 철거되는 주택의 소유자 또는 세입자에 대하여 임대주택 등의 시설에 임시로 거주하게 하거나 주택자금의 융자알선 등 임시거주에 상응하는 조치를 하여야 한다. (×)

> OX 지방자치단체는 사업시행자로부터 임시거주시설에 필요한 토지의 사용신청을 받은 때에는 제3자와 이미 매매계약을 체결한 경우에도 사용을 거절할 수 없다. (×)

③ **재개발사업** ⇨ **상가세입자에게** ⇨ **임시상가를 설치할 수 있다**.　　　　　　▶ 상가소유자[×]

> OX 재개발사업의 사업시행자는 사업시행으로 이주하는 상가세입자 또는 상가소유자가 사용할 수 있도록 정비구역 또는 정비구역의 인근에 임시상가를 설치할 수 있다. (×)

08 계약해지★　　　　　　　　　　　　　　　　　▶ 구상이 안되면 저당권을 설정할 수 있다.[×]

① 관리처분계획인가를 받은 경우 지상권·전세권 설정계약 또는 임대차계약의 계약기간에 대하여는 민법, 주택임대차보호법, 상가건물임대차보호법을 적용하지 아니한다.

② 지상권·전세권 또는 임차권의 설정 목적을 달성할 수 없는 때 ⇨ 계약 해지 ⇨ 보증금 등 금전의 반환청구권은 사업시행자에게 행사 ⇨ 토지등소유자에게 구상 ⇨ 구상이 되지 아니하는 때 ⇨ 대지 또는 건축물을 압류(저당권과 동일한 효력)할 수 있다.

09 주거환경개선사업의 특례★　　　　　　　　　　　　▶ 국민주택채권을 매입한다.[×]

① **주거환경개선사업은 국민주택채권의 매입에 관한 규정은 적용하지 아니한다**.

② **환**지방식, **자**력개량방법 ⇨ **제2종** 일반주거지역으로 본다.　　　　▶ 환자 2명 일반 병실

③ **관**리처분방법, **수**용방식 ⇨ **제3종** 일반주거지역[임대주택을 200세대 이상 준주거지역]으로 본다.

> OX 주거환경개선사업에 따른 건축허가를 받은 때에는 국민주택채권 매입에 관한 규정이 적용된다. (×)

> OX 주거환경개선사업이 자력개량방법 또는 환지방법으로 시행되는 경우에는 제2종 전용주거지역으로 결정·고시된 것으로 본다. (×)

> ※참고 조합이 재개발사업의 시행으로 건설된 임대주택(이하 "재개발임대주택")의 인수를 요청하는 경우 시·도지사 또는 시장, 군수, 구청장이 우선하여 인수하여야 한다.

관리처분계획 · 준공인가 · 청산금 [제15,16,17,19,21,22,23,24,27,28,29,30,31,32,33,34회]

01 분양통지 · 공고 ▶ 60일 〔×〕

사업시행자는 사업시행계획인가의 고시가 있은 날부터 **120일 이내**에 분양대상자별 종전의 토지 또는 건축물의 명세 및 사업시행계획인가의 고시가 있은 날을 기준으로 한 가격, 분양대상자별 분담금의 추산액, 분양신청기간을 토지등소유자에게 통지하고, 일간신문에 공고하여야 한다. 다만, 토지등소유자 1인이 시행하는 재개발사업의 경우에는 그러하지 아니하다.

02 분양신청기간 ▶ 사업시행계획인가의 고시가 있은 날부터 〔×〕

시행자가 소유자에게 **통지**한 날부터 **30~60일** 이내(**20일 연장**)에 분양신청을 하여야 한다.

〔OX〕 분양신청기간의 연장은 30일의 범위에서 한 차례만 할 수 있다. (×)

03 분양신청제한 ▶ 3년 〔×〕

투기과열지구의 정비사업에서 **분양대상자 선정일부터 5년 이내**에는 투기과열지구에서 **분양신청을 할 수 없다**. 다만, 상속, 결혼, 이혼으로 조합원자격을 취득한 경우에는 분양신청을 할 수 있다.

04 손실보상에 관한 협의 ▶ 150일 〔×〕

① **손실보상에 관한 협의** : 사업시행자는 관리처분계획이 인가 · 고시된 **다음 날부터 90일 이내**에 다음에 정하는 자와 토지, 건축물 또는 그 밖의 권리의 **손실보상에 관한 협의**를 하여야 한다.

> 1. 분양신청을 하지 아니한 자
> 2. 분양신청기간 종료 이전에 분양신청을 철회한 자
> 3. 분양대상자 선정일부터 5년 이내에는 투기과열지구에따라 분양신청을 할 수 없는 자
> 4. 인가된 관리처분계획에 따라 분양대상에서 제외된 자

〔OX〕 분양신청을 하지 아니한 토지등소유자가 있는 경우 사업시행자는 관리처분계획이 인가 · 고시된 다음 날부터 60일 이내에 그 자와 토지, 건축물 또는 그 밖의 권리의 손실보상에 관한 협의를 하여야 한다. (×)

② **재결신청 또는 매도청구소송 제기** : 사업시행자는 협의가 성립되지 아니하면 그[협의] 기간의 **만료일 다음 날부터 60일 이내**에 수용재결을 신청하거나 **매도청구소송을 제기**하여야 한다.

〔OX〕 사업시행자는 협의가 성립되지 아니하면 그 기간의 만료일 다음 날부터 90일 이내에 수용재결을 신청하거나 매도청구소송을 제기하여야 한다. (×)

사업시행자는 분양신청기간이 종료된 때에는 분양신청의 현황을 기초로 관리처분계획을 수립하여 시장·군수의 **인가**(변경·중지·폐지도 인가)를 받아야 한다. 다만, 계산착오·오기·누락 등에 따른 조서의 단순정정인 경우(**불이익을 받는 자가 없는 경우**에만 해당한다), 권리·의무의 변동이 있는 경우로서 **분양설계의 변경을 수반하지 아니하는 경우** 등 변경하려는 경우에는 시장·군수 등에게 **신고**하여야 한다. 시장·군수 등은 신고를 받은 날부터 **20일 이내에 신고수리 여부**를 신고인에게 **통지**하여야 한다.

관리처분계획의 내용(조합은 총회 개최일 1개월 전에 ㉢, ㉣, ㉤, ㉥을 조합원에게 문서로 통지)
㉠ 분양설계(분양신청기간이 만료되는 날을 기준)
㉡ 분양대상자의 주소 및 성명, 종전의 토지 또는 건축물의 소유권 외의 권리명세
㉢ 분양대상자별 분양예정인 대지 또는 건축물의 추산액(임대관리 위탁주택에 관한 내용을 포함)(새집)
㉣ 일반 분양분, 공공지원민간임대주택 등에 해당하는 보류지 등의 명세와 추산액 및 처분방법
㉤ 분양대상자별 종전 토지 또는 건축물의 명세 및 **사업시행계획인가의 고시가 있은 날을 기준으로 한 가격**(헌집)
㉥ 정비사업비의 추산액(**재건축 부담금에 관한 사항을 포함**) 및 조합원 분담규모 및 분담시기(부담)
㉦ 세입자별 손실보상을 위한 권리명세 및 그 평가액

92 도시 및 주거환경정비법령상 관리처분계획에 포함되어야 할 사항에 해당하지 않는 것은? (단, 조례는 고려하지 않음)

① 분양대상자별 분양예정인 대지 또는 건축물의 추산액(임대관리 위탁주택에 관한 내용을 포함한다)

② 분양대상자의 종전 토지 또는 건축물에 관한 소유권 외의 권리명세

③ 정비사업비의 추산액(재건축사업의 경우에는 「재건축초과이익 환수에 관한 법률」에 따른 재건축부담금에 관한 사항을 포함하지 아니한다) 및 그에 따른 조합원 분담규모 및 분담시기

④ 세입자별 손실보상을 위한 권리명세 및 그 평가액

⑤ 정비사업의 시행으로 인하여 새롭게 설치되는 정비기반시설의 명세와 용도가 폐지되는 정비기반시설의 명세

해설 ③ 정비사업비의 추산액에 따른 재건축부담금에 관한 사항을 포함한다. ▶ **정답** ③

06 관리처분계획의 작성기준★★

1. **작성기준**(면적·이용상황·환경 그 밖의 사항을 종합적으로 고려한다)

2. 너무 좁은 토지 또는 건축물을 취득한 자나 **정비구역 지정 후 분할된 토지** 또는 집합건물의 **구분소유권을 취득한 자**에 대하여는 현금으로 청산할 수 있다. 분양설계(분양신청기간이 만료되는 날을 기준)

3. **주택의 공급방법**

   ① **원칙** : 1세대 또는 1인이 하나 이상의 주택 또는 토지를 소유한 경우 **1주택**을 공급하고, 2인 이상이 1주택 또는 1토지를 공유한 경우에는 1주택만 공급한다. 2인 이상이 **1토지**를 **공유**한 경우에는 시·도 **조례**로 정하는 바에 따라 주택을 공급할 수 있다.

   OX 같은 세대에 속하지 아니하는 3명이 1토지를 공유한 경우에는 3주택을 공급하여야 한다. (×)

   ② **예외** : 2주택 공급 ⇨ 사업시행계획인가의 고시가 있는 날을 기준으로 한 가격 또는 종전 주택의 주거전용면적의 범위에서 2주택을 공급할 수 있고 이 중 1주택은 주거전용면적을 60m² 이하로 한다. 이전고시일 다음 날부터 3년이 지나기 전에는 주택을 전매(상속은 제외)하거나 이의 전매를 알선할 수 없다.

   ③ **예외** : 3주택까지 공급 ⇨ **과밀억제권역에 위치한 재건축사업**의 경우에는 토지등소유자가 소유한 주택수의 범위에서 **3주택까지 공급할 수 있다**. 다만, 투기과열지구 또는 조정대상지역에서 사업시행계획인가를 신청하는 재건축사업의 경우에는 그러하지 아니하다.

   ④ **예외** : 다음의 토지등소유자에 대하여는 소유한 주택 **수만큼 공급**할 수 있다.

   ㉠ **과밀억제권역에 위치하지 아니하는 재건축사업의 토지등소유자**, 다만, 투기과열지구 또는 조정대상지역에서 사업시행계획인가(최초 사업시행계획인가를 말한다)를 신청하는 재건축사업의 토지등소유자는 제외한다. 단, 과밀억제권역 외의 조정대상지역 또는 투기과열지구에서 조정대상지역 또는 투기과열지구로 지정되기 전에 1명의 토지등소유자로부터 토지 또는 건축물의 소유권을 양수하여 여러 명이 소유하게 된 경우에는 양도인과 양수인에게 각각 1주택을 공급할 수 있다.

   ㉡ 근로자 숙소, 기숙사 용도로 주택을 소유하고 있는 토지등소유자

   ㉢ 국가, 지방자치단체 및 토지주택공사등

   ㉣ 지방자치분권 및 지역균형발전에 관한 특별법에 따른 공공기관지방이전 및 혁신도시 활성화를 위한 시책 등에 따라 이전하는 공공기관이 소유한 주택을 양수한 자

   ※참고 주거환경개선사업, 재개발사업의 관리처분은 토지 등의 소유자(**지상권자 제외**)에게 분양한다.

   ※참고 재건축사업 관리처분의 기준 : 법령상 관리처분의 기준은 조합이 조합원 전원의 동의를 받아 따로 정한 경우에는 그에 따른다.

93 도시 및 주거환경정비법상 관리처분계획에 따른 주택의 공급기준에 관한 설명 중 틀린 것은?

① 같은 세대에 속하지 아니하는 2인 이상이 1주택 또는 1토지를 공유한 경우에는 1주택을 공급한다.

② 2인 이상이 1토지를 공유한 경우로서 시 · 도 조례로 주택공급에 관하여 따로 정하고 있는 경우에는 시 · 도 조례가 정하는 바에 따라 주택을 공급할 수 있다.

③ 투기과열지구 또는 조정대상지역이 아닌 수도권정비계획법의 과밀억제권역에 위치하지 아니하는 재건축사업의 경우에는 1세대가 수개의 주택을 소유한 경우에는 소유한 주택의 수만큼 공급할 수 있다.

④ 투기과열지구 또는 조정대상지역이 아닌 과밀억제권역에 위치하는 재건축사업은 1세대가 수개의 주택을 소유하면 소유한 주택의 수만큼 공급할 수 있다.

⑤ 재개발사업은 사업시행계획인가의 고시가 있는 날을 기준으로 한 가격 또는 종전 주택의 주거전용면적의 범위에서 2주택을 공급할 수 있다.

해설 ④ 과밀억제권역에 위치하는 재건축사업은 1세대가 수개의 주택을 소유하면 3주택을 공급할 수 있다.

▶ **정답** ④

---

07 관리처분계획인가 · 고시의 효과

관리처분계획인가 · 고시가 있은 때는 종전의 토지 · 건축물의 소유자 · 지상권자 · 전세권자 · 임차권자 등 권리자는 **소유권 이전의 고시**가 있은 날까지 종전의 토지 또는 건축물에 대하여 이를 **사용하거나 수익할 수 없다**. 다만, 사업시행자의 **동의**를 받거나 손실보상이 완료되지 아니한 권리자의 경우에는 사용하거나 수익할 수 **있다**.

08 주택 등 건축물의 분양 받을 권리산정 기준일

정비사업을 통하여 분양받을 건축물이 다음에 해당하는 경우에는 **정비구역의 지정 · 고시가 있는 날** 또는 시 · 도지사가 투기억제를 위하여 기본계획 수립을 위한 **주민공람의 공고일 후 정비구역지정 · 고시 전**에 따로 정하는 날(기준일)의 **다음 날을 기준**으로 건축물을 분양받을 권리를 산정한다.

1. 분할 : 1필지의 **토지**가 여러 개의 필지로 **분할**되는 경우
2. 집합건축물로 전환 : 집합건물의 소유 및 관리에 관한 법률에 따른 **집합건물이 아닌 건축물이** 같은 법에 따른 **집합건물로 전환**되는 경우
3. 분리 소유 : 하나의 대지범위 안에 속하는 동일인 소유의 토지와 주택 등 건축물을 토지와 주택 등 건축물로 각각 **분리**하여 **소유**하는 경우
4. 신축 : 나대지에 건축물을 새로이 건축하거나 기존 건축물을 철거하고 다세대주택, 그 밖의 공동주택을 건축하여 **토지등소유자가 증가**되는 경우
5. 토지등소유자의 수가 증가 : 집합건물의 소유 및 관리에 관한 법률 제2조 제3호에 따른 **전유부분의 분할**로 **토지등소유자의 수가 증가**하는 경우

94 도시 및 주거환경정비법령상 (   ) 안에 들어갈 내용으로 틀린 것은?

> 정비사업을 통하여 분양받을 건축물이 (   )에 해당하는 경우에는 기준일의 다음 날을 기준으로 건축물의 분양받을 권리를 산정한다(기준일이란 정비구역의 지정·고시가 있은 날 또는 시·도지사가 투기를 억제하기 위하여 기본계획 수립을 위한 주민공람의 공고일 후 정비구역지정·고시 전에 따로 정하는 날을 말함).

① 1필지의 토지가 수개의 필지로 분할되는 경우

② 집합건물의 소유 및 관리에 관한 법률에 따른 집합건물이 아닌 건축물이 같은 법에 따른 집합건물로 전환되는 경우

③ 나대지에 건축물을 새로이 건축하여 토지등소유자가 증가되는 경우

④ 수개 필지의 토지가 1필지의 토지로 합병되어 토지등소유자가 감소하는 경우

⑤ 집합건물의 소유 및 관리에 관한 법률 제2조 제3호에 따른 전유부분의 분할로 토지등소유자의 수가 증가하는 경우

해설 ④ 수개 필지의 토지가 1필지의 토지로 합병되어 토지등소유자가 감소하는 경우는 해당사항이 없다.

▶ **정답 ④**

---

08 **준공인가 · 등기** ▶14일 이내 등기 [×]

① 시장·군수 등이 아닌 사업시행자는 준공인가 신청을 받은 시장·군수 등의 준공검사 실시 ⇨ 준공인가 ⇨ 공사완료 고시(공보) ⇨ 효과 : 소유권 이전고시일 **다음 날 소유권 취득**

OX 사업시행자인 지방공사가 정비사업 공사를 완료한 때에는 시장·군수 등의 준공인가를 받지 아니한다. (×)

② 정비구역의 지정은 준공인가의 고시가 있은 날(관리처분계획을 수립하는 경우에는 이전고시가 있은 때를 말한다)**의 다음 날에 해제된 것으로 본다**. ⇨ **정비구역의 해제는 조합의 존속에 영향을 주지 아니한다**.

OX 관리처분계획을 수립하는 경우 정비구역의 지정은 이전고시가 있은 날에 해제된 것으로 본다. (×)

OX 준공인가에 따른 정비구역의 해제가 있으면 조합은 해산된 것으로 본다. (×)

③ **소유권 이전의 고시가 있은 때** : 지체 없이 등기 ⇨ 등기가 있을 때까지는 다른 등기 못한다.

09 청산금

▶ 고시일부터 5년간 행사하지 아니하면 소멸한다. [×]

① **원칙** : 일괄징수, 일괄교부 ⇨ 예외 : 사업시행자는 정관 등에서 분할징수 및 분할지급에 대하여 정하고 있거나 총회의 의결을 거쳐 따로 정한 경우에는 관리처분계획인가 후부터 이전고시가 있는 날까지 일정기간별로 분할징수하거나 분할지급할 수 있다.

② **강제징수** : 시장·군수 등인 사업시행자는 청산금을 납부할 자가 이를 납부하지 아니하는 경우 지방세체납처분의 예에 따라 징수(분할징수를 포함)할 수 있으며, 시장·군수 등이 아닌 사업시행자는 시장·군수 등에게 청산금의 징수를 위탁할 수 있다(수수료 4%).

③ **청산금의 소멸시효** : 청산금을 지급 받을 권리 또는 이를 징수할 권리는 이전의 고시일 다음 날부터 5년 간 이를 행사하지 아니하면 소멸한다.

④ **물상대위** : 정비사업의 시행지역 안에 있는 건축물에 저당권을 설정한 권리자는 그 건축물의 소유자가 지급받을 청산금에 대하여 청산금을 지급하기 전에 압류절차를 거쳐 저당권을 행사할 수 있다.

핵심 예상 문제 095

95 도시 및 주거환경정비법령상 청산금에 관한 설명으로 틀린 것은?

① 총회의 의결을 거쳐 따로 정한 경우에는 관리처분계획인가 후부터 이전고시가 있는 날까지 청산금을 분할징수하거나 분할지급할 수 있다.

② 종전에 소유하고 있던 토지의 가격과 분양받은 대지의 가격은 그 토지의 규모·위치·용도·이용상황·정비사업비 등을 참작하여 평가하여야 한다.

③ 청산금을 납부할 자가 납부하지 아니하는 경우에는 시장·군수 등인 사업시행자는 지방세체납처분의 예에 따라 징수할 수 있다.

④ 청산금을 지급받을 권리는 소유권 이전고시일부터 5년간 이를 행사하지 아니하면 소멸한다.

⑤ 정비사업의 시행지역 안에 있는 건축물에 저당권을 설정한 권리자는 그 건축물의 소유자가 지급받을 청산금에 대하여 청산금을 지급하기 전에 압류절차를 거쳐 저당권을 행사할 수 있다.

해설 ④ 청산금을 지급받을 권리는 소유권 이전고시일의 다음 날부터 5년간 행사하지 아니하면 소멸한다.

▶ 정답 ④

THEME 39. 농지소유 · 농지취득자격증명 [제16,17,19,20,21,22,23,25,26,27,28,29,30,32,33,34회]

01 농지소유제한★★ [제17,19,21,23,26,28,29,33회]

원칙	농지는 자기의 농업경영에 이용하거나 이용할 자가 아니면 이를 소유하지 못한다.
예외	자기의 농업경영에 이용하지 아니할지라도 소유할 수 있다. 다만, 소유농지는 농업경영에 이용되도록 하여야 한다. ②는 제외한다. ① 국가 또는 지방자치단체 ⇨ ② 시험지 · 연구지 · 실습지, [농업진흥지역 외]주말 · 체험영농 ⇨ ③ 상속 ⇨ ④ 8년 이상 농업경영을 하던 자가 이농 ⇨ ⑤ 담보농지 ⇨ ⑥ 농지전용허가, 농지전용신고, 농지전용협의 ⇨ ⑦ 공유수면매립농지를 취득하여 소유하는 경우
특례제한	농지법에서 허용된 경우를 제외하고는 농지의 소유에 관한 특례를 정할 수 없다.
농업인	① 농지 : 법적 지목불문하고 실제 이용현황으로 판단한다.[잡종지 : 3년 미만 농지(×)] ② 1,000m² 이상의 농지에서 농사, 1년 중 90일 이상 농업에 종사하는 자, 330m² 이상의 고정식온실 · 버섯재배사 · 비닐하우스, 대가축 2두, 중가축 10두, 소가축 100두, 가금 1천수 또는 꿀벌 10군 이상을 사육하거나 1년 중 120일 이상 축산업에 종사하는 자, 농업경영을 통한 농산물의 연간 판매액이 120만원 이상인 자

상속	농업경영을 하는 자	무제한(농업인, 농업법인, 국가, 지자체는 무제한)	
	농업경영을 하지 아니하는 자	10.000m² 이내	한국농어촌공사에 위탁하여 임대하거나 무상사용하게 하는 경우에는 그 기간 동안 계속 소유할 수 있다.
이농	8년 이상 농업경영 후 이농한 자	10.000m² 이내	
주말농장	세대원 전부 소유하는 총면적 [농업진흥지역 외의 지역]	1.000m² 미만	

핵심 예상 문제 096

96 농지법령상 농업에 종사하는 개인으로서 농업인에 해당하지 않는 자는?

① 1년 중 100일을 축산업에 종사하는 자

② 900m²의 농지에서 다년생식물을 재배하면서 1년 중 100일을 농업에 종사하는 자

③ 대가축 2두, 중가축 10두, 소가축 100두, 가금 1천수 또는 꿀벌 10군 이상을 사육하는 자

④ 농지에 330m² 이상의 고정식온실 · 버섯재배사 · 비닐하우스등에 농작물을 경작하는 자

⑤ 농업경영을 통한 농산물 연간 판매액이 150만원인 자

해설 ① 1년 중 120일 이상을 축산업에 종사하는 자　　　　　　　　▶ **정답 ①**

97 농지법령상 농지의 소유에 관한 설명으로 틀린 것은?

① 8년 이상 농업경영을 한 후 이농한 자는 이농 당시 소유농지 중에서 10,000m² 이내까지 소유할 수 있다.

② 농업인이나 농업법인은 농업경영목적으로 농업진흥지역의 농지를 제한 없이 소유할 수 있다.

③ 상속에 따라 농지를 취득한 자로서 농업경영을 하지 아니하는 자는 그 상속농지 중에서 10,000m² 이내까지 소유할 수 있다.

④ 국가나 지방자치단체가 농지를 임대할 목적으로 소유하는 경우에는 총 5만m²까지만 소유할 수 있다.

⑤ 농지 소유 제한이나 농지 소유 상한을 위반하여 농지를 소유할 목적으로 거짓이나 그 밖의 부정한 방법으로 농지취득자격증명을 발급받은 자는 5년 이하의 징역 또는 해당 토지의 개별공시지가에 따른 토지가액에 해당하는 금액 이하의 벌금에 처한다.

[해설] ④ 국가나 지방자치단체는 제한없이 소유할 수 있다. ▶ **정답 ④**

[OX] 자경은 농업인이 농작업의 1/3 이상을 자기의 노동력에 의하여 경작 또는 재배하는 것과 농업법인이 그 소유농지에서 농작물을 경작하거나 다년생식물을 재배하는 것을 말한다. (×)

[OX] 농업법인이란 농어업경영체 육성 및 지원에 관한 법률에 따라 설립된 영농조합법인과 같은 법에 따라 설립되고 업무집행권을 가진 자 중 1/2 이상이 농업인인 농업회사법인을 말한다. (×)

02 농지취득자격증명★ [제15,16,19,26,32회]

▶시·구·읍·면의 장은 농업경영계획서를 10년간 보존의무

발급대상	① 원칙 : **농업인**, **농업법인**, 매매, 경매, 증여 등 **농지취득자격증명을 발급대상** ② 예외(농지취득자격증명을 발급받지 아니하고 농지 취득) : ㉠ 국가 또는 지방자치단체, ㉡ 상속, ㉢ 담보농지, ㉣ **농지전용협의**, ㉤ 한국농어촌공사 ⇨ 공유수면매립농지 ⇨ 수용, ㉥ **농업법인의 합병**, ㉦ 공유농지의 분할, ㉧ 시효의 완성
발급신청	① 시·구·읍·면의 장은 농지취득자격증명의 발급 신청을 받은 날부터 **7일**(농업경영계획서 또는 주말·체험영농계획서를 작성하지 아니하고 농지취득자격증명의 발급신청을 할 수 있는 경우에는 **4일**, **농지위원회의 심의** 대상의 경우에는 **14일**) 이내에 신청인에게 발급하여야 한다. [OX] 농지소재지를 관할하는 시장·군수·구청장은 농지취득자격증명을 발급할 수 있다. (×) ② 농업경영계획서작성은 면제 ⇨ **농지취득자격증명을 발급**(4일 내 통지) ㉠ **농지전용허가·농지전용신고**한 자가 농지를 소유한 경우 ㉡ 학교·공공단체 등 시험·연구·**실습지** ⇨ 평균경사율이 15% 이상인 농지(영농여건 불리농지) ⇨ 개발사업지구안의 1,500m² 미만의 농지 ⇨ 비축농지 ③ **주말·체험영농**을 하고자 농업진흥지역 외의 농지를 소유하는 경우 : 주말·체험영농계획서를 작성하고 시·구·읍·면의 장에게 **농지취득자격증명의 발급**신청을 하여야 한다. [OX] 주말·체험영농을 하고자 농업진흥지역의 농지를 소유하는 경우에는 농지취득자격증명을 발급받지 아니한다. (×)

④ 농지취득자격증명을 발급받으려는 자는 다음의 사항이 모두 포함된 **농업경영계획서 또는 주말·체험영농계획서를 작성**하고 농림축산식품부령으로 정하는 서류를 첨부하여 농지 소재지를 관할하는 **시·구·읍·면의 장에게 발급신청**을 하여야 한다.

> 1. 취득 대상 농지의 **면적**(공유로 취득하려는 경우 공유 지분의 비율 및 각자가 취득하려는 농지의 위치도 함께 표시한다)
> 2. 취득 대상 농지에서 농업경영을 하는 데에 필요한 노동력 및 **농업 기계**·장비·시설의 확보 방안
> 3. 소유 농지의 **이용 실태**(농지 소유자에게만 해당한다)
> 4. 농지취득자격증명을 발급받으려는 자의 **직업·영농경력·영농거리**

⑤ 농지취득자격증명의 발급제한
　㉠ 시·구·읍·면의 장은 농지취득자격증명을 발급받으려는 자가 농업경영계획서 또는 주말·체험영농계획서에 포함하여야 할 사항을 **기재하지 아니하거나 첨부하여야 할 서류를 제출하지 아니한 경우** 농지취득자격증명을 **발급하여서는 아니 된다**.
　㉡ 시·구·읍·면의 장은 **1필지를 공유**로 취득하려는 자가 **7인 이하**에서 시·군·구의 조례로 정한 수를 초과한 경우에는 농지취득자격증명을 발급하지 아니할 수 있다.

（발급신청）

핵심 예상 문제 098

98 농지법령상 농지취득자격증명을 발급받지 않고 농지를 취득할 수 있는 것은?

① 농업법인이 농지를 취득하여 소유하는 경우

② 농업법인의 합병으로 농지를 취득하여 소유하는 경우

③ 주말·체험영농을 하고자 농지를 취득하여 소유하는 경우

④ 농지전용허가를 받거나 농지전용신고를 한 자가 농지를 취득하여 소유하는 경우

⑤ 학교, 공공단체 등이 시험지·연구지·실습지로 쓰기 위하여 농지를 취득하여 소유하는 경우

해설 ② 농업법인의 합병으로 농지를 취득하려는 경우에는 농지취득자격증명을 발급받지 아니한다.
▶ **정답 ②**

---

03 농지 등의 처분사유★ [제22,25,26회]

농지의 소유자가 다음에 해당하게 된 때에는 그 사유가 발생한 날부터 1년 이내에 해당 농지를 그 사유가 발생한 날 당시 세대를 같이하는 세대원이 아닌 자, 그 밖에 농림축산식품부령으로 정하는 자에게 처분하여야 한다.

> 1. 소유 농지를 **자연재해·농지개량·질병·공직취임·징집 등** 정당한 사유 없이 자기의 농업경영에 이용하지 아니하거나 이용하지 아니하게 되었다고 시장·군수·구청장이 인정
> 2. 농지를 소유하고 있는 농업회사법인이 요건에 맞지 아니하게 된 후 3개월이 지난 경우
> 3. 주말·체험영농목적으로 농지를 취득한 자가 **자연재해·농지개량·질병·공직취임·징집 등** 정당한 사유 없이 그 농지를 주말·체험영농에 이용하지 아니하게 되었다고 시장·군수 또는 구청장이 인정한 경우

（처분사유）

처분사유	4. 농지전용허가, 농지전용신고를 한 자가 농지를 취득한 자가 취득한 날부터 **2년** 이내에 그 목적사업에 착수하지 아니한 경우(정당한 사유를 인정 안한다.) 5. 농지 소유 상한을 초과하여 농지를 소유한 것이 판명된 경우**(초과부분에 한함)**
매수청구	농지의 소유자는 처분명령을 받은 때에는 **한국농어촌공사**에게 해당 농지의 매수를 청구할 수 있다. 한국농어촌공사는 매수청구를 받으면 **공시지가를 기준**으로 해당 농지를 매수할 수 있다. 이 경우 인근 지역의 실제 거래 가격이 공시지가보다 낮으면 **실제 거래 가격을 기준으로 매수**할 수 있다.

04 이행강제금★ [제20,22,28회]

① **이행강제금의 부과** : 시장·군수 또는 구청장은 처분명령을 받은 후 정당한 사유없이 지정기간까지 **처분명령의 이행을 하지 아니한 자**, 원상회복 명령의 이행에 필요한 상당한 기간을 정하였음에도 그 기한까지 **원상회복을 아니한 자**, 농업진흥지역에서 시정명령의 이행에 필요한 상당한 기간을 정하였음에도 그 기한까지 **시정을 아니한 자**에게 해당 농지의 감정평가법인 등이 감정평가한 **감정가격** 또는 **개별공시지가**(해당 토지의 개별공시지가가 없는 경우에는 표준지공시지가를 기준으로 산정한 금액을 말한다) 중 **더 높은 가액의 100분의 25**에 해당하는 이행강제금을 부과한다.

② **반복 부과징수** : 처분명령이 이행될 때까지 이행강제금을 **매년 1회** 부과·징수할 수 있다.

③ **부과의 중지** : 시장·군수 또는 구청장은 처분명령을 받은 자가 처분명령을 이행하는 경우에는 새로운 이행강제금의 부과는 즉시 중지하되, **이미 부과된 이행강제금은 이를 징수하여야 한다**.

④ **이의제기** : 처분의 고지를 받은 날부터 **30일 이내**에 시장·군수·구청장에게 이의를 제기할 수 있다.

⑤ **재판절차** : **비송사건절차법에 따른 과태료의 재판에 준하여 재판**을 한다.

05 위탁경영 [제25,27,29,30,34회]

① **대리경작기간** : 따로 정함이 없는 한 3년으로 한다.

② **토지사용료** : 대리경작자는 **수확량의 10/100**을 수확 후 2개월 내에 해당 농지의 소유권 또는 임차권을 가진 자에게 토지사용료로 지급하여야 한다.

③ **위탁경영**[제25,27,29,30,34회] : 농지 소유자는 다음에 경우에는 소유 농지를 위탁경영할 수 있다.

> 1. 병역법에 따라 징집 또는 소집된 경우
> 2. 3개월 이상의 국외 여행 중인 경우
> 3. 농업법인이 청산 중인 경우
> 4. 질병, 취학, 선거에 따른 공직 취임, 부상으로 3개월 이상의 치료가 필요한 경우, 교도소·구치소 또는 보호감호시설에 수용 중인 경우, **임신 중이거나 분만 후 6개월 미만**인 경우
> 5. 농지이용증진사업시행계획에 따라 위탁경영하는 경우
> 6. 농업인이 자기 노동력[벼·과수의 재배 등 1/3 이상]이 부족하여 농작업의 **일부**를 위탁하는 경우
> OX 농업인이 자기 노동력이 부족하여 농작업의 전부를 위탁하는 경우에는 위탁경영할 수 있다. (×)
> OX 3개월 이상의 국내 여행 중인 경우에는 위탁경영할 수 있다. (×)

06 임대차 · 사용대차★ [제24,27,31회]

① 임대차 기간은 **3년 이상**(자경농지를 **이모작[8개월 이내]**을 위하여 임대하거나 무상사용하게 하는 경우는 제외한다)으로 하여야 한다. 다만, **다년생식물** 재배지 등 대통령령으로 정하는 농지(**고정식 온실 또는 비닐하우스**)의 경우에는 **5년** 이상으로 하여야 한다.

② 임대차 기간을 정하지 아니하거나 3년(다년생식물 재배지 등의 경우에는 5년)보다 짧은 경우에는 3년(다년생식물 재배지 등의 경우에는 5년)으로 약정된 것으로 본다.

③ **60세 이상**인 사람으로서 대통령령으로 정하는 사람이 소유하고 있는 농지 중에서 자기의 농업경영에 이용한 기간이 **5년이 넘은** 농지를 임대하거나 무상사용하게 하는 경우에는 농지를 임대하거나 무상사용하게 할 수 있다.

핵심 예상 문제 099

99 농지법령상 조문의 일부이다. 다음의 (   )에 들어갈 내용으로 옳은 것은?

> • 농지의 소유자는 시장 · 군수 또는 구청장으로부터 농지처분명령을 받으면 (㉠)에 그 농지의 매수를 청구할 수 있으며, 매수청구를 받으면 (㉡)를 기준으로 해당 농지를 매수할 수 있다.
>
> • 군수는 처분명령을 받은 후 정당한 사유 없이 지정기간까지 그 처분명령을 이행하지 아니한 자에게 감정평가법인등이 감정평가한 감정가격 또는 부동산 가격공시에 관한 법률에 따른 개별공시지가 중 더 높은 가액의 100분의 (㉢)에 해당하는 이행강제금을 부과한다.
>
> • 유휴농지의 대리경작자는 수확량의 100분의 (㉣)을 수확 후 2개월 이내 그 농지의 소유권자나 임차권자에게 토지사용료로 지급하여야 한다.
>
> • 농지의 임대차 기간은 (㉤)년 이상(자경농지를 이모작을 위하여 임대하거나 무상사용하게 하는 경우는 제외한다)으로 하여야 한다. 다만, 다년생식물 재배지등 대통령령으로 정하는 농지[고정식온실 또는 비닐하우스]의 경우에는 5년 이상으로 하여야 한다.

	㉠	㉡	㉢	㉣	㉤
①	한국농어촌공사	감정가격	20	10	3
②	한국농어촌공사	공시지가	25	10	3
③	한국토지주택공사	공시지가	30	20	2
④	한국농어촌공사	시가	20	30	3
⑤	시장 · 군수 · 구청장	감정가격	25	10	5

▶ 정답 ②

01 농업진흥지역★★ [제13,17.18,21,31회]

목 적	**시 · 도지사**는 농지를 효율적으로 이용 · 보전하기 위하여 지정 ⇨ 농림축산식품부장관의 승인 ⇨ 농림축산식품부장관의 승인시에 녹지지역, 계획관리지역을 포함시 국토교통부장관과 협의
대 상	**녹지지역(특별시 녹지지역은 제외) · 관리지역 · 농림지역 · 자연환경보전지역**
농업진흥구역	농지가 **집단화**되어 농업목적으로 이용하는 것이 필요한 지역
농업보호구역	농업진흥구역의 용**수**원 확보, **수**질보전 **농업환경**을 **보호**하기 위해 필요한 지역

02 농업진흥지역의 행위제한

① 1필지의 토지가 농업진흥구역과 농업보호구역에 걸치는 경우에는 농업진흥구역에 속하는 토지 부분이 **330m² 이하**인 때에는 해당 토지 부분에 대하여 행위제한은 **농업보호구역에 관한규정을 적용한다.** (330m² 초과하면 각각)

② 1필지의 토지 중 일부가 농업진흥지역에 걸치는 경우로서 농업진흥지역에 속하는 토지의 면적이 **330m² 이하**인 때에는 해당 토지 부분에 대하여는 **농업진흥지역의 행위제한**에 관한 규정을 **적용하지 아니한다.** (330m² 초과하면 각각)

③ **농업보호구역** : 농업진흥구역에서 허용되는 행위는 농업보호구역에서도 허용된다.

  ㉠ 관광농원사업(2만m² 미만), 주말농원사업(3천m² 미만), 태양에너지 발전설비(1만m² 미만)

  ㉡ 단독주택, 제1종 근린생활시설, 제2종 근린생활시설 1천m² 미만, 양수장 · 정수장 · 대피소 · 공중화장실로서 부지가 3천m² 미만인 것 설치 가능

03 농업진흥지역의 매수청구   ▶ 농지 처분명령 후 매수청구는 공시지가

① 농업진흥지역의 농지를 소유하고 있는 **농업인** 또는 **농업법인**은 한국농어촌공사에 그 농지의 매수를 청구할 수 있다.

② 한국농어촌공사는 매수청구를 받으면 부동산 가격공시 및 감정평가에 관한 법률에 따른 **감정평가**법인 등이 평가한 **금액**을 기준으로 농지를 매수할 수 있다.

04 농지전용허가★ [제14,15,16,18,23,24회]

다음의 경우를 제외하고는 농림축산식품부장관의 전용허가를 받아야 한다.

① 농지전용협의를 거친 농지나 협의대상에서 제외되는 농지를 전용하는 경우

② 농지전용신고를 하고 농지를 전용하는 경우

③ 산지전용허가를 받지 아니하거나 신고 없이 불법으로 개간된 농지를 산림으로 복구하는 경우

05 농지전용협의

주무부장관 또는 지방자치단체장이 농림축산식품부장관과 농지전용에 관한 협의를 하여야 한다.

06 농지전용신고 대상★★

① 시장·군수·구청장에게 신고하여야 한다.
② 농어업인 주택(무주택 세대주 660m² 이하), 농축산업용 시설, 농수산물유통·가공시설, 공동생활편익시설(어린이놀이터·마을회관 등), 양어장·양식장, 시험·연구시설 등

07 임의적 취소사유

① 거짓 기타 부정한 방법으로 허가를 받거나 신고를 한 것이 판명된 경우
② 허가를 받거나 신고를 한 후에 정당한 사유 없이 2년 이상 사업에 착수하지 아니하는 경우나 농지전용목적사업에 착수한 후 1년 이상 공사를 중단 : 전용허가를 취소할 수 있다.

08 필수적 취소사유★

허가를 받은 자가 관계 공사중지 등 조치명령을 위반한 경우 전용허가를 취소하여야 한다.

09 타용도 일시사용허가

▶ 타용도 일시사용허가는 농지보전부담금을 납부하지 않는다.

일정 기간 동안 사용한 후 농지로 복구하는 조건으로 시장·군수·구청장의 허가 ⇨ 예치된 복구비용은 사업시행자가 사업이 종료된 후 농지로의 복구계획을 이행하지 않는 경우 복구대행비로 사용할 수 있다.

대상 행위	사용기간	연장기간
간이 농수축산업용시설과 농수산물의 간이처리시설	7년 이내	5년 이내
주목적사업을 위한 현장 사무소나 부대시설	필요한 기간	×
토석과 광물, 골재 등의 채취	5년 이내	3년 이내
타용도 일시사용신고[썰매장, 지역축제장]	6개월	연장×

✔ 태양에너지 발전설비의 용도로 일시사용하는 경우 : 5년, 연장 : 18년을 초과하지 않는 범위에서 연장할 수 있다. 이 경우 1회 연장기간은 3년을 초과할 수 없다.

10 농지보전부담금

다음에 해당하는 자는 농지의 보전·관리 및 조성을 위한 부담금(농지보전부담금)을 농지관리기금을 운용·관리하는 자에게 내야 한다. 농림축산식품부장관은 농지보전부담금의 수납업무를 한국농어촌공사로 하여금 대행하게 한다(농업진흥지역 = 개별 공시지가의 30%, 농업진흥지역 밖의 농지 = 20%).

1. 농지**전용**허가를 받는 자
2. 제34조 제2항 제1호의2(국토의 계획 및 이용에 관한 법률에 따른 도시지역에 주거지역·상업지역 또는 공업지역을 지정하거나 도시·군계획시설을 결정할 때에 해당 지역 예정지 또는 시설 예정지에 농지가 포함되어 있는 경우)에 따라 농지전용협의를 거친 지역 예정지 또는 시설 예정지에 있는 농지(같은 호 단서에 따라 협의 대상에서 제외되는 농지를 포함한다)를 **전용**하려는 자
3. 제34조 제2항 제1호의2(국토의 계획 및 이용에 관한 법률에 따른 계획관리지역에 지구단위계획구역을 지정할 때에 해당 구역 예정지에 농지가 포함되어 있는 경우)에 따라 농지전용에 관한 협의를 거친 구역 예정지에 있는 농지를 **전용**하려는 자
4. 농지전용협의를 거친 농지를 **전용**하려는 자
5. 농지전용신고를 하고 농지를 **전용**하려는 자
   ⇨ **타용도 일시사용허가는 농지보전부담금을 납부하지 아니한다.**

핵심 예상 문제 100

100 농지법령상 농업진흥지역에 관한 설명으로 틀린 것은?

① 농업진흥지역은 농림축산식품부장관이 지정하며, 지정대상지역은 녹지지역(특별시의 녹지지역은 제외한다)·관리지역·농림지역 및 자연환경보전지역이다.

② 농업보호구역은 농업진흥구역의 용수원 확보, 수질보전 등 농업환경을 보호하기 위하여 필요한 지역에 대하여 지정할 수 있다.

③ 1필지의 토지가 농업진흥구역과 농업보호구역에 걸치는 경우에는 농업진흥구역에 속하는 토지부분이 $330m^2$ 이하인 때에는 그 토지 부분에 대하여는 농업보호구역의 행위제한 규정을 적용한다.

④ 관광농원사업으로 설치하는 시설로서 부지가 2만m^2 미만, 태양에너지 발전설비로서 부지가 1만m^2 미만, 주말농원사업으로 설치하는 시설로서 그 부지가 3천m^2 미만인 것은 농업보호구역에 설치할 수 있다.

⑤ 한국농어촌공사는 농업진흥지역의 농지를 소유하고 있는 농업인 또는 농업법인에게 매수청구를 받으면 감정평가법인 등이 평가한 금액을 기준으로 그 농지를 매수할 수 있다.

해설 ① 농업진흥지역은 농림축산식품부장관이 아니라 시·도지사가 지정한다. ▶ **정답 ①**

복습문제

본문의 문제를 하나로 모아
다시 한 번 복습할 수 있도록 하였습니다.

01 국토의 계획 및 이용에 관한 법령에서 정하는 용어정의에 관한 설명이다. 옳은 것은?

① 도시·군계획사업은 도시·군관리계획을 시행하기 위한 사업으로서 도시·군계획시설사업, 택지개발촉진법에 따른 택지개발사업 및 도시 및 주거환경정비법에 따른 정비사업을 말한다.

② 도시·군계획은 특별시·광역시·특별자치시·특별자치도·시 또는 광역시의 군의 관할구역에 대하여 수립하는 공간구조와 발전방향에 대한 계획으로서 도시·군기본계획과 도시·군관리계획으로 구분한다.

③ 시장 또는 군수가 관할구역에 대하여 다른 법률에 따른 환경·교통·수도·하수도·주택등 부문별 계획을 수립하는 때에는 도시·군기본계획의 내용과 부합하여야 한다.

④ 개발밀도관리구역은 개발로 인하여 기반시설이 부족할 것이 예상되나 기반시설의 설치가 용이한 지역을 대상으로 건폐율이나 용적률을 완화하여 적용하기 위하여 지정하는 구역을 말한다.

⑤ 공간재구조화계획이란 토지의 이용 및 건축물이나 그 밖의 시설의 용도·건폐율·용적률·높이 등을 강화하는 용도구역의 효율적이고 계획적인 관리를 위하여 수립하는 계획을 말한다.

02 국토의 계획 및 이용에 관한 법령상 광역도시계획에 관한 설명으로 옳은 것은?

① 광역계획권을 지정한 날부터 5년이 지날 때까지 관할 시장 또는 군수로부터 광역도시계획의 승인 신청이 없는 경우 관할 도지사가 광역도시계획을 수립하여야 한다.

② 도지사가 광역계획권을 지정하는 경우에는 관계 중앙행정기관의 장, 관계 시·도지사, 시장 또는 군수의 의견을 들은 후 중앙도시계획위원회의 심의를 거쳐야 한다.

③ 도지사는 시장·군수가 협의를 거쳐 요청하는 경우에는 단독으로 광역도시계획을 수립할 수 있으며, 이 경우에는 국토교통부장관의 승인을 받지 아니한다.

④ 시장 또는 군수가 기초조사정보체계를 구축한 경우에는 등록된 정보의 현황을 10년마다 확인하고 변동사항을 반영하여야 한다.

⑤ 동일 지역에 대하여 수립된 광역도시계획의 내용과 도시·군기본계획의 내용이 다를 때에는 도시·군기본계획의 내용이 우선한다.

03 국토의 계획 및 이용에 관한 법령상 도시 · 군기본계획에 대한 설명 중 옳은 것은?

① 수도권에 속하지 아니하고 광역시와 경계를 같이하는 시 또는 군으로 인구 10만명 이하인 시 또는 군은 수립하지 아니할 수 있다.

② 시장 또는 군수는 기초조사의 내용에 도시 · 군기본계획이 환경에 미치는 영향 등에 대한 환경성검토를 포함하여야 한다.

③ 도시 · 군기본계획에는 기후변화 대응 및 에너지절약에 관한 사항에 대한 정책 방향이 포함되어야 한다.

④ 특별시장 · 광역시장 · 특별자치시장 · 특별자치도지사가 수립한 도시 · 군기본계획의 승인은 국토교통부장관이 한다.

⑤ 특별시장 · 광역시장 · 특별자치시장 · 특별자치도지사 · 시장 또는 군수는 10년마다 관할구역의 도시 · 군기본계획에 대하여 그 타당성 여부를 전반적으로 재검토하여야 한다.

04 국토의 계획 및 이용에 관한 법령상 도시 · 군관리계획으로 결정하여야 하는 사항은?

① 개발밀도관리구역의 지정 또는 변경

② 기반시설부담구역의 지정 또는 변경

③ 도시자연공원구역의 행위제한

④ 성장관리계획구역의 지정 또는 변경과 성장관리계획

⑤ 도시 · 군계획시설입체복합구역의 지정 또는 변경에 관한 계획

05 국토의 계획 및 이용에 관한 법령상 주민이 도시 · 군관리계획의 입안을 제안하려는 경우 요구되는 제안 사항별 토지소유자의 동의 요건으로 틀린 것은? (단, 동의 대상 토지 면적에서 국 · 공유지는 제외함)

① 도시 · 군계획시설입체복합구역의 지정 및 변경과 도시 · 군계획시설입체복합구역의 건축제한 · 건폐율 · 용적률 · 높이 등에 관한 사항: 대상 토지면적의 4/5 이상

② 기반시설의 개량에 관한 사항: 대상 토지면적의 2/3 이상

③ 지구단위계획구역의 지정과 지구단위계획의 수립에 관한 사항: 대상 토지면적의 2/3 이상

④ 산업 · 유통개발진흥지구의 지정에 관한 사항: 대상 토지면적의 2/3 이상

⑤ 용도지구 중 해당 용도지구에 따른 건축물이나 그 밖의 시설의 용도 · 종류 및 규모 등의 제한을 지구단위계획으로 대체하기 위한 용도지구의 지정에 관한 사항: 대상 토지면적의 2/3 이상

06 국토의 계획 및 이용에 관한 법령상 도시·군관리계획을 국토교통부장관이 결정할 수 있는 것이 아닌 것은?

① 도시·군계획시설입체복합구역의 지정의 지정에 관한 도시·군관리계획

② 도시자연공원구역의 지정에 관한 도시·군관리계획

③ 도시혁신구역의 지정에 관한 도시·군관리계획

④ 국가계획과 연계하여 시가화조정구역의 지정이 필요한 경우 시가화조정구역의 지정에 관한 도시·군관리계획

⑤ 둘 이상의 시·도에 걸쳐 이루어지는 사업의 계획 중 도시·군관리계획으로 결정하여야 할 사항이 있는 경우 국토교통부장관이 입안한 도시·군관리계획

07 국토의 계획 및 이용에 관한 법령상 도시·군관리계획 등에 관한 설명으로 옳은 것은?

① 시가화조정구역의 지정에 관한 도시·군관리계획 결정 당시 승인받은 사업이나 공사에 이미 착수한 자는 신고 없이 그 사업이나 공사를 계속할 수 있다.

② 도시지역의 확대에 따른 용도지역의 변경을 내용으로 하는 도시·군관리계획을 입안하는 경우에는 주민 의견청취를 생략할 수 없다.

③ 광역도시계획과 도시·군기본계획 및 도시·군관리계획은 반드시 공청회를 개최하여야 한다.

④ 광역도시계획이나 도시·군기본계획을 수립할 때에 도시·군관리계획을 함께 입안할 수 없다.

⑤ 도시·군관리계획 결정은 지형도면을 고시한 날의 다음 날부터 효력이 발생한다.

08 국토의 계획 및 이용에 관한 법령상 공간재구조화계획에 관한 설명으로 틀린 것은?

① 국토교통부장관, 시·도지사, 시장 또는 군수는 도시혁신구역을 지정하고 도시혁신계획을 수립하기 위하여 공간재구조화계획을 입안하여야 한다.

② 공간재구조화계획의 결정권자는 국토교통부장관, 시·도지사, 대도시 시장이다.

③ 주민(이해관계자를 포함한다)은 복합용도구역의 지정을 위하여 공간재구조화계획 입안권자에게 공간재구조화계획의 입안을 제안할 수 있다.

④ 공간재구조화계획의 입안을 제안받은 공간재구조화계획 입안권자는 국유재산법·공유재산 및 물품 관리법에 따른 국유재산·공유재산이 공간재구조화계획으로 지정된 용도구역 내에 포함된 경우에는 제안자 외의 제3자에 의한 제안이 가능하도록 제안 내용의 개요를 공고하여야 한다.

⑤ 공간재구조화계획 결정의 효력은 지형도면을 고시한 날부터 발생한다. 다만, 지형도면이 필요 없는 경우에는 제35조의6 제3항에 따라 고시한 날부터 효력이 발생한다.

09 국토의 계획 및 이용에 관한 법령상 용도지역에 관한 설명으로 틀린 것은?

① 생산녹지지역은 주로 농업적 생산을 위하여 개발을 유보할 필요가 있는 지역이다.

② 자연녹지지역은 도시의 녹지공간의 확보를 위하여 보전할 필요가 있는 지역으로서 불가피한 경우에 한하여 제한적인 개발이 허용되는 지역이다.

③ 제2종 일반주거지역은 중·고층주택 중심의 편리한 주거환경을 조성하기 위한 지역이다.

④ 제2종 전용주거지역은 공동주택 중심의 양호한 주거환경을 보호하기 위한 지역이다.

⑤ 준공업지역은 경공업 그 밖의 공업을 수용하되, 주거기능·상업기능 및 업무기능의 보완이 필요한 지역이다.

10 국토의 계획 및 이용에 관한 법령상 도시지역 중 건폐율의 최대한도가 낮은 지역부터 높은 지역 순으로 옳게 나열한 것은? (단, 조례 등 기타 강화·완화조건은 고려하지 않음)

① 전용공업지역 - 중심상업지역 - 제1종 전용주거지역

② 보전녹지지역 - 유통상업지역 - 준공업지역

③ 자연녹지지역 - 일반상업지역 - 준주거지역

④ 일반상업지역 - 준공업지역 - 제2종 일반주거지역

⑤ 생산녹지지역 - 근린상업지역 - 유통상업지역

11 국토의 계획 및 이용에 관한 법령상 용도지역의 용적률의 최대한도가 높은 것부터 낮은 것 순으로 바르게 나열한 것은?

㉠ 보전관리지역	㉡ 제1종 전용주거지역
㉢ 일반공업지역	㉣ 준주거지역
㉤ 유통상업지역	㉥ 제3종 일반주거지역

① ㉤ - ㉣ - ㉥ - ㉢ - ㉡ - ㉠

② ㉤ - ㉣ - ㉢ - ㉥ - ㉡ - ㉠

③ ㉢ - ㉣ - ㉤ - ㉥ - ㉡ - ㉠

④ ㉣ - ㉢ - ㉥ - ㉤ - ㉡ - ㉠

⑤ ㉠ - ㉣ - ㉡ - ㉢ - ㉥ - ㉤

12 국토의 계획 및 이용에 관한 법령상 용도지역에 관한 설명으로 틀린 것은?

① 하천의 매립목적이 그 매립구역과 이웃하고 있는 용도지역의 내용과 같으면 도시·군관리계획의 입안 및 결정 절차 없이 그 매립준공구역은 이웃하고 있는 용도지역으로 지정된 것으로 본다.

② 매립구역이 둘 이상의 용도지역에 걸쳐 있거나 이웃하고 있는 경우 그 매립구역이 속할 용도지역은 도시·군관리계획 결정으로 지정하여야 한다.

③ 어촌·어항법에 따른 어항구역 및 항만법에 따른 항만구역으로서 도시지역에 연접한 공유수면으로 지정·고시된 지역은 도시지역으로 결정·고시된 것으로 본다.

④ 산업입지 및 개발에 관한 법률에 따라 국가산업단지로 지정된 지역은 도시지역으로 결정·고시된 것으로 보고, 농공단지로 지정·고시된 지역은 도시지역으로 결정·고시된 것으로 보지 아니한다.

⑤ 택지개발촉진법에 따라 택지개발지구로 지정·고시된 지역은 도시지역으로 결정·고시된 것으로 본다.

13 국토의 계획 및 이용에 관한 법령상 용도지역과 관련된 행위제한으로 옳은 것은?

① 도시지역·관리지역·농림지역 또는 자연환경보전지역으로 용도가 지정되지 아니한 지역의 건폐율은 20% 이하이고, 용적률은 50% 이상 80% 이하를 적용한다.

② 토지적성평가 등에 의해 세부 용도지역으로 지정되지 아니한 관리지역에서는 건축물의 건축 또는 공작물의 설치가 금지된다.

③ 도시지역·관리지역·농림지역 또는 자연환경보전지역으로 용도가 지정되지 아니한 지역에 대하여는 건폐율 규정을 적용함에 있어서 도시지역에 관한 규정을 적용한다.

④ 도시지역이 세부 용도지역으로 지정되지 아니한 경우 건폐율은 자연녹지지역에 관한 규정을 적용한다.

⑤ 관리지역이 세부 용도지역으로 지정되지 아니한 경우 용적률은 계획관리지역에 관한 규정을 적용한다.

14 국토의 계획 및 이용에 관한 법령상 용도지구의 세분에 관한 내용 중 틀린 것은?

① 경관지구는 특화경관지구, 자연경관지구, 시가지경관지구로 세분하여 지정할 수 있다.

② 보호지구는 역사문화환경보호지구, 중요시설물보호지구, 생태계보호지구로 세분하여 지정할 수 있다.

③ 취락지구는 자연취락지구, 집단취락지구로 세분하여 지정할 수 있다.

④ 고도지구는 최고고도지구, 최저고도지구로 세분하여 지정할 수 있다.

⑤ 방재지구는 시가지방재지구, 자연방재지구로 세분하여 지정할 수 있다.

15 국토의 계획 및 이용에 관한 법령상 용도지구별 건축제한에 관한 설명으로 옳은 것을 모두 고른 것은?

> ⊙ 일반공업지역에 지정된 복합용도지구 안에서는 아파트를 건축할 수 있다.
> ⊙ 용도지역·용도지구에서의 도시·군계획시설에 대하여는 용도지역·용도지구의 건축제한에 관한 규정을 적용하지 아니한다.
> ⊙ 고도지구에서는 건축물을 신축하는 경우 도시·군관리계획으로 정하는 높이를 초과하여 건축할 수 없다.
> ⊙ 자연취락지구 안에서는 5층 이하의 범위에서 관광휴게시설을 건축할 수 있다.
> ⊙ 복합개발진흥지구는 주거기능, 공업기능, 유통·물류기능 및 관광·휴양기능 중 2 이상의 기능을 중심으로 개발·정비할 필요가 있는 지구이다.

① ㉠, ㉡
② ㉠, ㉢
③ ㉠, ㉣, ㉤
④ ㉡, ㉢, ㉤
⑤ ㉢, ㉣, ㉤

16 국토의 계획 및 이용에 관한 법령상 용도구역에 관한 설명으로 옳은 것은?

① 시가화유보기간은 5년 이상 20년 이내의 기간으로 도시·군관리계획으로 정하며, 시가화유보기간이 끝난 날부터 그 효력을 잃는다.

② 시가화조정구역에서 공공도서관, 119안전센터, 사회복지시설, 복합유통게임제공업의 시설, 주택의 신축, 종교시설의 신축, 공익시설·공공시설, 축사, 퇴비사, 창고, 양어장 등은 허가받아 설치할 수 있다.

③ 국토교통부장관은 도시자연공원구역의 지정을 도시·군관리계획으로 결정할 수 있다.

④ 국토교통부장관은 개발제한구역의 지정을 도시·군관리계획으로 결정할 수 있다.

⑤ 시·도지사는 시가화조정구역의 변경을 광역도시계획으로 결정할 수 있다.

17 A시에서 甲이 소유하고 있는 1,000m²의 대지는 제1종 일반주거지역에 800m², 제2종 일반주거지역에 200m²씩 걸쳐 있다. 甲이 대지 위에 건축할 수 있는 최대 연면적이 1,200m²일 때, A시 조례에서 정하고 있는 제1종 일반주거지역의 용적률은 _____이다(다만, 조례상 제2종 일반주거지역의 용적률은 200%이며, 기타 건축제한은 고려하지 않음).

18 국토의 계획 및 이용에 관한 법률상 기반시설의 종류와 그 해당 시설의 연결로 틀린 것은?

① 교통시설 - 차량 검사 및 면허시설   ② 유통·공급시설 - 방송·통신시설

③ 방재시설 - 하천   ④ 공간시설 - 장사시설

⑤ 환경기초시설 - 폐차장

19 국토의 계획 및 이용에 관한 법령상 공동구 등에 관한 다음 설명 중 틀린 것은?

① 하수도관, 가스관은 공동구협의회의 심의를 거쳐 공동구에 수용할 수 있다.

② 「지역 개발 및 지원에 관한 법률」에 따른 지역개발사업구역에서 200만m²를 초과하는 개발 사업을 시행하는 자는 공동구를 설치하여야 한다.

③ 공동구의 설치에 필요한 비용은 이 법 또는 다른 법률에 특별한 규정이 있는 경우를 제외하고는 공동구 점용예정자와 사업시행자가 부담한다.

④ 공동구 설치비용 부담액을 완납하지 않은 자가 공동구를 점용하려면 그 공동구를 관리하는 공동구 관리자의 허가를 받아야 한다.

⑤ 공동구관리자는 5년마다 해당 공동구의 안전 및 유지관리계획을 수립·시행하여야 하며, 공동구관리자는 1년에 1회 이상 공동구의 안전점검을 실시하여야 한다.

20 국토의 계획 및 이용에 관한 법령상 도시·군계획시설사업(이하 '사업')에 관한 설명으로 틀린 것은?

① 같은 도의 관할구역에 속하는 둘 이상의 시·군에 걸쳐 시행되는 사업의 시행자를 정함에 있어 관계 시장·군수간 협의가 성립되지 않는 경우에는 관할 도지사가 시행자를 지정한다.

② 도지사는 광역도시계획과 관련되는 경우 관계 시장 또는 군수의 의견을 들어 직접 사업을 시행할 수 있다.

③ 시행자는 사업을 효율적으로 추진하기 위하여 필요하다고 인정되면 사업시행대상지역을 분할하여 사업을 시행할 수 있다.

④ 도시·군관리계획결정을 고시한 경우 사업에 필요한 국공유지는 그 도시·군관리계획으로 정해진 목적 외의 목적으로 양도할 수 없다.

⑤ 한국토지주택공사가 사업의 시행자로 지정을 받으려면 사업대상인 사유토지의 소유자 총수의 2분의 1 이상의 동의를 받아야 한다.

21 매수의무자인 지방자치단체가 매수청구를 받은 장기미집행 도시·군계획시설부지 중 지목이 대(垈)인 토지를 매수할 때에 관한 설명으로 옳은 것은?

① 도시·군계획시설 결정·고시일부터 10년 이내에 사업이 시행되지 아니하여도 도시·군계획시설사업의 실시계획인가가 있는 경우에는 매수청구를 할 수 없다.

② 비업무용 토지로서 매수대금이 2천만원을 초과하는 경우 매수의무자는 그 초과하는 금액에 대해서 도시·군계획시설채권을 발행하여 지급할 수 있다.

③ 매수의무자는 매수청구를 받은 날부터 2년 이내에 매수 여부를 결정하여 토지소유자와 시장에게 알려야 하며, 매수결정을 통지한 날부터 6개월 이내에 매수하여야 한다.

④ 매수의무자가 매수하지 아니하기로 결정한 경우 매수청구자는 개발행위허가를 받아 3층의 다가구주택을 건축할 수 있다.

⑤ 매수의무자가 지방공사인 경우 토지소유자가 원하는 경우에 도시·군계획시설채권을 발행하여 대금을 지급할 수 있으며, 상환기간은 10년 이내로 한다.

22 국토의 계획 및 이용에 관한 법령상 지구단위계획구역에 관한 설명으로 옳은 것은?

① 주택법에 따라 대지조성사업지구로 지정된 지역의 전부에 대하여 지구단위계획구역을 지정할 수는 없다.

② 지구단위계획의 수립기준은 시·도지사가 국토교통부장관과 협의하여 정한다.

③ 택지개발지구에서 사업이 끝난 후 5년이 지난 지역은 지구단위계획구역으로 지정하여야 한다.

④ 도시개발법에 따라 지정된 30만m²의 도시개발구역에서 개발사업이 끝난 후 10년이 지난 지역은 지구단위계획구역으로 지정하여야 한다.

⑤ 개발제한구역에서 해제되는 지역으로서 체계적·계획적인 개발 또는 관리가 필요한 지역 중 면적이 30만m²인 지역은 지구단위계획구역으로 지정할 수 있다.

23 국토의 계획 및 이용에 관한 법령상 지구단위계획구역과 지구단위계획에 관한 설명으로 틀린 것은? (단, 조례는 고려하지 않음)

① 지구단위계획이 수립되어 있는 지구단위계획구역에서 공사기간 중 이용하는 공사용 가설건축물을 건축하려면 그 지구단위계획에 맞게 하여야 한다.

② 지구단위계획구역의 지정에 관한 도시·군관리계획결정의 고시일부터 3년 이내에 그 지구단위계획구역에 관한 지구단위계획이 결정·고시되지 아니하면 그 3년이 되는 날의 다음 날에 그 지구단위계획구역의 지정에 관한 도시·군관리계획결정은 효력을 잃는다.

③ 지구단위계획의 내용에는 건축물의 용도제한, 기반시설의 배치와 규모, 건축물의 건폐율, 용적률, 건축물 높이의 최고한도 또는 최저한도는 반드시 포함되어야 한다.

④ 지구단위계획으로 한옥마을의 보존을 목적으로 하는 경우 주차장법에 따른 주차장 설치기준을 최대 100%까지 완화하여 적용할 수 있다.

⑤ 도시지역 외의 지구단위계획으로 해당 용도지역 또는 개발진흥지구에 적용되는 건폐율의 150% 및 용적률의 200% 이내에서 완화하여 적용할 수 있다.

24 국토의 계획 및 이용에 관한 법령상 개발행위허가에 관한 설명으로 옳은 것은?

① 토석채취나 토지분할을 허가를 받은 자는 개발행위를 마치면 준공검사를 받아야 한다.

② 재해복구나 재난수습을 위한 응급조치를 한 경우에는 1개월 이내에 허가를 받아야 한다.

③ 개발행위허가를 받은 부지면적 또는 건축물 연면적을 5% 범위에서 축소하거나 확대하는 경우에는 변경허가를 받을 필요가 없다.

④ 도시·군계획사업에 의하지 않는 개발행위로서 주거지역 내 면적 9,000m²의 토지형질변경을 하는 경우에는 허가를 요하지 아니한다.

⑤ 지구단위계획이 수립된 지역에서는 토석채취량이 3만m³ 이상이라 하더라도 도시계획위원회의 심의를 거지치 아니하고 허가를 받을 수 있다.

25 도시·군관리계획상 특히 필요한 경우 최장 5년간 개발행위허가를 제한할 수 있는 지역을 모두 고른 것은?

⊙ 녹지지역이나 계획관리지역으로서 수목이 집단적으로 자라고 있거나 조수류 등이 집단적으로 서식하고 있는 지역 또는 우량 농지 등으로 보전할 필요가 있는 지역

⊙ 개발행위로 인하여 주변의 환경·경관·미관·국가유산 등이 크게 오염되거나 손상될 우려가 있는 지역

⊙ 도시·군기본계획 또는 도시·군관리계획을 수립하고 있는 지역으로서 그 도시·군관리계획이 결정될 경우 용도지역·용도지구 또는 용도구역의 변경이 예상되고 그에 따라 개발행위허가의 기준이 크게 달라질 것으로 예상되는 지역

⊙ 지구단위계획구역으로 지정된 지역

⊙ 기반시설부담구역으로 지정된 지역

① ㉠, ㉡, ㉢   ② ㉠, ㉡, ㉤   ③ ㉡, ㉢, ㉣

④ ㉡, ㉢, ㉤   ⑤ ㉢, ㉣, ㉤

26 국토의 계획 및 이용에 관한 법령상 성장관리계획에 관한 설명으로 옳은 것은?

① 시장 또는 군수는 주거지역 중 향후 시가화가 예상되는 지역의 전부 또는 일부에 대하여 성장관리계획구역을 지정할 수 있다.

② 성장관리계획구역 내 생산녹지지역에서는 30퍼센트 이하의 범위에서 성장관리계획으로 정하는 바에 따라 건폐율을 완화하여 적용할 수 있다.

③ 성장관리계획구역 내 보전관리지역에서는 125퍼센트 이하의 범위에서 성장관리계획으로 정하는 바에 따라 용적률을 완화하여 적용할 수 있다.

④ 시장 또는 군수는 성장관리계획구역을 지정할 때에는 도시·군관리계획의 결정으로 하여야 한다.

⑤ 시장 또는 군수는 성장관리계획구역을 지정하려면 성장관리계획구역안을 7일간 일반이 열람할 수 있도록 해야 한다.

27 국토의 계획 및 이용에 관한 법령상 개발밀도관리구역에 관한 설명 중 옳은 것은?

① 개발밀도관리구역에서는 해당 용도지역에 적용되는 용적률의 최대한도의 50% 범위에서 용적률을 강화하여 적용한다.

② 개발밀도관리구역에 대하여는 기반시설의 변화가 있는 경우, 이를 즉시 검토하여 그 구역의 해제 등 필요한 조치를 취하여야 한다.

③ 개발밀도관리구역의 명칭 변경에 대하여는 지방도시계획위원회의 심의를 요하지 아니한다.

④ 공업지역에서의 개발행위로 인하여 기반시설의 수용능력이 부족할 것으로 예상되는 지역 중 기반시설의 설치가 곤란한 지역은 개발밀도관리구역으로 지정될 수 없다.

⑤ 개발밀도관리구역의 지정권자는 국토교통부장관이다.

28 국토의 계획 및 이용에 관한 법령상 기반시설부담구역의 지정대상이 될 수 없는 지역은?

① 시가화조정구역에서 해제되어 개발행위가 집중된 지역

② 계획관리지역에서 제3종 일반주거지역으로 변경되는 지역

③ 주거지역에서 자연환경보전지역으로 변경되는 지역

④ 전전년도 개발행위허가 건수가 100건이 있으나, 전년도 개발행위허가 건수가 130건으로 증가한 지역

⑤ 전년도 인구증가율이 5%인 시에 속해 있는 지역으로서 전년도 인구증가율이 30%인 지역

29 국토의 계획 및 이용에 관한 법령상 기반시설부담구역 등에 관한 설명으로 옳은 것은?

① 기반시설부담구역이 지정되면 시장은 대통령령으로 정하는 바에 따라 기반시설설치계획을 수립하여야 하며, 이를 도시·군기본계획에 반영하여야 한다.

② 고등교육법에 따른 학교는 기반시설부담구역에 설치가 필요한 기반시설에 해당한다.

③ 기반시설설치비용은 현금, 신용카드 또는 직불카드 납부를 원칙으로 하되, 부과대상 토지 및 이와 비슷한 토지로 하는 납부를 인정할 수 있다.

④ 시장 또는 군수는 납부의무자가 건축허가를 받은 날부터 3개월 이내에 기반시설설치비용을 부과하여야 하고, 납부의무자는 사용승인신청 후 7일까지 내야 한다.

⑤ 기반시설부담구역의 지정고시일부터 2년이 되는 날까지 기반시설설치계획을 수립하지 아니하면 그 2년이 되는 날의 다음 날에 구역의 지정은 해제된 것으로 본다.

30 국토의 계획 및 이용에 관한 법령상 처분에 앞서 청문을 해야 하는 경우만을 모두 고른 것은?

> ㉠ 개발행위허가의 취소
> ㉡ 도시·군기본계획 승인의 취소
> ㉢ 도시·군계획시설사업의 시행자 지정의 취소
> ㉣ 지구단위계획구역 지정의 취소
> ㉤ 도시·군계획시설사업 실시계획 인가의 취소

① ㉠, ㉡, ㉢   ② ㉠, ㉢, ㉤   ③ ㉠, ㉣, ㉤
④ ㉡, ㉢, ㉣   ⑤ ㉡, ㉣, ㉤

31 건축법령상 다중이용 건축물에 해당하는 용도가 아닌 것은? (단, 16층 이상의 건축물은 제외하고, 해당 용도로 쓰는 바닥면적의 합계는 5천제곱미터 이상임)

① 교육연구시설   ② 판매시설   ③ 운수시설 중 여객용 시설
④ 종교시설   ⑤ 의료시설 중 종합병원

32 건축법령상 대지를 조성하기 위하여 건축물과 분리하여 공작물을 축조하려는 경우, 특별자치시장·특별자치도지사 또는 시장·군수·구청장에게 신고하여야 하는 공작물에 해당하지 않는 것은? (단, 공용건축물에 대한 특례는 고려하지 않음)

① 상업지역에 설치하는 높이 8미터의 통신용 철탑
② 높이 3미터의 옹벽
③ 높이 8미터의 굴뚝
④ 바닥면적 35제곱미터의 지하대피호
⑤ 높이 3미터의 장식탑

33 다음 건축물 중 건축법의 적용을 받는 것은?

① 대지에 정착된 컨테이너를 이용한 주택
② 철도의 선로 부지에 있는 운전보안시설
③ 문화유산의 보존 및 활용에 관한 법률에 따른 지정문화유산이나 임시지정문화유산
④ 고속도로 통행료 징수시설
⑤ 하천법에 따른 하천구역 내의 수문조작실

34 건축법령상 건축에 관한 용어 설명 중 틀린 것은?

① 건축물을 그 주요구조부를 해체하여 같은 대지의 다른 위치로 옮기는 것은 '이전'에 해당한다.

② 기존 건축물이 있는 대지에서 건축물의 높이를 증가시키는 것은 '증축'에 해당한다.

③ 부속건축물만 있는 대지에 새로이 주된 건축물을 축조하는 것(개축 또는 재축하는 것은 제외한다)은 '신축'에 해당한다.

④ 건축물이 재해로 멸실된 경우 그 대지에 연면적 합계는 종전 규모 이하이고 동수, 층수 및 높이가 모두 종전 규모 이하로 다시 축조하는 것은 '재축'에 해당한다.

⑤ 기존 건축물의 전부를 해체하고 그 대지에 종전과 같은 규모의 범위에서 건축물을 다시 축조하는 것은 '개축'에 해당한다.

35 건축법령상 증축·개축·재축에 해당하지 아니하는 것으로서 대수선 행위로 볼 수 없는 것은?

① 내력벽의 벽면적을 $30m^2$ 이상 수선 또는 변경하는 행위

② 지붕틀 3개를 증설하여 건축물의 연면적을 넓히는 행위

③ 보를 증설·해체하거나 3개 이상 수선하는 행위

④ 건축물의 방화구획을 위한 바닥 또는 벽을 증설하거나 해체하는 행위

⑤ 다세대주택의 세대 간 경계벽을 수선 또는 변경하는 행위

36 甲은 A도 B군에서 숙박시설로 사용승인을 받은 바닥면적의 합계가 3천제곱미터인 건축물의 용도를 변경하려고 한다. 건축법령상 이에 관한 설명으로 틀린 것은?

① 의료시설로 용도를 변경하려는 경우에는 용도변경 신고를 하여야 한다.

② 종교시설로 용도를 변경하려는 경우에는 용도변경 허가를 받아야 한다.

③ 甲이 바닥면적의 합계 1천제곱미터의 부분에 대해서만 업무시설로 용도를 변경하는 경우에는 사용승인을 받지 않아도 된다.

④ A도지사는 도시·군계획에 특히 필요하다고 인정하면 B군수의 용도변경허가를 제한할 수 있다.

⑤ B군수는 甲이 판매시설과 위락시설의 복수용도로 용도변경 신청을 한 경우 지방건축위원회의 심의를 거쳐 이를 허용할 수 있다.

37 건축법령상 건축허가의 사전결정에 관한 설명으로 옳은 것은?

① A도(道) B시(市)에서 30층의 건축물을 건축하려는 자는 건축허가신청 전에 A도지사에게 그 건축물의 건축이 법령에서 허용되는지에 대한 사전결정을 신청하여야 한다.

② 허가권자는 사전결정이 신청된 건축물의 대지면적이 환경영향평가법에 따른 소규모 환경영향평가대상사업인 경우 국토교통부장관과 협의하여야 한다.

③ 사전결정신청자가 사전결정을 통지받은 날부터 2년 이내에 법령에 따른 건축허가를 신청하지 않으면 그 사전결정은 효력을 상실한다.

④ 건축허가 대상 건축물을 건축하려는 자가 허가권자의 사전결정통지를 받은 경우 산지관리법 제14조에 따른 농림지역 안의 보전산지에 대한 산지전용허가를 받은 것으로 본다.

⑤ 사전결정의 신청자는 건축위원회의 심의와 교통영향평가서 검토를 동시에 신청할 수 없다.

38 건축법령상 시장·군수가 건축허가를 하기 위해 도지사의 사전승인을 받아야 하는 건축물은?

① 연면적의 10분의 2를 증축하여 층수가 21층이 되는 공장

② 연면적의 합계가 100,000m^2인 창고

③ 자연환경을 보호하기 위하여 도지사가 지정·공고한 구역에 건축하는 3층인 다가구주택에 해당하는 건축물

④ 수질을 보호하기 위하여 도지사가 지정·공고한 구역에 건축하는 연면적의 합계가 900m^2인 2층의 숙박시설

⑤ 주거환경 등 주변환경을 보호하기 위하여 도지사가 지정·공고한 구역에 건축하는 연면적의 합계가 900m^2인 2층의 숙박시설

39 건축법령상 건축허가 등에 관한 설명으로 틀린 것은?

① 21층 이상의 건축물 등 대통령령으로 정하는 용도 및 규모의 건축물을 광역시에 건축하려면 광역시장의 허가를 받아야 한다.

② 건축물의 건축허가를 받으면 국토의 계획 및 이용에 관한 법률에 따른 개발행위허가를 받은 것으로 본다.

③ 분양을 목적으로 하는 건축주가 그 대지를 사용할 수 있는 권원을 확보한 경우에도 건축허가를 받으려는 자는 해당 대지의 소유권을 확보하지 않아도 된다.

④ 위락시설 또는 숙박시설의 경우 주거환경 또는 교육환경 등을 고려할 때 부적합하다고 인정되는 경우 건축위원회의 심의를 거쳐 허가를 거부할 수 있다.

⑤ 허가권자는 허가를 받은 자가 허가를 받은 날부터 2년 이내에 공사에 착수하였으나 공사의 완료가 불가능하다고 인정되는 경우에는 허가를 취소할 수 있다.

40 건축법령상 건축허가의 제한에 관한 설명으로 틀린 것은?

① 국방부장관이 국방을 위하여 특히 필요하다고 인정하여 요청하면 국토교통부장관은 허가권자의 건축허가를 제한할 수 있다.

② 국가유산의 보존 또는 국민경제를 위하여 특히 필요한 경우 주무부장관은 허가권자의 건축허가를 제한할 수 있다.

③ 특별시장은 지역계획에 특히 필요하다고 인정하면 관할 구청장의 건축허가를 제한할 수 있다.

④ 건축물의 착공을 제한하는 경우 제한기간은 2년 이내로 하되, 1회에 한하여 1년 이내의 범위에서 제한기간을 연장할 수 있다.

⑤ 도지사가 군수의 건축허가를 제한한 경우에는 즉시 국토교통부장관에게 보고하고, 보고를 받은 국토교통부장관은 제한내용이 지나치다고 인정하면 그 해제를 명할 수 있다.

41 건축법령상 건축신고를 하면 건축허가를 받은 것으로 볼 수 있는 경우에 해당하지 않는 것은?

① 연면적 270제곱미터인 3층 건축물의 방화벽 수선

② 연면적 180제곱미터인 2층 건축물의 대수선

③ 연면적 150제곱미터인 3층 건축물의 피난계단 증설

④ 1층의 바닥면적 50제곱미터, 2층의 바닥면적 30제곱미터인 2층 건축물의 신축

⑤ 바닥면적 100제곱미터인 단층 건축물의 신축

42 건축법령상 대지의 조경 및 공개공지 등의 설치에 관한 설명으로 옳은 것은?

① 공개공지 확보대상 건축물은 전용주거지역, 일반공업지역, 일반주거지역, 준주거지역, 상업지역, 준공업지역이다.

② 대지에 공개공지 등을 확보하여야 하는 건축물의 경우 공개공지 등을 설치하는 때에는 해당 지역에 적용하는 용적률의 1.2배 이하의 범위에서 건축조례로 정하는 바에 따라 용적률을 완화하여 적용할 수 있다.

③ 바닥면적의 합계가 3천m^2 이상인 문화 및 집회시설, 종교시설, 농수산물유통 및 가격안정에 관한 법률에 따른 농수산물유통시설, 운수시설(여객용시설에 한함), 업무시설, 숙박시설 등이 공개공지 또는 공개공간 확보대상이다.

④ 상업지역의 건축물에 설치하는 공개공지 등의 면적은 건축면적의 100분의 10 이하의 범위에서 건축조례로 정한다.

⑤ 상업지역인 대지에 건축하는 언면적이 1,000m^2인 물류시설은 조경을 하지 아니한다.

43 건축법령상 건축물의 대지와 도로에 관한 설명으로 틀린 것은?

① 손궤의 우려가 있는 토지에 대지를 조성하면서 설치한 옹벽의 외벽면에는 옹벽의 지지 또는 배수를 위한 시설물이 밖으로 튀어 나와도 된다.

② 건축물의 대지는 2m 이상이 보행과 자동차의 통행이 가능한 도로에 접하여야 한다.

③ 연면적 합계가 2,000m² 이상인 공장인 경우에는 대지는 너비 6m 이상의 도로에 4m 이상 접하여야 한다.

④ 농지법에 따른 농막을 건축하는 경우에는 도로에 2m 이상 접하지 않아도 된다.

⑤ 허가권자는 도로의 위치를 폐지·변경 하려는 경우에는 필수적으로 도로에 대한 이해관계인의 동의를 받아야 한다.

44 건축법령상 건축물의 면적의 산정방법에 관한 설명으로 옳은 것을 모두 고른 것은?

> ㉠ 공동주택으로서 지상층에 설치한 전기실의 면적은 바닥면적에 산입하지 아니한다.
> ㉡ 바닥면적은 건축물의 외벽 또는 외곽기둥의 중심선으로 둘러싸인 부분의 수평투영면적으로 한다.
> ㉢ 건축물의 1층이 차량의 주차에 전용(專用)되는 필로티인 경우 그 면적은 바닥면적에 산입되지 아니한다.
> ㉣ 사용승인을 받은 후 15년 이상이 된 건축물을 리모델링하는 경우로서 열의 손실 방지를 위하여 외벽에 부가하여 마감재를 설치하는 부분은 바닥면적에 산입한다.

① ㉠, ㉡   ② ㉠, ㉢   ③ ㉡, ㉢

④ ㉡, ㉣   ⑤ ㉢, ㉣

45 건축법령상 용적률의 산정에 있어서 연면적에서 제외하는 것이다. 틀린 것은?

① 지하층의 면적

② 초고층 건축물과 준초고층 건축물에 설치하는 피난안전구역의 면적

③ 주민공동시설의 면적

④ 지상층의 주차용(건축물의 부속용도인 경우에 한한다)으로 사용되는 면적

⑤ 층수가 11층 이상인 건축물로서 11층 이상인 층의 바닥면적의 합계가 1만m² 이상인 건축물의 옥상으로서 건축물의 경사지붕 아래에 설치하는 대피공간 면적

46 건축법령상 특별건축구역에 관한 설명으로 틀린 것은?

① 국토교통부장관은 국가가 국제행사 등을 개최하는 지역의 사업구역을 특별건축구역으로 지정할 수 있다.

② 국토교통부장관 또는 시·도지사는 군사기지 및 군사시설보호구역에 특별건축구역으로 지정할 수 없다.

③ 특별건축구역을 지정하거나 변경한 경우에는 도시·군관리계획의 결정(용도지역·지구·구역의 지정을 제외)이 있는 것으로 본다.

④ 건축물의 용적률, 건폐율, 일조 등의 확보를 위한 건축물의 높이제한, 대지 안의 공지, 대지 안의 조경을 적용하지 아니할 수 있다.

⑤ 특별건축구역에서는 공원, 부설주차장, 미술작품에 대하여는 통합하여 적용할 수 있다.

47 건축법령상 건축협정에 관한 설명으로 틀린 것은?

① 토지 또는 건축물의 소유자, 지상권자 등은 전원의 합의로 지구단위계획구역에서 건축물의 건축·대수선 또는 리모델링에 관한 건축협정을 체결할 수 있다.

② 협정체결자 또는 건축협정운영회의 대표자는 건축협정서를 작성하여 해당 건축협정인가권자의 인가를 받아야 한다.

③ 건축협정 체결 대상 토지가 둘 이상의 특별자치시 또는 시·군·구에 걸치는 경우 건축협정 체결 대상 토지면적의 과반이 속하는 건축협정인가권자에게 인가를 신청할 수 있다.

④ 협정체결자 또는 건축협정운영회의 대표자는 건축협정을 폐지하려는 경우 협정체결자 과반수의 동의를 받아 건축협정인가권자의 인가를 받아야 한다.

⑤ 인가를 받은 건축협정구역에서는 건폐율, 용적률, 계단의 설치, 우편물 수취함의 설치, 부설주차장의 설치의 규정을 개별 건축물마다 적용하지 아니하고 전부 또는 일부를 대상으로 통합하여 적용할 수 있다.

48 건축법령상 이행강제금에 관한 설명으로 옳은 것은?

① 건축물이 용적률을 초과하여 건축된 경우 해당 건축물에 적용되는 시가표준액의 100분의 10에 해당하는 금액으로 이행강제금이 부과된다.

② 허가대상 건축물을 허가 받지 아니하고 건축하여 벌금이 부과된 자에게 이행강제금을 부과할 수 없다.

③ 허가권자는 영리목적을 위한 위반이나 상습적 위반 등 대통령령으로 정하는 경우에 이행강제금 부과금액을 100분의 100의 범위에서 가중할 수 있다.

④ 허가권자는 시정명령을 받은 자가 시정명령을 이행하는 경우에는 새로운 이행강제금의 부과를 즉시 중지하되, 이미 부과된 이행강제금은 징수하여야 한다.

⑤ 연면적이 $60m^2$ 이하의 건축물에 대한 이행강제금은 법정 부과금액의 1/2 범위에서 해당 지방자치단체의 조례가 정하는 금액을 부과한다.

49 주택법령상 용어정의에 관한 설명 중 틀린 것은?

① 민영주택은 국민주택을 제외한 주택을 말한다.

② 수도권에 소재한 읍 또는 면 지역의 경우 국민주택규모의 주택이란 1호(戶) 또는 1세대당 주거전용면적이 100m² 이하인 주택을 말한다.

③ 지방공사가 수도권에 건설한 주거전용면적이 1호당 80m²인 단독주택은 국민주택에 해당한다.

④ 공관과 기숙사는 주택법상 주택이 아니다.

⑤ 국토교통부장관은 주택수요·공급의 적정을 기하기 위하여 필요하다고 인정하는 때에는 주택조합이나 고용자가 건설하는 주택은 100% 이하의 범위에서 일정 비율 이상을 국민주택규모로 건설하게 할 수 있다.

50 주택법령상 하나의 주택단지로 보아야 하는 것은?

① 폭 15m의 고속도로로 분리된 주택단지

② 폭 10m의 자동차전용도로로 분리된 주택단지

③ 폭 20m의 도시계획예정도로로 분리된 주택단지

④ 폭 8m의 일반도로로 분리된 주택단지

⑤ 보행자 및 자동차의 통행이 가능한 도로로서 도로법에 따른 일반국도·지방도로 분리된 주택단지

51 주택법령상 도시형 생활주택에 관한 설명 중 틀린 것은?

① 국토의 계획 및 이용에 관한 법률에 따른 도시지역에 건설하는 세대별 주거전용면적이 85m²인 아파트는 도시형 생활주택에 해당하지 아니한다.

② 소형 주택은 세대별 주거전용면적이 85m² 이하이어야 한다.

③ 세대별로 독립된 주거가 가능하도록 욕실, 부엌을 설치하여야 한다.

④ 도시형 생활주택에는 분양가상한제가 적용되지 아니한다.

⑤ 소형 주택과 주거전용면적 85m²를 초과하는 주택 1세대를 함께 건축하는 경우와 상업지역 또는 준주거지역에서 소형주택과 도시형 생활주택 외의 주택을 함께 건축할 수 있다.

52 주택법령상 용어에 관한 설명으로 틀린 것은?

① 주택에 딸린 주차장은 부대시설에 속한다.

② 주택에 딸린 건축설비는 부대시설에 속한다.

③ 주택단지의 근린생활시설은 부대시설에 속한다.

④ 주택단지의 어린이놀이터는 복리시설에 속한다.

⑤ 주택단지의 안과 밖을 연결시키는 지역난방시설은 간선시설에 속한다.

53 주택법령상 용어에 관한 설명으로 옳은 것은?

① 세대구분형 공동주택이란 공동주택의 주택내부 공간의 일부를 세대별로 구분하여 생활이 가능한 구조로 하되 그 구분된 공간의 일부를 구분소유할 수 있는 주택이다.

② 공구란 하나의 주택단지에서 둘 이상으로 구분되는 일단의 구역으로서 공구별 세대수는 200세대 이상으로 해야 한다.

③ 입주자대표회의가 리모델링하려는 경우에는 리모델링설계개요, 공사비, 소유자의 비용분담명세가 적혀 있는 결의서에 주택단지 소유자 2/3 이상의 동의를 받아야 한다.

④ 공사완료일 또는 사용승인일부터 15년이 경과된 공동주택을 각 세대의 주거전용면적의 3/10 이내에서 증축하는 행위는 리모델링이다.

⑤ 수직증축형 리모델링의 대상이 되는 기존 건축물의 층수가 15층 이상인 경우에는 3개층까지 증축할 수 있다.

54 주택법령상 주택건설사업 또는 대지조성사업의 등록 등에 관한 설명 중 옳은 것은?

① 한국토지주택공사가 대지조성사업을 시행하고자 하는 경우에는 국토교통부장관에게 등록할 필요가 없다.

② 지방공사가 주택건설사업을 시행하고자 하는 경우에는 국토교통부장관에게 등록하여야 한다.

③ 주택건설사업을 목적으로 하는 공익법인은 국토교통부장관에게 등록하여야 한다.

④ 주택조합이 등록사업자와 공동으로 조합원의 주택을 건설하려는 경우에는 국토교통부장관에게 등록하여야 한다.

⑤ 고용자가 그 근로자의 주택을 건설하는 경우에는 등록사업자와 공동으로 사업을 시행하여야 하며, 이 경우 고용자와 등록사업자를 공동사업주체로 추정한다.

55 주택법령상 주택조합에 관한 설명으로 옳은 것은?

① 국민주택을 공급받기 위하여 직장주택조합을 설립하는 경우 관할 시장·군수·구청장의 인가를 받아야 한다.

② 주택조합과 등록사업자가 공동으로 사업을 시행·시공할 경우 등록사업자는 자신의 귀책사유로 사업추진이 지연됨으로 인해 조합원에게 발생한 손해를 배상해야 한다.

③ 지역주택조합설립인가를 받으려는 자는 해당 주택건설대지의 50% 이상에 해당하는 토지의 사용권원을 확보하고, 해당 주택건설대지의 15% 이상에 해당하는 토지의 소유권을 확보하여야 한다.

④ 지역주택조합의 설립인가를 받기 위하여 조합원을 모집하려는 자는 관할 시장·군수·구청장에게 신고하고, 선착순의 방법으로 조합원을 모집하여야 한다.

⑤ 조합설립 인가 후에 조합원으로 추가모집되는 자가 조합원 자격 요건을 갖추었는지를 판단할 때에는 추가모집공고일을 기준으로 하고, 조합원 추가모집에 따른 주택조합의 변경인가 신청은 사업계획승인신청일까지 하여야 한다.

56 주택법령상 리모델링에 관한 설명으로 옳은 것은? (단, 조례는 고려하지 않음)

① 기존 14층 건축물에 수직증축형 리모델링이 허용되는 경우 2개층까지 증축할 수 있다.

② 리모델링주택조합의 설립인가를 받으려는 자는 인가신청서에 해당 주택소재지의 80% 이상의 토지에 대한 토지사용승낙서를 첨부하여 관할 시장·군수 또는 구청장에게 제출하여야 한다.

③ 소유자 전원의 동의를 받은 입주자대표회의는 시장·군수·구청장에게 신고하고 리모델링을 할 수 있다.

④ 수직증축형 리모델링의 경우 리모델링주택조합의 설립인가신청서에 당해 주택이 사용검사를 받은 후 10년 이상의 기간이 경과하였음을 증명하는 서류를 첨부하여야 한다.

⑤ 리모델링주택조합이 시공자를 선정하는 경우 수의계약의 방법으로 하여야 한다.

57 주택법령상 주택상환사채에 관한 설명으로 틀린 것은?

① 한국토지주택공사는 주택상환사채를 발행할 수 있다.

② 주택상환사채는 취득자의 성명을 채권에 기록하지 아니하면 사채발행자 및 제3자에게 대항할 수 없다.

③ 등록사업자의 등록이 말소된 경우에는 등록사업자가 발행한 주택상환사채의 효력은 상실된다.

④ 주택상환사채는 액면 또는 할인의 방법으로 발행할 수 있으며, 기명증권(記名證券)으로 발행한다.

⑤ 주택상환사채를 발행하려는 자는 주택상환사채발행계획을 수립하여 국토교통부장관의 승인을 받아야 한다.

58 사업주체 甲은 사업계획승인권자 乙로부터 사업계획승인을 받았다. 주택법령상 이에 관한 설명으로 틀린 것은?

① 甲이 사업계획승인을 받은 날부터 5년 이내 공사를 시작하지 아니한 경우, 乙은 사업계획의 승인을 취소할 수 있으며, 甲이 소송 진행으로 인하여 공사착수가 지연되어 연장 신청을 한 경우, 乙은 그 분쟁이 종료된 날부터 1년의 범위에서 공사착수기간을 연장할 수 있다.

② 甲이 최초로 공사를 진행하는 공구에서 사업계획승인을 받은 날부터 5년 이내 공사를 시작하지 아니한 경우, 乙은 사업계획의 승인을 취소할 수 있다.

③ 甲이 최초로 공사를 진행하는 공구 외의 공구에서 해당 주택단지에 대한 최초 사업계획승인을 받은 날부터 2년이 지났음에도 사업주체가 공사를 시작하지 아니한 경우, 乙은 사업계획승인을 취소할 수 있다.

④ 주택분양보증을 받지 않은 甲이 파산하여 공사 완료가 불가능한 경우, 乙은 사업계획승인을 취소할 수 있다.

⑤ 주택분양보증을 받지 않은 甲이 경매·공매 등으로 인하여 대지소유권을 상실한 경우, 甲이 파산하여 공사 완료가 불가능한 경우, 乙은 사업계획승인을 취소할 수 있다.

59 주택법령상 사업계획승인을 받은 사업주체에게 인정되는 매도청구권에 관한 설명으로 틀린 것은?

① 주택건설대지에 사용권원을 확보하지 못한 건축물이 있는 경우 그 건축물도 매도청구대상에 포함된다.

② 사업주체는 매도청구를 하기 전에 3개월 이상 협의를 하여야 한다.

③ 사업주체가 주택건설대지면적 중 100분의 80에 대하여 사용권원을 확보한 경우, 사용권원을 확보하지 못한 대지의 소유자 중 지구단위계획구역 결정고시일 10년 이전에 해당 대지의 소유권을 취득하여 계속 보유하고 있는 자를 제외한 소유자에게 매도청구를 할 수 있다.

④ 사업주체가 주택건설대지면적 중 100분의 95에 대하여 사용권원을 확보한 경우, 사용권원을 확보하지 못한 대지의 모든 소유자에게 매도청구를 할 수 있다.

⑤ 사업주체는 매도청구대상 대지의 소유자에게 그 대지를 공시지가로 매도할 것을 청구할 수 있다.

60 **주택법령상 사용검사 후 매도청구 등에 관한 설명으로 틀린 것은?**

① 주택의 소유자들은 주택단지 전체 대지에 속하는 일부의 토지에 대한 소유권이전등기 말소소송 등에 따라 사용검사를 받은 이후에 토지소유권을 회복한 자에게 그 토지를 시가로 매도할 것을 청구할 수 있다.

② 주택의 소유자들은 대표자를 선정하여 매도청구에 관한 소송을 제기할 수 있고 대표자는 주택의 소유자 전체의 2/3 이상의 동의를 얻어 선정한다.

③ 매도청구에 관한 소송에 대한 판결은 주택의 소유자 전체에 대하여 효력이 있다.

④ 매도청구를 하려는 경우에는 해당 토지의 면적이 주택단지 전체 대지 면적의 5/100 미만이어야 한다.

⑤ 매도청구의 의사표시는 실소유자가 해당 토지 소유권을 회복한 날부터 2년 이내에 해당 실소유자에게 송달되어야 한다.

61 **주택법령상 주택의 공급 및 분양가상한제 적용주택에 대한 설명으로 틀린 것은?**

① 도시 및 주거환경정비법에 따른 주거환경개선사업 및 공공재개발사업과 공공재건축사업에서 건설·공급하는 주택은 분양가상한제가 적용되지 않는다.

② 분양가상한제 적용주택의 분양가격은 택지비와 건축비로 구성된다.

③ 사업주체가 일반인에게 공급하는 도시형 생활주택에 대해서는 분양가상한제가 적용되지 않는다.

④ 시장·군수·구청장은 주택의 분양가격 제한과 분양가격의 공시에 관한 사항을 심의하기 위하여 사업계획승인 신청이 있는 날부터 20일 이내에 분양가심사위원회를 설치·운영하여야 한다.

⑤ 사업주체는 공공택지에서 공급하는 분양가상한제 적용주택에 대하여 입주자모집승인을 받았을 때에는 분양가격을 공시하여야 한다.

62 분양가상한제 적용 지역의 지정 기준에 관한 조문의 일부이다. 다음 (   )에 들어갈 숫자를 옳게 연결한 것은?

> 투기과열지구 중 다음에 해당하는 지역을 말한다.
> 1. 분양가상한제적용직전월부터 소급하여 12개월간의 아파트 분양가격상승률이 물가상승률의 (㉠) 배를 초과한 지역
> 2. 분양가상한제적용직전월부터 소급하여 3개월간의 주택매매거래량이 전년 동기대비 (㉡)퍼센트 이상 증가한 지역
> 3. 분양가상한제적용직전월부터 소급하여 주택공급이 있었던 2개월 동안 해당 지역에서 공급되는 주택의 월평균 청약경쟁률이 모두 (㉢)대 1을 초과하였거나 해당 지역에서 공급되는 국민주택규모 주택의 월평균 청약경쟁률이 모두 (㉣)대 1을 초과한 지역

① ㉠: 2, ㉡: 20, ㉢: 5, ㉣: 10

② ㉠: 2, ㉡: 30, ㉢: 5, ㉣: 10

③ ㉠: 3, ㉡: 20, ㉢: 3, ㉣: 20

④ ㉠: 2, ㉡: 10, ㉢: 3, ㉣: 30

⑤ ㉠: 3, ㉡: 20, ㉢: 5, ㉣: 30

63 주택법령상 주택공급질서의 교란을 방지하기 위하여 금지되는 행위인 것은?

① 도시개발채권의 양도

② 토지상환채권의 양도

③ 입주자저축증서의 증여

④ 주택상환사채의 저당

⑤ 주택을 공급받을 수 있는 주택조합원 지위의 상속

64 주택법령상 투기과열지구에 관한 설명으로 옳은 것은?

① 시장·군수 또는 구청장는 주택가격의 안정을 위하여 필요한 경우 일정 지역을 주거정책심의위원회의 심의를 거쳐 투기과열지구로 지정할 수 있다.

② 국토교통부장관은 1년마다 주거정책심의위원회의 회의를 소집하여 투기과열지구로 지정된 지역별로 투기과열지구 지정의 유지 여부를 재검토하여야 한다.

③ 시·도지사가 투기과열지구를 지정하거나 이를 해제할 경우에는 국토교통부장관과 협의를 하여야 한다.

④ 투기과열지구지정직전월의 사업계획승인 건수나 건축허가 건수가 전달보다 급격하게 감소한 곳은 투기과열지구로 지정할 수 있다.

⑤ 국토교통부장관은 시·도별 주택보급률 또는 자가주택비율이 전국 평균을 초과하는 지역을 투기과열지구로 지정할 수 있다.

65 세대주인 甲이 취득한 주택은 주택법령에 따른 전매제한 기간 중에 있다. 다음 중 甲이 이 주택을 전매할 수 있는 경우는?

① 세대원인 甲의 아들의 결혼으로 甲의 세대원 전원이 서울특별시로 이전하는 경우

② 甲의 실직·파산 또는 신용불량으로 경제적 어려움이 발생한 경우

③ 甲은 상속에 의하여 취득한 주택으로 이전하면서, 甲을 제외한 나머지 세대원은 다른 새로운 주택으로 이전하는 경우

④ 甲의 세대원 전원이 1년 6개월간 해외에 체류하려는 경우

⑤ 세대원인 甲의 가족은 국내에 체류하고, 甲은 해외로 이주하는 경우

⑥ 甲이 이 주택의 전부를 배우자에게 증여하는 경우

⑦ 분양가상한제 적용주택의 소유자 甲이 금융기관에 대한 채무를 이행하지 못하여 사업주체의 동의없이 경매 또는 공매가 시행되는 경우

66 도시개발법령상 도시개발구역을 지정한 후에 개발계획을 수립할 수 있는 경우가 아닌 것은?

① 개발계획을 공모하는 경우

② 생산녹지지역(개발구역면적의 100분의 30 이하인 경우)에 도시개발구역을 지정할 때

③ 도시지역 외의 지역에 도시개발구역을 지정할 경우

④ 국토교통부장관이 지역균형발전을 위하여 관계 중앙행정기관의 장과 협의하여 상업지역에 도시개발구역을 지정할 경우

⑤ 해당 도시개발구역에 포함되는 주거지역이 전체 도시개발구역 지정 면적의 100분의 40인 지역을 도시개발구역으로 지정할 경우

67 도시개발법령상 도시개발구역을 지정한 후에 개발계획에 포함시킬 수 있는 사항이다. 틀린 것은?

① 임대주택(「민간임대주택에 관한 특별법」에 따른 민간임대주택 및 「공공주택 특별법」에 따른 공공임대주택을 말한다. 이하 같다)건설계획 등 세입자 등의 주거 및 생활 안정 대책

② 순환개발 등 단계적 사업추진이 필요한 경우 사업추진 계획 등에 관한 사항

③ 도시개발구역 밖의 지역에 기반시설을 설치하여야 하는 경우 그 시설의 설치에 필요한 비용의 부담계획

④ 수용·사용의 대상이 되는 토지·건축물, 광업권, 어업권, 양식업권, 물의 사용에 관한 권리가 있는 경우에는 그 세부목록

⑤ 도시개발구역을 둘 이상의 사업시행지구로 분할하거나 서로 떨어진 둘 이상의 지역을 하나의 구역으로 결합하여 도시개발사업을 시행하는 경우에는 그 분할이나 결합에 관한 사항

68 도시개발법상 국토교통부장관이 도시개발구역을 지정할 수 있는 사유로 옳은 것은?

① 시장 또는 군수가 요청하는 경우

② 지방공사의 장이 30만㎡ 이상으로 국가계획과 밀접한 관련이 있는 도시개발구역의 지정을 제안하는 경우

③ 정부출연기관의 장이 30만㎡ 이상으로 도시개발구역의 지정을 제안하는 경우

④ 도시개발사업이 필요하다고 인정되는 지역이 2 이상의 시·도의 행정구역에 걸치는 경우

⑤ 한국토지주택공사 사장이 30만 제곱미터의 규모로 국가계획과 밀접한 관련이 있는 도시개발 구역의 지정을 제안하는 경우

69 도시개발법령상 도시개발구역에서 허가를 받아야 하는 행위는?

① 농림수산물의 생산에 직접 이용되는 비닐하우스 설치

② 경작을 위한 토지의 형질변경

③ 도시개발구역의 개발에 지장을 주지 아니하고 자연경관을 손상하지 아니하는 범위에서의 토석의 채취

④ 경작지에서의 관상용 죽목의 임시식재

⑤ 도시개발구역에 남겨두기로 결정된 대지에서 물건을 쌓아 놓는 행위

70 도시개발법령상 도시개발구역지정의 해제에 관한 사항 중 옳은 것은?

① 도시개발사업의 공사완료(환지방식에 의한 사업인 경우에는 그 환지처분)의 공고일에 해제된 것으로 본다.

② 도시개발구역을 지정·고시한 날부터 2년이 되는 날까지 개발계획을 수립·고시하지 아니하는 경우에는 도시개발구역의 지정이 해제된 것으로 본다.

③ 도시개발구역이 지정·고시된 날부터 2년이 되는 날까지 실시계획의 인가를 신청하지 아니하는 경우에는 그 2년이 되는 날의 다음 날에 해제된 것으로 본다.

④ 도시개발구역을 지정한 후 개발계획을 수립하는 경우에 도시개발구역의 면적이 330만제곱미터 이상인 경우에는 개발계획을 수립·고시한 날부터 3년이 되는 날까지 실시계획 인가를 신청하지 아니하는 경우에는 그 3년이 되는 날의 다음 날에 해제된 것으로 본다.

⑤ 도시개발사업의 공사완료로 도시개발구역의 지정이 해제의제된 경우에는 도시개발구역의 용도지역은 해당 도시개발구역 지정 전의 용도지역으로 환원된 것으로 보지 아니한다.

71 도시개발법령상 도시개발구역 지정권자가 시행자를 변경할 수 있는 경우가 아닌 것은?

① 도시개발사업에 관한 실시계획의 인가를 받은 후 2년 이내에 사업을 착수하지 아니하는 경우

② 행정처분으로 사업시행자의 지정 또는 실시계획의 인가가 취소된 경우

③ 사업시행자가 도시개발구역 지정의 고시일부터 6개월 이내에 실시계획의 인가를 신청하지 아니하는 경우

④ 사업시행자의 부도로 도시개발사업의 목적을 달성하기 어렵다고 인정되는 경우

⑤ 지정권자가 시행자 지정 신청기간의 연장이 불가피하다고 인정하여 6개월의 범위에서 연장한 경우에는 그 연장된 기간 이내에 실시계획의 인가를 신청하지 아니하는 경우

72 도시개발법령상 도시개발조합에 관한 설명이다. 옳은 것은 몇 개인가?

> ㉠ 의결권을 가진 조합원의 수가 100인인 조합은 총회의 권한을 대행하게 하기 위하여 대의원회를 둘 수 있다.
>
> ㉡ 조합설립인가를 신청하는 때에는 도시개발구역 안의 토지면적의 2/3 이상 소유자 또는 토지소유자 총수의 1/2 이상의 동의를 얻어야 한다.
>
> ㉢ 조합원은 보유토지의 면적과 관계없는 평등한 의결권을 가지므로, 공유 토지의 경우 공유자별로 의결권이 있다.
>
> ㉣ 정관기재사항인 주된 사무소의 소재지를 변경하려는 경우에는 변경신고를 하여야 한다.
>
> ㉤ 조합의 이사는 도시개발구역의 토지소유자이어야 한다.
>
> ㉥ 조합 설립인가에 동의한 자로부터 토지를 취득한 자는 조합설립의 인가 신청 전에도 동의를 철회할 수 없다.
>
> ㉦ 이사의 자기를 위한 조합과의 계약이나 소송에 관하여는 조합장이 조합을 대표한다.
>
> ㉧ 토지소유자는 조합설립에 동의를 하지 않았더라도 조합이 설립되면 당연 조합원이 된다.
>
> ㉨ 정관의 변경, 개발계획의 수립, 조합장의 선임, 조합의 합병, 환지계획의 작성에 관한 사항은 대의원회가 총회의 권한을 대행할 수 있다.

① 1개   ② 2개   ③ 3개

④ 4개   ⑤ 5개

73 도시개발법상 도시개발사업시행 중 실시계획에 관한 내용이다. 틀린 것은?

① 시행자가 수립하는 실시계획은 개발계획에 맞게 작성하여야 하고, 지구단위계획을 포함하여야 한다.

② 실시계획 인가신청서를 제출하는 때에는 계획평면도 및 개략설계도, 위치도 등을 첨부하여야 한다.

③ 지정권자인 국토교통부장관이 실시계획을 작성하는 경우 시장·군수 또는 구청장의 의견을 미리 들어야 한다.

④ 실시계획을 고시한 경우 그 고시된 내용 중 국토의 계획 및 이용에 관한 법률에 따라 도시·군관리계획(지구단위계획을 포함)으로 결정하여야 하는 사항은 도시·군관리계획이 결정·고시된 것으로 본다. 이 경우 종전에 도시·군관리계획으로 결정된 사항 중 고시내용에 저촉되는 사항은 고시된 내용으로 변경된 것으로 본다.

⑤ 인가를 받은 실시계획 중 사업시행면적의 100분의 10이 감소된 경우 지정권자의 변경인가를 받을 필요가 없다.

74 도시개발법령상 수용 또는 사용방식에 따른 사업시행에 관한 설명이다. 옳은 것은?

① 시행자가 아닌 지정권자는 도시개발사업에 필요한 토지 등을 수용할 수 있다.

② 한국토지주택공사인 시행자는 사업대상 토지면적의 2/3 이상에 해당하는 토지를 소유하고 토지소유자 총수의 1/2 이상에 해당하는 자의 동의를 받은 경우에 한해 시행자에게 수용권이 인정된다.

③ 도시개발사업을 위한 토지의 수용에 관하여 특별한 규정이 없으면 도시 및 주거환경정비법에 따른다.

④ 도시개발사업 실시계획을 인가·고시한 때에는 공익사업을 위한 토지 등의 취득 및 보상에 관한 법률에 따른 사업인정 및 그 고시가 있었던 것으로 본다.

⑤ 재결신청은 개발계획에서 정한 도시개발사업의 시행기간 종료일까지 행하여야 한다.

75 도시개발법령상 토지상환채권에 관한 설명으로 옳은 것은?

① 토지상환채권은 타인에게 이전하지 못한다.

② 토지상환채권은 기명식 또는 무기명식 증권으로 한다.

③ 토지상환채권의 이율은 발행 당시의 금융기관의 예금금리 및 부동산수급상황을 고려해서 기획재정부장관이 정한다.

④ 도시개발구역의 토지소유자인 시행자가 토지상환채권을 발행하는 때에는 은행법에 따른 금융기관 등의 지급보증을 받아야 한다.

⑤ 토지상환채권의 발행규모는 그 토지상환채권으로 상환할 토지 또는 건축물이 해당 도시개발사업으로 조성되는 분양토지 또는 분양건축물 면적의 3분의 2를 넘지 않아야 한다.

76 도시개발법령상 원형지의 공급과 개발에 관한 설명으로 틀린 것은?

① 원형지를 공장 부지로 직접 사용하는 자는 원형지개발자가 될 수 있다.

② 원형지는 도시개발구역 전체 토지 면적의 3분의 1 이내의 면적으로만 공급될 수 있다.

③ 원형지가 공공택지 용도인 경우 원형지개발자의 선정은 수의계약의 방법으로 할 수 있다.

④ 원형지 공급가격은 개발계획이 반영된 원형지의 감정가격으로 한다.

⑤ 원형지를 공급받아 개발하는 지방공사는 원형지에 대한 공사완료 공고일부터 5년이 지난 시점이라면 해당 원형지를 매각할 수 있다.

77 도시개발법령상 환지설계를 면적식으로 하는 경우 환지계획구역의 평균토지부담률은?

- 환지계획구역 면적: 120만m^2
- 보류지 면적: 60만m^2
- 체비지 면적: 30만m^2
- 시행자가 소유하는 토지 면적: 10만m^2
- 시행자에게 무상 귀속되는 공공시설 면적: 10만m^2
- 청산 대상 토지 면적: 10만m^2

① 30% ② 40% ③ 45%

④ 50% ⑤ 60%

78 도시개발법령상 환지계획에 관한 설명으로 옳은 것은?

① 환지계획 작성에 따른 환지계획의 기준, 보류지 책정기준 등에 관하여 필요한 사항은 시행자가 정한다.

② 시행자는 보류지 중 일부를 체비지로 정하여 개발사업에 필요한 경비에 충당할 수 있다.

③ 토지소유자의 신청 또는 동의가 있는 때에는 해당 토지의 전부 또는 일부에 대하여 환지를 정하지 아니할 수 있다. 다만, 해당 토지에 관하여 임차권자 등이 있는 때에는 그 동의를 받지 아니한다.

④ 행정청이 아닌 시행자가 환지계획을 작성한 경우에는 지정권자의 인가를 받아야 한다.

⑤ 시행자는 환지방식이 적용되는 도시개발구역에 있는 조성토지 등의 가격을 평가할 때에는 감정평가법인 등의 평가를 거치기 전 토지평가협의회의 심의를 거쳐 결정한다.

79 도시개발법령상 환지처분에 관한 설명으로 틀린 것은?

① 환지계획에서 정하여진 환지는 그 환지처분이 공고된 날의 다음 날부터 종전의 토지로 본다.

② 환지처분은 행정상 처분으로서 종전의 토지에 전속하는 것에 관하여 영향을 미치지 아니한다. 다만, 경제적 가치를 목적으로 하는 처분은 환지로 이전한다.

③ 도시개발구역의 토지에 대한 지역권은 개발사업의 시행으로 행사할 이익이 없어진 경우 환지처분이 공고된 날이 끝나는 때 소멸한다.

④ 보류지는 시행자가, 체비지는 환지계획에서 정한 자가 환지처분의 공고가 있은 날의 다음 날에 그 소유권을 취득한다.

⑤ 지정권자는 도시개발사업의 조성토지등(체비지는 제외)이 그 사용으로 인하여 사업시행에 지장이 없는 경우에는 준공 전에 사용허가를 할 수 있다.

80 도시개발법령상 도시개발채권에 관한 설명으로 틀린 것은?

① 시·도지사는 도시개발사업 또는 도시·군계획시설사업에 필요한 자금을 조달하기 위하여 도시개발채권을 발행할 수 있다.

② 도시개발채권을 발행하는 경우 채권의 발행총액, 발행방법, 발행조건, 상환방법 및 절차에 대하여 행정안전부장관의 승인을 받아야 한다.

③ 도시개발채권의 상환은 5년부터 10년의 범위에서 지방자치단체의 조례로 정한다.

④ 도시개발채권의 소멸시효는 상환일부터 기산하여 원금은 7년, 이자는 3년으로 한다.

⑤ 도시개발채권의 매입의무자가 매입하여야 할 금액을 초과하여 도시개발채권을 매입한 경우에는 도시개발채권을 중도에 상환할 수 있다.

81 도시 및 주거환경정비법령상의 용어정의에 대한 설명 중 옳은 것은?

① 재개발사업은 정비기반시설이 열악하고 노후·불량건축물이 밀집한 지역에서 주거환경을 개선하거나 상업지역·공업지역 등에서 도시기능의 회복 및 상권활성화 등을 위하여 도시환경을 개선하기 위한 사업이다.

② 재건축사업의 정비구역 안에 위치한 토지의 지상권자는 토지등소유자에 해당한다.

③ 준공일 기준으로 20년까지 사용하기 위한 보수·보강비용이 철거 후 신축비용보다 큰 건축물은 노후·불량건축물에 해당된다.

④ 주민이 공동으로 사용하는 도로, 구거, 공원, 공동작업장, 공용주차장 등은 공동이용시설이다.

⑤ 대지라 함은 정비사업구역과 인접구역의 지목이 대인 토지를 말한다.

82 도시 및 주거환경정비법령상 도시·주거환경정비기본계획(이하 '기본계획'이라 함)의 수립에 관한 설명으로 틀린 것은?

① 도지사가 대도시가 아닌 시로서 기본계획을 수립할 필요가 없다고 인정하는 시에 대하여는 기본계획을 수립하지 아니할 수 있다.

② 국토교통부장관은 기본계획에 대하여 5년마다 타당성 여부를 검토하여 그 결과를 기본계획에 반영하여야 한다.

③ 기본계획의 수립권자는 기본계획을 수립하려는 경우 14일 이상 주민에게 공람하여 의견을 들어야 한다.

④ 시장은 기본계획을 수립하거나 변경한 때에는 국토교통부령이 정하는 방법 및 절차에 따라 국토교통부장관에게 보고하여야 한다.

⑤ 대도시의 시장이 아닌 시장은 기본계획을 수립한 때에는 도지사의 승인을 받아야 한다.

83 도시 및 주거환경정비법령상 정비구역 안에서의 행위제한에 관한 설명으로 옳은 것은?

① 정비구역에서 가설건축물의 건축 등의 행위를 하려는 자는 시장·군수 등의 허가를 받지 아니한다.

② 농림수산물의 생산에 직접 이용되는 간이공작물의 설치(비닐하우스, 건조장, 버섯재배사, 종묘배양장, 탈곡장, 양잠장)는 허가를 받아야 한다.

③ 이동이 용이하지 아니한 물건을 4주 이상 쌓아놓는 행위는 시장·군수 등의 허가를 받아야 한다.

④ 기존 건축물의 붕괴 등 안전사고의 우려가 있는 경우 해당 건축물에 대한 안전조치를 위한 행위는 허가를 받지 아니하고 이를 할 수 있다.

⑤ 관상용 죽목의 경작지에서 임시식재는 허가를 받지 아니한다.

84 도시 및 주거환경정비법상 정비구역의 지정권자가 정비구역 등을 해제를 하여야 하는 경우이다. 틀린 것은?

① 정비사업의 시행으로 토지등소유자의 과도한 부담이 발생할 것으로 예상되는 경우

② 조합이 시행하는 재건축사업에서 추진위원회가 추진위원회승인일부터 2년이 되는 날까지 조합설립인가를 신청하지 아니하는 경우

③ 토지등소유자가 정비구역으로 지정·고시된 날부터 3년이 되는 날까지 조합설립인가를 신청하지 아니하는 경우(추진위원회를 구성하지 아니하는 경우로 한정한다)

④ 조합이 시행하는 재건축사업에서 조합이 조합설립인가를 받은 날부터 3년 되는 날까지 사업시행계획인가를 신청하지 아니하는 경우

⑤ 토지등소유자가 시행하는 재개발사업으로서 토지등소유자가 정비구역지정·고시된 날부터 5년이 되는 날까지 사업시행계획인가를 신청하지 아니하는 경우

85 도시 및 주거환경정비법령상 정비사업의 시행방법에 관한 설명이다. 틀린 것은?

① 주거환경개선사업은 정비구역의 전부 또는 일부를 수용하여 주택을 건설한 후 토지등소유자에게 우선 공급하는 방법으로 한다.

② 주거환경개선사업은 정비구역에서 인가받은 사업시행계획에 따라 주택 및 부대시설·복리시설 및 오피스텔을 건설하여 공급하는 방법과 환지로 공급하는 방법을 혼용하는 방법으로 한다.

③ 재개발사업은 정비구역에서 인가받은 관리처분계획에 따라 건축물을 건설하여 공급하거나 환지로 공급하는 방법으로 한다.

④ 재건축사업은 정비구역에서 인가받은 관리처분계획에 따라 주택 및 부대시설·복리시설 및 오피스텔을 건설하여 공급하는 방법으로 한다.

⑤ 재건축사업의 준주거지역 및 상업지역에서 오피스텔을 건설하여 공급하는 경우에는 오피스텔의 연면적은 전체 건축물 연면적의 100분의 30 이하이어야 한다.

86 도시 및 주거환경정비법령상 정비사업의 시행자에 대한 설명 중 틀린 것은?

① 주거환경개선사업은 조합이나 토지등소유자가 단독으로 시행할 수 없다.

② 재건축사업 또는 재개발사업은 조합이 시행하거나, 조합이 조합원의 과반수의 동의를 얻어 시장·군수 등 또는 토지주택공사 등, 건설업자, 등록사업자, 신탁업자, 한국부동산원과 공동으로 시행할 수 있다.

③ 재개발사업은 토지등소유자가 20인 미만인 경우에는 토지등소유자가 시행할 수 있다.

④ 환지방식의 주거환경개선사업은 정비계획 공람·공고일 현재 해당 정비예정구역의 토지 또는 건축물의 소유자 또는 지상권자의 2/3 이상의 동의와 세입자 세대수 과반수의 동의를 얻어 시장·군수 등이 직접 시행할 수 있다.

⑤ 시장·군수 등은 천재지변으로 건축물의 붕괴우려가 있어 긴급히 주거환경개선사업을 시행할 필요가 있을 경우에는 토지등소유자의 동의 없이 직접 시행하거나 토지주택공사등으로 하여금 시행하게 할 수 있다.

87 도시 및 주거환경정비법령상 시장·군수 등이 직접 정비사업을 시행하거나 토지주택공사 등을 사업시행자로 지정하여 재건축사업을 시행하게 할 수 있는 경우에 해당하지 않는 것은?

① 천재지변으로 긴급하게 정비사업을 시행할 필요가 있다고 인정하는 때

② 정비사업시행 예정일부터 2년 이내에 사업시행계획인가를 신청하지 아니한 때

③ 조합설립추진위원회가 시장·군수 등의 구성승인을 받은 날부터 3년 이내에 조합설립 인가를 신청하지 아니한 때

④ 해당 정비구역의 국·공유지 면적이 전체 토지면적의 1/2 이상으로서 토지등소유자의 과반수가 시장·군수 등 또는 토지주택공사 등을 사업시행자로 지정하는 것에 동의하는 때

⑤ 정비구역 안의 토지면적 1/2 이상의 토지소유자와 토지등소유자의 2/3 이상에 해당하는 자가 시장·군수 등 또는 토지주택공사 등을 사업시행자로 지정할 것을 요청하는 때

88 도시 및 주거환경정비법령상 조합설립추진위원회에 대한 설명으로 옳은 것은?

① 추진위원회는 토지등소유자 과반수의 동의를 얻어 추진위원장을 포함한 7명 이상의 추진위원으로 구성하며, 정비사업에 대하여 공공지원을 하려는 경우에는 추진위원회를 구성하지 아니할 수 있다.

② 추진위원회는 추진위원회를 대표하는 위원장 1명과 이사, 감사를 두어야 한다.

③ 조합정관의 변경, 시공자의 선정, 정비사업비의 조합원별 분담내역의 결정, 안전진단의 신청 업무는 추진위원회가 수행하는 업무이다.

④ 추진위원회가 정비사업전문관리업자를 선정하려는 경우에는 시장·군수 등의 추진위원회 승인을 받은 후 경쟁입찰 또는 수의계약(2회 이상 경쟁입찰이 유찰된 경우로 한정한다)의 방법으로 선정하여야 한다.

⑤ 추진위원회는 사용경비를 기재한 회계장부 및 관계 서류를 조합설립인가일부터 20일 이내에 조합에 인계하여야 한다.

89 도시 및 주거환경정비법령상 조합설립인가를 받기 위한 동의에 관하여 (   )에 들어갈 내용을 바르게 나열한 것은?

> • 재개발사업의 추진위원회가 조합을 설립하려면 토지등소유자의 (㉠) 이상 및 토지면적의 (㉡) 이상의 토지소유자의 동의를 받아야 한다. 이 경우 설립된 조합이 인가받은 사항을 변경하고자 하는 때에는 총회에서 조합원의 (㉢) 이상의 찬성으로 의결하고 시장·군수 등의 인가를 받아야 한다.
> • 재건축사업의 추진위원회가 조합을 설립하려는 경우 주택단지가 아닌 지역이 정비구역에 포함된 때에는 주택단지가 아닌 지역의 토지 또는 건축물 소유자의 (㉣) 이상 및 토지면적의 (㉤) 이상의 토지소유자의 동의를 받아야 한다.

① ㉠: 4분의 3,　　㉡: 2분의 1,　　㉢: 3분의 2,　　㉣: 4분의 3,　　㉤: 3분의 2

② ㉠: 4분의 3,　　㉡: 3분의 1,　　㉢: 2분의 1,　　㉣: 4분의 3,　　㉤: 2분의 1

③ ㉠: 4분의 3,　　㉡: 2분의 1,　　㉢: 4분의 3,　　㉣: 3분의 2,　　㉤: 2분의 1

④ ㉠: 2분의 1,　　㉡: 3분의 1,　　㉢: 3분의 2,　　㉣: 2분의 1,　　㉤: 3분의 2

⑤ ㉠: 2분의 1,　　㉡: 3분의 1,　　㉢: 4분의 3,　　㉣: 4분의 3,　　㉤: 2분의 1

90 도시 및 주거환경정비법령상 총회에서 의결을 하는 경우에는 조합원의 20/100 이상이 직접 출석하여야 하는 경우가 아닌 것은?

① 시공자의 선정을 의결하는 총회　　　② 창립총회

③ 사업시행계획서의 작성 및 변경　　　④ 관리처분계획의 수립 및 변경

⑤ 정비사업비의 사용 및 변경

91 도시 및 주거환경정비법령상 조합임원 등에 관한 설명으로 옳은 것은?

① 조합임원의 임기는 5년 이하의 범위에서 정관으로 정하되, 연임할 수 있다.

② 조합원의 수가 100인 이상인 조합은 총회의 권한을 대행하게 하기 위하여 대의원회를 둘 수 있다.

③ 조합원은 토지등소유자로 하고, 재건축사업은 재건축사업에 동의한 자에 한한다.

④ 조합임원은 조합의 대의원이 될 수 있으며, 조합장이 대의원회의 의장이 되는 경우에는 대의원으로 본다.

⑤ 조합임원은 선임일부터 관리처분계획인가를 받을 때까지는 해당 정비구역에서 거주(영업을 하는 자의 경우 영업)하여야 한다.

92 도시 및 주거환경정비법령상 관리처분계획에 포함되어야 할 사항에 해당하지 않는 것은? (단, 조례는 고려하지 않음)

① 분양대상자별 분양예정인 대지 또는 건축물의 추산액(임대관리 위탁주택에 관한 내용을 포함한다)

② 분양대상자의 종전 토지 또는 건축물에 관한 소유권 외의 권리명세

③ 정비사업비의 추산액(재건축사업의 경우에는 「재건축초과이익 환수에 관한 법률」에 따른 재건축부담금에 관한 사항을 포함하지 아니한다) 및 그에 따른 조합원 분담규모 및 분담시기

④ 세입자별 손실보상을 위한 권리명세 및 그 평가액

⑤ 정비사업의 시행으로 인하여 새롭게 설치되는 정비기반시설의 명세와 용도가 폐지되는 정비기반시설의 명세

93 도시 및 주거환경정비법상 관리처분계획에 따른 주택의 공급기준에 관한 설명 중 틀린 것은?

① 같은 세대에 속하지 아니하는 2인 이상이 1주택 또는 1토지를 공유한 경우에는 1주택을 공급한다.

② 2인 이상이 1토지를 공유한 경우로서 시·도 조례로 주택공급에 관하여 따로 정하고 있는 경우에는 시·도 조례가 정하는 바에 따라 주택을 공급할 수 있다.

③ 투기과열지구 또는 조정대상지역이 아닌 수도권정비계획법의 과밀억제권역에 위치하지 아니하는 재건축사업의 경우에는 1세대가 수개의 주택을 소유한 경우에는 소유한 주택의 수만큼 공급할 수 있다.

④ 투기과열지구 또는 조정대상지역이 아닌 과밀억제권역에 위치하는 재건축사업은 1세대가 수개의 주택을 소유하면 소유한 주택의 수만큼 공급할 수 있다.

⑤ 재개발사업은 사업시행계획인가의 고시가 있는 날을 기준으로 한 가격 또는 종전 주택의 주거전용면적의 범위에서 2주택을 공급할 수 있다.

94 도시 및 주거환경정비법령상 ( ) 안에 들어갈 내용으로 틀린 것은?

> 정비사업을 통하여 분양받을 건축물이 ( )에 해당하는 경우에는 기준일의 다음 날을 기준으로 건축물의 분양받을 권리를 산정한다(기준일이란 정비구역의 지정·고시가 있은 날 또는 시·도지사가 투기를 억제하기 위하여 기본계획 수립을 위한 주민공람의 공고일 후 정비구역 지정·고시 전에 따로 정하는 날을 말함).

① 1필지의 토지가 수개의 필지로 분할되는 경우

② 집합건물의 소유 및 관리에 관한 법률에 따른 집합건물이 아닌 건축물이 같은 법에 따른 집합건물로 전환되는 경우

③ 나대지에 건축물을 새로이 건축하여 토지등소유자가 증가되는 경우

④ 수개 필지의 토지가 1필지의 토지로 합병되어 토지등소유자가 감소하는 경우

⑤ 집합건물의 소유 및 관리에 관한 법률 제2조 제3호에 따른 전유부분의 분할로 토지등소유자의 수가 증가하는 경우

95 도시 및 주거환경정비법령상 청산금에 관한 설명으로 틀린 것은?

① 총회의 의결을 거쳐 따로 정한 경우에는 관리처분계획인가 후부터 이전고시가 있는 날까지 청산금을 분할징수하거나 분할지급할 수 있다.

② 종전에 소유하고 있던 토지의 가격과 분양받은 대지의 가격은 그 토지의 규모·위치·용도·이용상황·정비사업비 등을 참작하여 평가하여야 한다.

③ 청산금을 납부할 자가 납부하지 아니하는 경우에는 시장·군수 등인 사업시행자는 지방세체납처분의 예에 따라 징수할 수 있다.

④ 청산금을 지급받을 권리는 소유권 이전고시일부터 5년간 이를 행사하지 아니하면 소멸한다.

⑤ 정비사업의 시행지역 안에 있는 건축물에 저당권을 설정한 권리자는 그 건축물의 소유자가 지급받을 청산금에 대하여 청산금을 지급하기 전에 압류절차를 거쳐 저당권을 행사할 수 있다.

96 농지법령상 농업에 종사하는 개인으로서 농업인에 해당하지 않는 자는?

① 1년 중 100일을 축산업에 종사하는 자

② 900m^{2}의 농지에서 다년생식물을 재배하면서 1년 중 100일을 농업에 종사하는 자

③ 대가축 2두, 중가축 10두, 소가축 100두, 가금 1천수 또는 꿀벌 10군 이상을 사육하는 자

④ 농지에 330m^2 이상의 고정식온실·버섯재배사·비닐하우스등에 농작물을 경작하는 자

⑤ 농업경영을 통한 농산물 연간 판매액이 150만원인 자

97 농지법령상 농지의 소유에 관한 설명으로 틀린 것은?

① 8년 이상 농업경영을 한 후 이농한 자는 이농 당시 소유농지 중에서 10,000m^2 이내까지 소유할 수 있다.

② 농업인이나 농업법인은 농업경영목적으로 농업진흥지역의 농지를 제한 없이 소유할 수 있다.

③ 상속에 따라 농지를 취득한 자로서 농업경영을 하지 아니하는 자는 그 상속농지 중에서 10,000m^2 이내까지 소유할 수 있다.

④ 국가나 지방자치단체가 농지를 임대할 목적으로 소유하는 경우에는 총 5만m^{2}까지만 소유할 수 있다.

⑤ 농지 소유 제한이나 농지 소유 상한을 위반하여 농지를 소유할 목적으로 거짓이나 그 밖의 부정한 방법으로 농지취득자격증명을 발급받은 자는 5년 이하의 징역 또는 해당 토지의 개별공시지가에 따른 토지가액에 해당하는 금액 이하의 벌금에 처한다.

98 농지법령상 농지취득자격증명을 발급받지 않고 농지를 취득할 수 있는 것은?

① 농업법인이 농지를 취득하여 소유하는 경우

② 농업법인의 합병으로 농지를 취득하여 소유하는 경우

③ 주말·체험영농을 하고자 농지를 취득하여 소유하는 경우

④ 농지전용허가를 받거나 농지전용신고를 한 자가 농지를 취득하여 소유하는 경우

⑤ 학교, 공공단체 등이 시험지·연구지·실습지로 쓰기 위하여 농지를 취득하여 소유하는 경우

99 농지법령상 조문의 일부이다. 다음의 (　　)에 들어갈 내용으로 옳은 것은?

> • 농지의 소유자는 시장·군수 또는 구청장으로부터 농지처분명령을 받으면 (㉠)에 그 농지의 매수를 청구할 수 있으며, 매수청구를 받으면 (㉡)를 기준으로 해당 농지를 매수할 수 있다.
>
> • 군수는 처분명령을 받은 후 정당한 사유 없이 지정기간까지 그 처분명령을 이행하지 아니한 자에게 감정평가법인등이 감정평가한 감정가격 또는 부동산 가격공시에 관한 법률에 따른 개별공시지가 중 더 높은 가액의 100분의 (㉢)에 해당하는 이행강제금을 부과한다.
>
> • 유휴농지의 대리경작자는 수확량의 100분의 (㉣)을 수확 후 2개월 이내 그 농지의 소유권자나 임차권자에게 토지사용료로 지급하여야 한다.
>
> • 농지의 임대차 기간은 (㉤)년 이상(자경농지를 이모작을 위하여 임대하거나 무상사용하게 하는 경우는 제외한다)으로 하여야 한다. 다만, 다년생식물 재배지등 대통령령으로 정하는 농지[고정식온실 또는 비닐하우스]의 경우에는 5년 이상으로 하여야 한다.

	㉠	㉡	㉢	㉣	㉤
①	한국농어촌공사	감정가격	20	10	3
②	한국농어촌공사	공시지가	25	10	3
③	한국토지주택공사	공시지가	30	20	2
④	한국농어촌공사	시가	20	30	3
⑤	시장·군수·구청장	감정가격	25	10	5

100 농지법령상 농업진흥지역에 관한 설명으로 틀린 것은?

① 농업진흥지역은 농림축산식품부장관이 지정하며, 지정대상지역은 녹지지역(특별시의 녹지지역은 제외한다)·관리지역·농림지역 및 자연환경보전지역이다.

② 농업보호구역은 농업진흥구역의 용수원 확보, 수질보전 등 농업환경을 보호하기 위하여 필요한 지역에 대하여 지정할 수 있다.

③ 1필지의 토지가 농업진흥구역과 농업보호구역에 걸치는 경우에는 농업진흥구역에 속하는 토지부분이 330m^2 이하인 때에는 그 토지 부분에 대하여는 농업보호구역의 행위제한 규정을 적용한다.

④ 관광농원사업으로 설치하는 시설로서 부지가 2만m^2 미만, 태양에너지 발전설비로서 부지가 1만m^2 미만, 주말농원사업으로 설치하는 시설로서 그 부지가 3천m^2 미만인 것은 농업보호구역에 설치할 수 있다.

⑤ 한국농어촌공사는 농업진흥지역의 농지를 소유하고 있는 농업인 또는 농업법인에게 매수청구를 받으면 감정평가법인 등이 평가한 금액을 기준으로 그 농지를 매수할 수 있다.

정답

1	③	26	②	51	②	76	④
2	③	27	①	52	③	77	②
3	③	28	③	53	⑤	78	②
4	⑤	29	③	54	①	79	④
5	②	30	②	55	②	80	④
6	②	31	①	56	①	81	①
7	②	32	⑤	57	③	82	②
8	②	33	①	58	③	83	④
9	③	34	①	59	⑤	84	①
10	⑤	35	②	60	②	85	②
11	②	36	③	61	①	86	②
12	①	37	③	62	①	87	②
13	①	38	⑤	63	③	88	④
14	④	39	⑤	64	③	89	①
15	④	40	②	65	②	90	①
16	④	41	③	66	⑤	91	③
17	100%	42	②	67	⑤	92	③
18	④	43	③	68	⑤	93	④
19	②	44	②	69	④	94	④
20	⑤	45	③	70	⑤	95	④
21	①	46	②	71	③	96	①
22	⑤	47	⑤	72	④	97	④
23	①	48	④	73	③	98	②
24	⑤	49	②	74	⑤	99	②
25	⑤	50	④	75	④	100	①

MEMO

ME
MO

제35회 공인중개사 시험대비 **전면개정판**

2024 박문각 공인중개사
최성진 파이널 패스 100선 2차 부동산공법

초판인쇄 | 2024. 8. 5.　**초판발행** | 2024. 8. 10.　**편저** | 최성진 편저
발행인 | 박 용　**발행처** | (주)박문각출판　**등록** | 2015년 4월 29일 제2019-000137호
주소 | 06654 서울시 서초구 효령로 283 서경 B/D 4층　**팩스** | (02)584-2927
전화 | 교재 주문 (02)6466-7202, 동영상문의 (02)6466-7201

저자와의
협의하에
인지생략

정가 22,000원
ISBN 979-11-7262-155-1

파이널 패스 100선

핵심쟁점 52선
+
기출숫자정리

박문각 공인중개사
최성진 부동산공법

01 국토의 계획 및 이용에 관한 법률

기출유형 01 용어정의

① **도시 · 군계획**은 도시 · 군**기본**계획과 도시 · 군**관리**계획(광역×)을 말한다.

② **지구단위계획**은 **도시 · 군계획** 수립대상지역의 **일부**에 대해 토지이용의 합리화 등을 목적으로 수립하는 도시 · 군**관리**계획이다.

③ **도시 · 군계획사업**은 도시 · 군관리계획을 시행하기 위한 사업으로서 도시 · 군계획**시설사업**, 도시개발법에 따른 도시**개발사업** 및 도시 및 주거환경정비법에 따른 **정비사업**을 말한다.

④ **개발밀도관리구역**은 개발로 인하여 **기반시설이** 부족할 것이 **예상**되나 기반시설의 설치가 **곤란**(용이×)한 지역을 대상으로 건폐율이나 용적률을 **강화**(완화×)하여 적용하기 위하여 지정하는 구역을 말한다.

⑤ 시장 또는 군수가 관할구역에 대하여 다른 법률에 따른 환경 · 교통 · 수도 · 하수도 · 주택 등 **부문별 계획**을 수립하는 때에는 **도시 · 군기본계획**의 내용과 부합하여야 한다.[부기]

⑥ **공간재구조화계획**은 토지의 이용 및 건축물이나 그 밖의 시설의 용도 · 건폐율 · 용적률 · 높이 등을 **완화하는 용도구역**의 효율적이고 계획적인 관리를 위하여 수립하는 계획을 말한다.

⑦ **도시혁신계획**은 창의적이고 **혁신**적인 **도시**공간의 개발을 목적으로 도시혁신구역에서의 토지의 이용 및 건축물의 용도 · 건폐율 · 용적률 · 높이 등의 제한에 관한 사항을 따로 정하기 위하여 **공간재구조화계획으로 결정하는 도시 · 군관리계획**을 말한다.

⑧ **복합용도계획**은 주거 · 상업 · 산업 · 교육 · 문화 · 의료 등 다양한 도시기능이 융**복합**된 공간의 조성을 목적으로 복합용도구역에서의 건축물의 용도별 구성비율 및 건폐율 · 용적률 · 높이 등의 제한에 관한 사항을 따로 정하기 위하여 **공간재구조화계획으로 결정하는 도시 · 군관리계획**을 말한다.

① 광역도시계획은 **광역계획권**(국토교통부장관 또는 도지사가 지정할 수 있다)의 장기발전방향을 제시하는 계획을 말한다.

② 광역계획권이 **같은 도**의 관할구역에 속하여 있는 경우에는 관할 **시장·군수**가 공동으로 광역도시계획을 **수립하여야 한다.**

③ 광역계획권을 지정한 날부터 **3년**이 지날 때까지 관할 **시·도지사**로부터 광역도시계획의 **승인 신청**이 없는 경우에는 **국토교통부장관**이 직접 광역도시계획을 **수립하여야 한다.**

④ 도지사는 **단독**(공동×)으로 **조정신청**을 받은 경우에는 기한을 정하여 당사자 간에 다시 **협의**를 하도록 **권고**할 수 있다.

⑤ 시장·군수가 **협의**해서 **요청**하는 경우 **도지사**가 **단독**으로 수립할 수 있다(**요청 시에는 승인신청이 없다**).

⑥ 광역도시계획을 공동으로 수립하는 그 내용에 관하여 서로 **협의가 이루어지지 아니하는** 경우에는 공동 또는 단독으로 국토교통부장관에 **조정신청할 수 있다.**

핵심 기출숫자 // 광역도시계획

1. 광역도시계획, 도시·군기본계획 ⇨ ~일 나오면 모두 30일이다. 공청회만 14일 전에 1회 이상 공고하여야 한다.
   ~년 나오면 모두 5년, 광역도시계획의 승인신청만 ⇨ 3년 이내

2. 기초조사정보체계를 구축한 경우에는 등록된 정보의 현황을 5년마다 확인하고 변동사항을 반영하여야 한다.

3. 열람·공람기간 내 의견서 제출 ⇨ 타당하면 반영하여야 한다.
   ① 14일 이상 : 일반적 공람·열람기간
   ② 30일 이상 : **광역도시계획**, 도시·군**기**본계획, **정**비계획, **관**리처분계획(광, 기, 정, 관)
   ③ 기간 제한 없다 : 도시·군관리계획을 결정고시 후 열람시

① 광역도시계획이나 도시·군기본계획을 수립하는 경우에는 **공청회**를 열어 **주민 및 관계 전문가** 등으로부터 의견을 들어야 한다(경미해도 생략할 수 없다).

② **수도권에 속하지 아니하고 광역시와 경계를 같이하지 아니하는 인구 10만명 이하 인 시 또는 군**은 도시·군기본계획을 수립하지 **아니할 수 있다.**

③ 시장·군수는 인접한 시·군의 시장·군수와 협의를 거쳐 **지역여건상** 그 **인접 시·군**의 관할구역 **전부 또는 일부**를 포함하는 도시·군기본계획을 수립할 수 있다(**공동수립×**).

④ 도시·군기본계획의 입안일부터 **5년 이내에 토지적성평가를 실시한 경우 등** 대통령령이 정하는 경우에는 **토지적성평가 또는 재해취약성분석(환경성검토×)을 하지 아니할 수 있다(성, 성).**

⑤ **특별시장·광역시장·특별자치시장·특별자치도지사(반드시 수립)**는 도시·군 기본계획을 **직접 확정**(국장 승인×), **시장·군수**가 수립한 도시·군기본계획의 **승인은 도지사**가 한다.

핵심 기출숫자 // 도시 · 군기본계획

공법상 타당성검토 ⇨ **5년마다 재검토**[도시·군기본계획, 도시·군관리계획, 성장관리계획, 정비기본방침, 정비기본계획, 리모델링기본계획]
단, 주택법의 투기과열지구와 조정대상지역은 반기마다 재검토

---

① **기반시설부담구역 및 개발밀도관리구역 지정, 용도지역·용도지구·용도구역의 행위제한, 성장관리계획**은 도시·군관리계획의 내용이 아니다.

② **주민**은 [용, 산, 기, 지, 입체] **용도지구**에 따른 건축물이나 그 밖의 시설의 용도·종류 및 규모 등의 제한을 **지구단위계획으로 대체하기 위한 용도지구(2/3)**, **산업·유통개발진흥지구(2/3)**[1만㎡ 이상 3만㎡ 미만], **기반시설(4/5)의 설치·정비 또는 개량, 지구단위계획(2/3), 도시·군계획시설입체복합구역(4/5)** 의 지정 및 변경에 대하여 도시·군관리계획의 **입안을 제안할 수 있다.**

③ 도시지역의 **축소**(확대×)에 따른 용도지역의 변경을 내용으로 하는 도시·군관리계획을 입안하는 경우에는 **주민의견청취**(공청회×)를 **생략할 수 있다.**

④ **시가화조정구역 또는 수산자원보호구역**의 지정에 관한 도시·군관리계획 결정 당시 **이미** 사업에 **착수**한 자는 **3개월** 이내에 **신고**(개발구역, 정비구역 30일 이내)하고 사업을 **계속**할 수 있다.

⑤ **시**가화조정구역의 지정에 관한 도시·군관리계획은 **시·도지사**가(**국가계획과 연계지정시 : 국장**) 결정한다.

⑥ 공간재구조화계획의 입안을 제안받은 공간재구조화계획 입안권자는 **국유재산·공유재산**이 공간재구조화계획으로 지정된 **용도구역 내에 포함된 경우**에는 **제안자 외의 제3자에 의한 제안이 가능**하도록 제안 내용의 개요를 **공고**하여야 한다.

⑦ 공간재구조화계획의 결정권자는 **국토교통부장관, 시·도지사**(대도시 시장×)이다.

⑧ 공간재구조화계획 결정의 효력은 **지형도면을 고시한 날부터 발생**한다. 다만, 지형도면이 필요 없는 경우에는 제35조의6 제3항에 따라 (공간재구조화계획의 결정을) **고시한 날부터 효력이 발생**한다.

⑨ 주민(이해관계자를 포함한다)은 도시혁신구역 및 도시혁신계획(2/3), 복합용도구역 및 복합용도계획(2/3), 함께 지정하는 도시·군계획시설입체복합구역(4/5)의 지정을 공간재구조화계획 입안권자에게 공간재구조화계획을 입안제안할 수 있다.

핵심 기출숫자 // 도시·군관리계획

1. 도시·군관리계획 타당성 검토기간 : 5년마다
2. 도시·군관리계획 효력발생 : 지형도면을 고시한 날
3. 주민의 입안 제안(용, 산, 기, 지, 입체) 반영 통보 : 45일 + 30일

기출유형 05 ▶ **용도지역**

① 용도**지역**과 용도지역은 **중복이 안 되**나, 용도**지구**과 용도**지구**는 중복 지정할 수 있다.

② **아파트**는 유통상업지역·**전용공업**지역·**일반공업**지역·**녹지지역**·**관리지역**·**농림지역**·**자**연환경보전지역·제1종 전용주거지역, 제1종 일반주거지역에서 **건축할 수 없다.**

③ 도시지역 또는 관리지역이 **세부용도지역으로 지정되지 아니한 경우** 도시지역인 경우에는 **보전**녹지지역을 적용하고, 관리지역인 경우에는 **보전**관리지역에 관한 규정을 적용한다.

④ **농공단지**로 지정·고시된 지역과 **수력발전소**는 **도시지역으로 결정·고시된 것으로 보지 아니한다.**

⑤ 공유수면(바다)의 매립목적이 그 매립구역과 이웃하고 있는 용도지역의 내용과 **같으면** 이와 **이웃하고 있는 용도지역**으로 **지정된 것으로 본다**(같으면 본다, 다르면 지정하여야 한다).

⑥ 시·도지사 또는 대도시 시장은 해당 시·도 또는 대도시의 도시·군계획**조례**로 정하는 바에 따라 도시·군관리계획결정으로 세분된 **주거지역·상업지역·공업지역·녹지지역**(관리지역×)을 **추가적**으로 **세분**하여 지정할 수 있다.

핵심 기출숫자 // 용도지역

1. 용적률 높은 것부터 낮은 것 순서 : **상업지역**(중,일,유,근) ⇨ **준주거지역** ⇨ **준공업지역** ⇨ **공업** ⇨ **주거**(일반3,2,1/전용2,1)〜〜 ⇨ 100%(제1종 전용주거지역, 생산녹지지역, 자연녹지지역, 계획관리지역) ⇨ 80%(**보전**녹지지역, **보전**관리지역, 자연환경**보전**지역, **농림**지역, **생산관리**지역)

   주의 건폐율=556657 / 9887 / 777 / 녹관농자 = 다 20%, 계만 40%

2. 용도지역 미지정, 미세분지역 ⇨ 건폐율 20% 이하, 용적률 **50% 이상 80% 이하** ⇨ **보전** 찾는다. ⇨ **건축 가능**

기출유형 06 | 용도지구

① **특화경관지구**는 지역 내 주요 수계의 수변, 문화적 보존가치가 큰 건축물 주변의 경관 등 **특별한 경관**을 보호 또는 유지하거나 형성하기 위하여 필요한 **지구**이다.

② **복합용도지구**는 지역의 토지이용 상황, 개발 수요 및 주변 여건 등을 고려하여 효율적이고 **복합**적인 토지이용을 도모하기 위하여 **특정시설의 입지를 완화**할 필요가 있는 **지구**이다.

③ **자연취락지구**는 **녹지지역·관리지역·농림**지역·**자**연환경보전지역의 취락을 정비하기 위한 지구로 **4층 이하**로 건축할 수 있다.

④ **고도**지구에서는 도시·군**관리**계획으로 정하는 높이를 초과하는 건축물을 건축할 수 없다.

⑤ **개발제한구역**에서 지정할 수 있는 용도지구는 **집단취락지구**이다.

핵심 기출숫자 // 용도지구의 세분

1. 경관지구 ⇨ 특자시(특화, 자연, 시가지경관지구) / 방재지구 ⇨ 시자(시가지, 자연방재지구) / 보호지구 ⇨ 역중생(역사문화환경, 중요시설물, 생태계보호지구)

2. 개발진흥지구 ⇨ 주산유복특(주거, 산업·유통, 관광·휴양, 복합, 특정개발진흥지구) / 취락지구 ⇨ 집자(집단, 자연취락지구)

① 시가화조정구역의 지정에 의하여 시가화를 유보할 수 있는 **기간**은 **5년 이상 20년** 이내의 기간으로 도시·군**관리**계획으로 정하며 시가화유보기간이 **끝난 날의 다음 날**부터 그 **효력을 잃는다.**

② 시가화조정구역에서는 **공익시설·공용시설·공공시설**(복합유통**게임**제공업시설×)은 **허가** 받아 설치할 수 있다.

③ **국토교통부장관**은 국방과 관련하여 **보안상** 도시의 개발을 제한할 필요가 있을 경우 도시·군**관리**계획에 의해 **개발제한구역을 지정할 수 있다.**

④ **도시자연공원구역**은 **시·도지사 또는 대도시 시장**(국장×)이 도시·군**관리**계획으로 지정한다(도시공원 및 녹지 등에 관한 법률).

⑤ **수산자원보호구역**은 **해양수산부장관**이 도시·군**관리**계획으로 지정하며, 행위제한은 수산자원관리법에 따른다.

⑥ **공간재구조화계획 결정권자**인 **국토교통부장관, 시·도지사**(대도시 시장×)가 도시·군기본계획에 따른 도**심**·부도**심** 또는 생활권의 중**심**지역에 **도시혁신구역으로 지정**할 수 있다.

⑦ **도시·군관리계획의 결정권자**는 도시·군계획시설의 **입체복합적 활용**을 위하여 도시·군계획시설 준공 후 **10년이 경과**한 경우로서 해당 시설의 개량 또는 정비가 필요한 경우에는 도시·군계획시설이 결정된 토지의 전부 또는 일부를 **입체복합구역으로 지정**할 수 있다.

⑧ **입체복합구역의** 건축제한에 따라 정하는 **건폐율과 용적률**은 대통령령으로 정하고 있는 해당 용도지역별 최대한도의 **200퍼센트 이하로 한다.**

① 최대 건축 연면적 계산문제 ⇨ **무조건 각각 곱해서 더해라**

② 면적이 900m²인 1필지의 대지가 300m²는 준주거지역, 600m²는 준공업지역에 걸쳐 있는 경우, 해당 대지의 그 밖의 **건축제한(넓은 지역)**은 준공업지역의 토지에 관한 규정이 적용하고, **건폐율, 용적률 제한은 가중평균 값**을 적용한다.

③ 하나의 건축물이 **고도지구**에 걸친 경우에는 **건축물 및 대지 전부**에 대하여 고도지구의 행위제한을 적용한다.

④ 하나의 건축물이 **방화지구** 내·외에 걸친 경우에는 **건축물**(대지×) **전부**에 대하여 방화지구를 적용한다(경계가 방화벽 = 각각).

⑤ 대지로 조성된 1,000m²의 토지가 그 중 700m²는 제2종 일반주거지역, 나머지는 제1종 일반주거지역에 걸쳐 있을 때, 이 토지에 건축할 수 있는 건축물의 최대 연면적은? (다만, 제2종 일반주거지역 및 제1종 일반주거지역의 용적률은 각각 200% 및 150%로 한다)(1,850m²)

전체면적(m²)		
용도지역( )	용도지역( )	최대 건축 연면적 기재
대지면적(m²)	대지면적(m²)	
용적률 (%)	용적률 (%)	
연면적 (m²) +	연면적 (m²)	= (m²)

기출유형 09 기반시설

① **주차장, 열공급설비, 방송통신시설, 방송통신대학, 사회복지시설, 시장, 장사시설, 종합의료시설, 폐차장, 공원 안의 기반시설**은 도시 · 군관리계획으로 결정하지 아니하고 설치할 수 있다(**발전소×, 변전소×**).
② 공동구가 설치된 경우에는 해당 공동구에 **수용하여야** 할 시설이 공동구에 **모두 수용하여야 한다.** ➡ 위반시(2/2)
③ **하수도관, 가스관**은 공동구협의회의 심의를 거쳐 공동구에 **수용할 수 있다.**
④ **국가계획**으로 설치하는 **광역시설**은 **법인**이 설치 · 관리할 수 있다(나머지 국가계획은 모두 국토교통부장관이다).
⑤ 도시 · 군계획시설결정의 고시일부터 **3개월 이내**에 재원조달계획 · 보상계획 등을 포함하는 **단계별 집행계획을 수립**하여야 하며, 도시 · 군관리계획의 결정이 **의제되는 경우에는 2년 이내 수립**할 수 있다.

핵심 기출숫자 // 기반시설

1. 교통시설: 도로 · 철도 · 항만 · 공항 · 주차장 · 궤도 · 차량검사 및 면허시설
2. 공간시설: 광장 · 공원 · 녹지 · 유원지 · 공공공지 등
3. 유통 · 공급시설: 유통업무설비 · 수도 · 전기 · 가스 · 열공급설비 · 방송 · 통신시설 · 공동구 · 시장 · 유류저장 및 송유설비
4. 공공 · 문화체육시설: 학교 · 공공청사 · 문화시설 · 공공필요성이 인정되는 체육시설 · 연구시설 · 사회복지시설 · 청소년수련시설
5. 방재시설: 하천 · 유수지 · 저수지 · 방화설비 · 방풍설비 · 사방설비
6. 보건위생시설: 장사시설 · 종합의료시설 · 도축장

7. 환경기초시설: 하수도·폐기물처리 및 재활용 시설·빗물저장 및 이용시설·수질오염방지시설·폐차장
8. 200만m² 초과하는 개발사업을 시행하는 자는 공동구 설치
9. 공동구 안전 및 유지관리계획: 5년마다(안전점검: 1년 1회↑)
10. 단계별집행계획 수립: 1단계(3년 이내)와 2단계(3년 이후)

기출유형 10 **도시·군계획시설**

① **도지사는 광역도시계획**과 관련되는 경우 관계 시장 또는 군수의 의견을 들어 직접 사업을 시행할 수 있다.

② **민간시행자**가 도시·군계획시설사업의 시행자로 지정을 받으려면 사업대상인 토지**면적의 2/3 이상**의 토지를 **소유**하고, 토지소유자 **총수의 1/2 이상의 동의**를 받아야 한다(**한국토지주택공사, 지방공사, 지방공단 등 공적주체도 지정 가능 ○, 동의×**).

③ 행정청이 아닌 사업시행자의 처분에 대하여는 그 시행자를 **지정한 자**(사업시행자×)에게 **행정심판**을 제기하여야 한다.

④ **국토교통부장관이 지정한 시행자**는 도시·군계획시설사업 실시계획에 대해 **국토교통부장관의 인가**를 받아야 한다.

⑤ 도시·군계획시설사업에 필요한 **국·공유지**는 도시·군관리계획으로 정하여진 목적 외의 목적으로 **매각하거나 양도**한 행위는 **무효**(취소×)로 한다.

기출유형 11 **도시·군계획시설사업**

① 도시·군계획시설에 대한 **실시계획 고시**가 있은 때에는 공취법에 따른 **사업인정 및 고시**가 있었던 것으로 본다(인접지=사용).

② 타인의 토지에 출입(**행정청은 허가×, 승인×**) 등의 행위로 인하여 손실보상을 받을 자가 있는 때에는 그 **행위자가 속한 행정청**(행위자×)이 손실을 보상하여야 한다.

③ **타인의 토지에 출입**하고자 하는 자는 **출입**하고자 하는 날의 **7**일 전까지 토지의 소유자 등에게 통지하여야 한다.

④ 행정청, 행정청이 아닌 시행자 모두는 타인의 토지를 재료 적치장 또는 임시통로로 **일시사용**하거나 **장애물을 변경 또는 제거**하려는 경우에는 토지의 소유자·점유자 또는 관리인의 **동의를 받아야 한다.**

⑤ 지목이 **대**(건축물·정착물 포함)인 토지에 도시·군계획시설결정고시일부터 **10년** 이내에 사업이 시행되지 않아도 그 사업의 **실시계획인가가 행하여진 경우**에는 **매수청구**할 수 **없다.**

⑥ **부재부동산, 비업무용 토지**로서 매수대금이 **3천만원을 초과**하는 경우 **지방자치단체**인 매수의무자는 **그 초과하는 금액**에 대해서 **채권**을 발행하여 지급할 수 있다 (**2천만원×, 전부 채권×**).

핵심 기출숫자 // 도시·군계획시설사업

1. 도시·군계획시설부지 매수청구 : 10년 이내 미집행 ⇨ 지목 대
2. 매수여부결정 통보 6월 ⇨ 매수기간 2년 ⇨ 채권상환기간 10년 ⇨ 도시·군계획시설결정 있고 20년 되는 날 다음 날 실효
3. 지방의회가 해제 권고(송부 90일) ⇨ 해제를 위한 결정(1년 이내)
4. 타인토지에 출입하고자 하는 날의 7일 전 통지, 재료적치장, 임시통로로 일시사용, 장애물 변경·제거시 : 3일 전 통지
5. 무단출입, 토지출입 방해한 자 ⇨ 1,000만원 이하 과태료

기출유형 12 | 지구단위계획

① **개발제한구역에서 해제되는 지역, 도시개발구역**은 면적, 기간 불문하고 언제나 지구단위계획구역으로 **지정할 수 있다.**

② 지구단위계획으로 **한옥마을, 차량진입금지구간, 차 없는 거리, 보행자전용도로**를 지정한 경우 주차장법에 따른 **주차장 설치기준**을 최대 **100%까지 완화**하여 적용할 수 있다.

③ 지구단위계획 **필수 포함사항(용기 set) : 용**도제한, **기**반시설의 배치와 규모, **건폐율, 용적률, 높이(set)**의 최고한도나 최저한도

④ 지구단위계획으로 복합**개발진흥지구**를 특정**개발진흥지구**로, 일반**주거지역**을 준주**거지역**으로 변경할 수는 **있다**(도시혁신계획, 복합용도계획).

⑤ **주민이 입안을 제안**한 지구단위계획(도시혁신계획, 복합용도계획)에 관한 도시·군관리계획결정의 고시일부터 **5년 이내**에 허가·인가·승인 등을 받아 사업이나 공사에 **착수하지 아니하면** 그 **5년**이 된 날의 **다음 날**에 지구단위계획(도시혁신계획, 복합용도계획)에 관한 도시·군관리계획결정은 효력을 잃는다.

1. 지구단위계획구역의 의무적 지정대상지역(~지정하여야 한다)
   ① **정**비구역, **택**지개발지구에서 사업이 끝난 후 **10년**이 경과
   ② **공**원 또는 **시**가화조정구역 **해제**되는 지역 ⇨ **30만m²** 이상 **녹**지에서 **주거 · 상**
      업 · 공업지역으로 변경 ⇨ **30만m²** 이상

2. 도시지역 외의 지구단위계획구역 : 용도지역 또는 개발진흥지구 ⇨ 건폐율의 150%
   및 용적률의 200% 이내에서 완화 / 산업 · 유통개발진흥지구 + 계획관리지역 + 지
   구단위계획구역은 건폐율 120% 이내 완화

3. 지구단위계획(도시혁신계획, 복합용도계획) 수립 : **지구단위계획구역(도시혁신구역,**
   복합용도구역)결정 · 고시일부터 **3년** 이내 ⇨ **지구단위계획(도시혁신계획, 복합용**
   도계획) 미수립시 **다음날 실효** / **주민의 입안제안시 5년** 이내 ⇨ 미착수시 **5년 되**
   는 날의 다음 날 실효

4. 공공시설부지로 제공시 용적률 완화
   용적률 + [1.5 × 용적률 × 제공면적/제공 후 면적]

5. 건폐율완화 = 건폐율 + [건폐율 × 제공면적 / 원래 대지면적]

6. 높이 완화 = 높이 + [높이 × 제공면적 / 원래 대지면적]

기출유형 13 | **개발행위허가**

① **도시 · 군계획사업**은 개발행위허가사항이 아니다. **경작을 위한 토지의 형질변경**
   은 개발행위허가사항이 아니다. 단, **지목변경 수반 시** ⇨ **허가**(○), 전 · 답사이
   의 변경 ⇨ **허가**(×)

② 행정청이 아닌 자가 **재해복구 또는 재난수습**을 위한 응급조치를 한 경우에는 1
   개월 이내에 **신고**하여야 한다[도시개발법, 도시정비법은 하가 받지 아니한다
   (○). 1개월 이내 **신고**(×)].

③ **지구단위계획**을 수립한 지역 또는 **성장관리계획**을 수립한 지역의 개발행위는
   도시계획위원회의 **심의**를 거지치 **아니**하고 개발행위허가를 받을 수 있다.

④ **녹**지지역이나 **계**획관리지역에 **수**목이 집단적으로 자라고 있어 보전할 필요가
   있는 지역은 **최장 3년** 동안 개발행위허가를 제한할 수 있다.

⑤ **지**구단위계획구역으로 지정된 지역, **기**반시설부담구역으로 지정된 지역은 **최**
   장 5년 동안 개발행위허가를 제한할 수 있다.

⑥ 특별시장 · 광역시장 · 특별자치시장 · 특별자치도지사 · 시장 또는 군수는 **녹지**
   지역, 관리지역, 농림지역 및 자연환경보전지역에 대하여 성장관리계획구역을
   지정할 수 있다.

1. 녹계수수우(녹지지역, 계획관리지역, 수목, 조수류, 우량 농지) 오염 손상(최장 3년), 기관지기2(최장 5년 제한)(도시·군기본계획, 도시·군관리계획, 지구단위계획구역, 기반시설부담구역)

2. 허가·불허가처분 : 15일 이내 ⇨ 협의시 의견제시 20일 이내

3. 주거지역, 상업지역, 생산녹지지역, 자연녹지지역 : 1만m² 미만, 농림지역, 공업지역, 관리지역 : 3만m² 미만, 보전녹지지역, 자연환경보전지역 : 5천m² 미만

4. 성장관리계획구역에서 계획관리지역의 건폐율 완화 : 50% 이하, 생산관리지역·농림지역, 자연녹지지역, 생산녹지지역은 30% 이하 완화(+10%)

5. 용적률 완화 : 성장관리계획구역 내 계획관리지역에서는 125% 이하의 범위에서 용적률을 완화하여 적용할 수 있다(재검토 : 5년).

기출유형 14 기반시설부담구역(고등교육법의 학교=대학×)

① 시장 또는 군수는 **개발밀도관리구역**에서는 해당 지역에 적용되는 **용적률**의 최대한도의 **50%** 범위에서 **강화**하여 적용한다.

② 법령의 개정으로 인하여 행위 제한이 **완화**되거나 **해제**되는 지역은 **기반시설부담구역으로 지정하여야 한다.**

③ 해당 지역의 전년도 개발행위허가 건수가 전전년도 **개발행위허가 건수**보다 **20% 이상 증가**한 지역은 기반시설부담구역으로 **지정하여야 한다.**

④ 기반시설부담구역은 지정·고시일부터 **1년**이 되는 날까지 기반시설설치계획을 수립하지 아니하면 **1년** 되는 날의 **다음 날**에 기반시설부담구역의 지정은 **해제된 것으로 본다.**

⑤ 기반시설설치비용은 **현금, 신용카드 또는 직불카드**로 납부를 원칙으로 하되, 부과대상 토지 및 이와 비슷한 **토지로 하는 납부(물납)를 인정할 수 있다.**

1. 개발밀도관리구역 지정기준 : 국토교통부장관(학교 2년, 20%)

2. 기반시설부담구역 지정하여야 한다 : 완화, 해제, 개발행위허가 건수가 20% 이상 증가한 지역 인구증가율이 20% 이상 높은 지역

3. 기반시설부담구역 지정기준 : 국토교통부장관(10만m² 이상)

4. 기반시설설치비용 부과대상 : 200m² 초과하는 건축물의 신·증축

5. 기반시설유발계수
   • 공장 : 0.3~2.5
   • 창고시설 : 0.5

- 단독주택, 공동주택, 노유자시설, 교육연구시설, 야영장시설, 수련시설, 업무시설, 운동시설, 장례시설, 국방, 군사시설, 위험물 저장 및 처리시설, 자동차 관련 시설, 교정시설, 묘지 관련 시설 : 0.7
- 의료시설 : 0.9
- 숙박시설 : 1.0
- 제1종 근생, 판매시설, 비금속 광물제품 제조공장 : 1.3
- 문화 및 집회시설, 종교시설, 운수시설, 자원순환관련시설 : 1.4
- 제2종 근린생활시설 : 1.6
- 관광휴게시설 : 1.9
- 위락시설 : 2.1

6. 청문(각종 취소 전에 변명의 기회 제공)

① 개발행위 허가의 취소
② 도시·군계획시설사업의 시행자 지정의 취소
③ 실시계획인가의 취소

02 건축법

기출유형 15 | 건축법 용어정의

① **지하층**은 건축물의 바닥이 지표면 **아래**에 있는 층으로서 그 바닥으로부터 지표면까지의 **평균** 높이가 해당 층 높이의 **1/2 이상**인 것을 말한다.

② 주요구조부는 **내력벽·기둥·바닥·보·지붕틀** 및 **주계단**을 말한다.

③ **고층건축물**은 층수가 **30층** 이상이거나 높이가 **120m** 이상인 건축물을 말한다 (둘 중 하나 충족).

④ **초고층건축물**은 층수가 **50층** 이상이거나 높이가 **200m** 이상인 건축물을 말한다 (둘 중 하나 충족).

⑤ **리모델링**은 건축물의 노후화 억제 또는 기능향상 등을 위하여 **대수선**하거나 일부 **증축** 또는 **개축**하는 행위를 말한다.

⑥ **다중이용 건축물**은 **16층 이상**이거나 문화 및 집회시설(동물원·식물원은 제외한다), 종교시설, 판매시설, 운수시설 중 여객용 시설, 의료시설 중 종합병원, 숙박시설 중 관광숙박시설(관광휴게시설×)에 해당하는 용도로 쓰는 바닥면적의 합계가 **5천m² 이상**인 건축물을 말한다.

기출유형 16 | 건축·대수선

① **부속**건축물이 있는 대지에 새로이 **주된 건축물**을 축조한 행위는 **신축**에 해당한다.

② **이전**은 건축물을 그 주요구조부를 **해체하지 아니하고 같은 대지**의 다른 위치로 옮기는 것을 말한다.

③ **개축**은 기존 건축물의 전부 또는 일부를 **해체**하고 그 대지 안에 종전과 **같은 규모**의 범위에서 건축물을 다시 축조하는 것을 말한다.

④ **재축**은 건축물이 **천재지변**이나 그 밖의 재해로 멸실된 경우 그 대지에 **연면적 합계는 종전 규모 이하**이고, **동수, 층수 및 높이가 모두 종전 규모 이하로** 다시 축조하는 것을 말한다.

⑤ 지붕틀 **3개**를 증설하여 건축물 **연면적을 넓히는 것**은 **증축**이다.

⑥ 건축물의 **특별피난계단**을 증설하는 것은 **대수선(증축×)**이다.

⑦ 문화유산의 보존 및 활용에 관한 법률에 따른 **지정문화유산이나 임시지정문화유산** 또는 자연유산의 보존 및 활용에 관한 법률에 따라 지정된 **천연기념물**등이나 임시지정천연기념물, 임시지정명승, 임시지정시·도자연유산, 임시**자연유산**자료는 건축법을 적용하지 아니한다.

핵심 기출숫자 // 건축법 용어정의

1. 공작물 축조신고 : 2m 넘는 옹벽, 담장, 4m 넘는 장식탑·기념탑, 첨탑, 광고탑·광고판, 8m 넘는 고가수조, 6m 넘는 굴뚝, 통신용 철탑, 8m 이하의 기계식주차장 및 철골조립식 주차장으로서 외벽이 없는 것, 5m 넘는 태양에너지, 지하대피호 30m^{2}를 넘는 것
2. 대수선(증설해체는 수의 제한이 없다. 수선변경은 3개, 30m^2 이상) : 내력벽 벽면적을 30m^2 이상 수선·변경, 벽면적 30m^2 이상 수선·변경, 기둥·보·지붕틀을 3개 이상 수선·변경

기출유형 17 ▶ 용도변경

① **휴게음식점, 제과점**(300m^2 미만)은 **제1종** 근린생활시설이고, 부동산**중개사무소**(30m^2 이상 500m^2 미만)는 **제2종** 근린생활시설[**부동산중개사무소**(30m^2 미만)는 **제1종** 근린생활시설]이다.

② **동·식물원**은 **문화 및 집회시설**(동·식물관련시설×)이고, **물류**터미널, 집배송시설은 **창고**시설(운수시설×)이고, 유**스**호스텔은 **수**련시설, 호스텔은 숙박시설이다.

③ 카지노, 무도학원은 위락시설이고, **야**외음악당, **야**외극장, 어린이회**관**은 **관광**휴게시설이고, 종교집회장이 500m^2 미만이면 제2종 근린생활시설이고, 500m^2 이상이면 종교시설이다.

④ 안마**원**은 **제1종** 근린생활시설, **안마시술소는 제2종** 근린생활시설. 치과병원은 의료시설, 치과의원은 제1종 근린생활시설이다.

⑤ **동물병원, 동물미용실**은 300m^2 미만은 **제1종** 근린생활시설이고, 300m^2 이상은 **제2종** 근린생활시설, **전기자동차충전소**는 1,000m^2 미만이면 **제1종** 근린생활시설이고, 1,000m^2 이상이면 자동차관련시설이다.

⑥ **허가나 신고대상**인 경우로서 용도변경하려는 부분의 바닥면적의 합계가 **100m^2 이상**인 경우에는 **사용승인** 규정을 준용한다. 다만, 용도변경하려는 부분의 바닥면적의 합계가 **500m^2 미만으로서 대수선에 해당되는 공사를 수반하지 아니하는 경우**에는 **사용승인을 받지 아니한다.**

1. 건축사 설계(5자) : 허가대상 ⇨ 바닥면적의 합계가 500m² 이상
2. 사용승인(100사) : 허가나 신고대상 ⇨ 바닥면적 합계 100m² 이상 다만, 용도변경 하려는 부분의 바닥면적의 합계가 500m² 미만으로서 대수선에 해당되는 공사를 수반하지 아니하는 경우에는 사용승인을 받지 아니한다.
3. 건축물의 용도변경(자산 전문 영업교육 근주기)

산업등시설군	공장, 창고시설, 자원순환관련, 위험물저장 및 처리, 묘지관련, 장례시설, 운수시설
문화집회시설군	종교시설, 문화 및 집회시설, 위락시설, 관광휴게시설
영업시설군	운동시설, 판매시설, 다중생활시설, 숙박시설
교육 및 복지시설군	노유자시설, 의료시설, 교육연구시설, 수련시설, 야영장시설

기출유형 18 건축허가 · 건축제한

① 사전결정을 통지받은 경우에는 **도로점용허가, 건축허가는 의제되지 아니한다** (건축허가 받으면 도로점용허가가 의제된다).
② **특별시나 광역시**에서 연면적의 합계가 20만m²인 **공장, 창고**를 건축하고자 하는 경우에는 **구청장**이 허가권자이다.
③ **위**락시설 또는 **숙**박시설의 경우 **주**거환경 또는 **교**육환경 등을 고려하여 건축위원회의 **심의**를 거쳐 **허가를 하지 아니할 수 있다(도지사가 지정 · 공고하는 구역은 도지사의 사전승인)**.
④ 건축허가나 착공을 제한하는 기간을 **2년** 이내로 하되, 제한기간의 연장은 **1회에 한하여 1년** 이내로 한다.

1. 사전결정을 통지받은 날부터 2년 이내에 건축허가를 신청(×) ⇨ 사전결정 효력 상실 ⇨ **도로점용허가**×, **건축허가 의제**×
2. 특별시장 · 광역시장 허가대상, 도지사 사전승인대상 : 21층 이상 건축물, 연면적의 합계가 10만m² 이상인 건축물, 3/10 이상 증축(공장, 창고는 제외 ⇨ 특별시나 광역시에서 구청장 허가○, 공장, 창고는 시 · 군에서는 시장 · 군수가 허가/도지사 사전승인 ×)
3. 건축허가 취소의무 : 2년(공장 = 3년) 미착수(연장 = 1년) ⇨ 공사완료가 불가능 ⇨ 경매 또는 공매 등으로 대지의 소유권을 상실 ⇨ 6개월이 경과한 이후 착수가 불가능 ⇨ 취소하여야 한다.
4. 건축허가나 착공제한 : 2년 이내(연장시 1회에 한하여 1년)

① 바닥면적의 합계가 **85m² 이내인 건축물(2층 이하)**의 증축·개축 또는 재축은 **신고**사항이다.

② 신고를 한 자가 신고일부터 **1년 이내**에 공사에 **착수하지 아니한 경우**에는 **신고의 효력이 없어진다.**(취소한다.×)

③ 연면적 270m²인 3층 건축물의 **방화벽 수선**은 **신고**사항이다.

④ 연면적 **180m²인 기존 2층 건축물의 대수선**은 신고사항이다.

⑤ 연면적 **150m²인 3층 건축물**의 피난계단 증설은 **허가**사항이다.

⑥ **건축주를 변경·공사시공자를 변경 또는 공사감리자를 변경하면 신고**하여야 한다.

핵심 기출숫자 // 건축신고 등

1. 건축신고일부터 1년 이내 미착수 ⇨ 신고의 효력이 없어진다.
   바닥면적의 합계 85m² 이내 ⇨ 연면적 합계가 100m² 이하 ⇨ 관리지역, 농림지역, 자연환경보전지역에서 2, 3미만(200m² 미만이고 3층 미만) ⇨ 5, 2공장(500m²이하 2층 이하), 창2, 축4, 작물재배4 ⇨ 높이 3m 이하 증축, 대수선 중 주요구조부 수선은 규모불문 신고, 나머지 대수선은 2, 3 미만 (200m² 미만이고 3층 미만) 신고

2. 사용승인서 교부: 7일 이내 검사하고 합격하면 교부

3. 임시사용 승인기간: 2년 이내, 연장 가능

4. 신고대상 가설건축물 존치기간: 3년, 7일 전까지 연장 신고

5. 허가대상 가설건축물 존치기간: 3년, 14일 전까지 연장 허가

6. 신고수리 여부통지: 5일 이내 신고인에게 통지하여야 한다.

7. 착공신고[착공계] 수리여부 통지: 3일 이내 통지 ⇨ 통지하지 아니하면 그 기간이 끝난 날의 다음 날에 신고를 수리한 것으로 본다.

8. 건축물 안전영향평가 대상: 초고층건축물(50층 이상이거나 높이가 200m 이상인 건축물) 또는 10만 제곱미터 이상 + 16층 이상

---

① **대지**는 이와 인접하는 **도로면보다 낮아서는 아니된다.** 다만, 대지안의 **배수에 지장이 없거나** 건축물의 용도상 **방습의 필요가 없는 경우**에는 인접한 도로면보다 **낮아도 된다.**

② 건축물의 대지는 **2m 이상**이 보행과 자동차의 통행이 가능한 도로에 **접**하여야 한다(도로너비 = 4m 이상).

③ 허가권자는 도로의 위치를 **폐지 · 변경** 하고자 할 때에는 **반드시** 도로에 대한 이
해관계인의 동의를 얻어야 한다.

④ 건축물 및 담장은 건축선의 수직면을 넘어서는 아니 된다. 다만, 건축물의 **지표
아래 부분**은 **수직면을 넘을 수 있다.**

⑤ 공개공지 확보대상 : **일**반주거지역, **준**주거지역, **상**업지역, **준**공업지역(전용주
거지역×, 일반공업지역×)

핵심 기출숫자 // 건축물의 대지 · 도로 · 건축선

1. 공개공지 · 공개공간면적은 대지면적의 10% 이내
2. 건축법 ⇨ 건폐율과 용적율 및 높이기준을 완화
   시행령 ⇨ 용적율 및 높이기준 1.2배 완화(건폐율×)
3. 공개공지는 연간 60일 이내의 기간 ⇨ 문화행사나 판촉활동
4. 접도의무 : 대지는 2m 이상 도로에 접해야 한다.
5. 예외 : 연면적의 합계가 2천(공장 = 3천)m^2 이상인 건축물(축사, 작물재배사는 제외)
   의 대지 ⇨ 너비 6m 이상인 도로에 4m 이상 접해야 한다.
6. 도로면으로부터 4.5m 이하에 있는 출입구 · 창문 등 구조물은 열고 닫을 때 건축선
   의 수직면을 넘지 아니하는 구조로 하여야 한다.

기출유형 21 건축물의 면적 · 연면적

① **건축면적**은 건축물의 외벽 또는 외곽기둥의 **중심선**으로 둘러싸인 부분의 **수평
투영면적**으로 산정한다(각 층×).

② **바닥면적**은 건축물의 **각층** 또는 그 일부로서 벽 · 기둥 그 밖에 이와 비슷한 구
획의 **중심선**으로 둘러싸인 부분의 **수평투영면적**으로 한다.

③ 건축물의 1층이 차량의 주차에 전용(專用)되는 **필로티**인 경우 그 면적은 **바닥면
적에 산입되지 아니한다.**

④ **지하주차장의 경사로**(지상층에서 지하 1층으로 내려가는 부분), **승강기탑, 계단
탑, 장식탑, 다락**[층고가 1.5m(경사진 형태의 지붕은 1.8m) 이하인 것만 해당],
공동주택으로서 지상층에 설치한 **기계실, 전기실 및 생활폐기물 보관함**은 바닥
면적에 산입하지 아니한다.

⑤ **지하층**의 면적, 지상층의 **부속용도**인 **주차장** 면적, **피난안전구역**의 면적, **대피
공간**의 면적은 **용적률의 산정시 연면적에 포함시키지 아니한다(지상의 주민공동
시설 면적은 포함).**

1. 바닥면적(각층 바닥 ⇨ 중심선) ⇨ 후퇴하면 1m, 곱해라 1.5m ⇨ 필로티는 제외 ⇨ 설비(못누워)는 바닥면적에서 제외 ⇨ 덧 댄 것(단열재, 마감재)은 바닥면적 제외 ⇨ 문화유산 제외
2. 대지분할제한 : 주거지역 : 60m² 미만 ⇨ 상업지역 : 150m² 미만 ⇨ 공업지역 : 150m² 미만 ⇨ 녹지지역 : 200m² 미만 ⇨ 기타(관리지역, 농림지역, 자연환경보전지역) : 60m² 미만

기출유형 22　건축물의 층수 · 높이

① 옥상에 설치되는 승강기탑 등으로서 그 수평투영면적의 합계가 건축물의 **건축면적의 1/8 이하**인 경우로서 그 부분의 높이가 **12m를 넘는 경우**에는 **넘는 부분에 한하여** 건축물의 높이에 산입한다(1/8 초과하면 모두 계산).
② 건축물이 부분에 따라 **층수를 달리하는 경우**에 **가장 많은** 층수(가중평균×)로 산정한다.
③ **층의 구분이 명확하지 않은 건축물**은 **4m마다** 하나의 층으로 산정한다[가장 큰 수(높이=m)를 4로 나누면 층수].
④ **특별시장 · 광역시장**은 도시의 관리를 위하여 필요하면 가로구역별 건축물의 높이를 특별시나 광역시의 **조례로 정할 수 있다.**
⑤ **중심상업지역**과 **일**반상업지역에 공동주택을 건축하는 경우에는 채광 등의 확보를 위한 높이제한을 적용하지 아니한다.
⑥ 허가권자는 일조 · 통풍 등 주변 환경 및 도시미관에 미치는 영향이 크지 않다고 인정하는 경우에는 건축위원회의 심의를 거쳐 이 법 및 **다른 법률**에 따른 **가로구역의 높이 완화에 관한 규정을 중첩하여 적용할 수 있다.**

1. 건축물 높이(1/8 이하) = 본 건물 높이 + 옥상 − 12 = 정답
2. 층의 구분이 명확하지 아니한 건축물 ⇨ 4m마다 하나의 층
3. 전용주거지역 · 일반주거지역의 일조 등의 확보를 위한 건축물 높이제한[원칙 : 정북(띄어야 한다), 예외 : 정남(재량)]
   (1) 높이 10m 이하 : 인접대지경계선으로부터 1.5m 이상
   (2) 높이 10m 초과 부분 : 건축물 각 부분의 높이의 1/2 이상
4. 2층 이하로서 높이가 8m 이하인 건축물에 대하여는 조례가 정하는 바에 따라 일조 등의 확보를 위한 높이제한의 규정을 적용하지 아니할 수 있다.

① 개발제한구역, 자연공원, 접도구역, 보전산지는 특별건축구역으로 **지정할 수 없다.(개발금지) / 지정대상(개발가능)**

② 특별건축구역에서 대지 안의 **공지**, 대지 안의 **조경**, 건축물의 **건폐율**, 건축물의 **용적률**, 일조 등의 확보를 위한 건축물의 **높이제한**에 관한 규정을 **적용하지 아니할 수 있다.**

③ 1m² 당 시가표준액의 50% 해당 금액 × 위반 면적 × 대통령령으로 정하는 비율 ⇨ **무허가[100%], 무신고[70%], 용적률 초과[90%], 건폐율 초과[80%]** 다만, 건축조례로 다음의 비율을 낮추어 정할 수 있되, **낮추는 경우에도 그 비율은 100분의 60 이상**이어야 한다.

④ 최초의 시정명령이 있은 날을 기준으로 하여 **1년에 2회 이내**에서 시정명령이 이행될 때까지 **반복**하여 **부과징수**할 수 있다.

⑤ 허가대상 건축물을 허가 받지 아니하고 건축하여 **벌금**이 부과된 자에게는 **이행강제금을 부과할 수 있다.**

핵심 **기출숫자** // **특별건축구역 · 이행강제금(집행벌, 간접강제)**

1. 이행강제금: 축사 등 농업용 · 어업용 시설로서 500m²(수도권 외의 지역에서는 1천m²) 이하인 경우는 5분의 1을 감경할 수 있다.

2. 이행강제금은 1년 2회 이내 ⇨ 연면적 60m² 이하 주거용 건축물은 1/2 이하 감액

3. 허가권자는 영리목적을 위한 위반, 상습적 위반 등 ⇨ 이행강제금 부과금액을 100분의 100 범위에서 가중하여야 한다.

4. 특별건축구역: 대상 토지 면적(국유지 · 공유지의 면적은 제외)의 3분의 2 이상에 해당하는 토지소유자의 서면 동의를 받아 시 · 도지사에게 특별건축구역의 지정을 제안할 수 있다. 5년 이내 미착수 ⇨ 지정을 해제할 수 있다. ⇨ 국토교통부장관, 특별시장 · 광역시장 · 도지사는 지정신청을 받은 날부터 30일 이내에 건축위원회의 심의 ⇨ 지정하려는 지역이 군사기지 및 군사시설보호구역 ⇨ 국방부장관과 사전에 협의하여야 한다.

5. 토지 또는 건축물의 소유자, 지상권자 등은 전원의 합의로 건축물의 건축 · 대수선 · 리모델링에 관한 건축협정을 체결[나머지는 과반수]

6. 통합적용: 대지의 조경, 대지와 도로의 관계, 지하층, 건폐율, 부설주차장, 개인하수처리시설[용적률×, 계단×, 우편물 수취함×]

03 주택법

기출유형 24 · 주택의 용어정의

① **국**가 · **지**방자치단체 · **L**H공사 · **지**방공사가 건설하는 주택으로 1호당, 1세대 당 **85m² 이하**인 주택은 **국민주택**이다.

② 국가 · 지방자치단체의 **재정** 또는 주택도시**기금**으로부터 자금을 지원받아 건설 되거나 개량되는 주택으로 1호당, 1세대 당 **85m² 이하**(수도권×, 도시지역×, 읍 · 면은 **100m² 이하**)인 주택은 **국민주택**이다.

③ **민영주택**은 **국민주택**을 제외한 주택을 말한다.

④ **준주택**의 종류는 **오**피스텔, **노**인복지주택, [수식어 읽지마]**다**중생활시설, **기**숙 사[학생복지주택 포함]이다.

⑤ **세대구분형공동주택**은 공동주택의 주택 내부 공간의 일부를 세대별로 구분하여 생활이 가능한 구조로 하되, 그 구분된 공간 일부에 대하여 **구분소유를 할 수 없는 주택**을 말한다(구분된 공간의 세대에 관계 없이 하나의 세대).

핵심 기출숫자 // 주택의 용어정의

1. 국민주택규모 : 주거전용면적이 1호당 또는 1세대당 85m² 이하(수도권을 제외한 도 시지역이 아닌 읍 · 면 지역은 100m² 이하)

2. 국토교통부장관은 주택의 수요공급의 적정을 도모하기 위해 필요시 사업주체가 건 설하는 주택의 75%(주택조합이나 고용자가 건설하는 주택 100%) 이하의 범위에서 일정비율 이상을 국민주택규모로 건설하게 할 수 있다.

3. 사업계획승인을 받아 건설하는 세대구분형공동주택 ⇨ 전체세대수 1/3 넘지 아니 할 것 ⇨ 전체 주거전용면적 합계 1/3 넘지 아니할 것
   공동주택관리법 제35조에 따른 행위의 허가를 받거나 신고를 하고 설치하는 공동 주택의 경우 ⇨ 구분된 공간의 세대수는 기존 세대를 포함하여 2세대 이하일 것 ⇨ 공동주택 전체 세대수의 1/10과 해당 동의 전체 세대수의 1/3을 각각 넘지 않 을 것

4. 리모델링 ⇨ 대수선(10년) ⇨ 증축(15년) ⇨ 주거전용면적 30% 이내 ⇨ 세대수증가 형(15%) / 수직증축형(15층 이상 3개층 이하) ⇨ 14층 이하이면 2개층 이하

5. 공구(둘 이상 구분, 착공신고 및 사용검사 별도수행) : 경계 ⇨ 6m 이상 / 공구별 세대수 ⇨ 300세대 / 전체 세대수 ⇨ 600세대 이상

① 담장 · 주택단지 안의 도로 · 주차장 · 관리사무소 · 건축설비[우편함, 승강기, 안테나, 국기게양대, 피뢰침]는 **부대시설**에 속한다.

② **어린이놀이터 · 근린생활시설 · 유치원 · 주민운동시설 및 경로당**은 복리시설이다.

③ **도로 · 전기시설 · 가스시설 · 지역난방시설 · 상하수도 및 통신시설** 등 주택단지 안의 기간시설을 그 주택단지 밖에 있는 같은 종류의 기간시설에 **연결시키는 시설**이 **간선시설**이다.

④ 도시형 생활주택 중 단지형 **연립**주택, 단지형 **다세대**주택은 주거전용면적이 **85m²이하**, 소형 주택은 **60m² 이하**로 한다.

⑤ **소**형주택과 주거전용면적이 85m²를 초과하는 주택 **1세대**를 함께 건축할 수 있고, **상업지역**과 **준**주거지역에서는 **소형 주택과 도시형 생활주택이 아닌 주택**을 **함께 건축할 수 있다.**

핵심 **기출숫자** // 도시형 생활주택(아파트×)

1. 도시형 생활주택은 300세대 미만의 국민주택규모에 해당하는 주택을 말한다.
2. 소형 주택: ㉠ 세대별 주거전용면적은 60m² 이하일 것 ⇨ ㉡ 세대별로 독립된 주거가 가능하도록 욕실 및 부엌을 설치할 것 ⇨ ㉢ 지하층에는 세대를 설치하지 아니할 것
2. 단지형 연립주택, 단지형 다세대주택 ⇨ 소형 주택이 아닌 주택, 심의시 5개층까지 건축 ⇨ 주거전용면적이 85m² 이하

① **연간 20호, 연간 20세대** 이상의 주택건설사업을 시행하려는 자 또는 **연간 1만m² 이상**의 대지조성사업을 **시행하려는 자(시공자×)**는 국토교통부장관에게 등록하여야 한다.

② **한국토지주택공사(공적주체)**가 주택건설사업을 시행하려는 경우에는 국토교통부장관에게 **등록하지 아니한다.**

③ 주택조합이 등록사업자와 **공동**으로 근로자의 주택을 건설사업을 시행하려는 경우 국토교통부장관에게 **등록하지 아니한다.**

④ 등록이 **말소**된 후 **2년**(3년×)이 지나지 아니한 자는 주택건설사업 등의 **등록을 할 수 없다.**

⑤ **고용자**가 그 근로자의 주택을 건설하는 경우에는 등록사업자와 **공동**으로 사업을 **시행하여야 한다**(추정×).

① 주택조합 설립인가를 받는 날부터 사용검사를 받는 날까지 계속하여 **주택건설 예정세대수의 50% 이상**의 조합원으로 구성하되, **20인 이상**의 조합원으로 구성 되어야 한다. 다만, **리모델링주택조합은 수의 제한이 없다.**

② 주택조합과 등록사업자가 공동으로 사업을 시행·시공할 경우 등록사업자는 자신의 **귀책사유**로 사업추진이 지연됨으로 인해 조합원에게 발생한 **손해를 배 상한다.**

③ 국민주택을 **공급**받기 위하여 **직장**주택조합을 설립하려는 자는 관할 시장·군 수·구청장의 **신**고를 하여야 한다.

④ **지역주택조합**은 조합설립인가신청일 현재 해당 지역에 **6개월** 이상 거주하고 $85m^2$ **이하**의 주택 1채를 소유한 자이거나 **무주택자가 조합원**이 될 수 있다.

⑤ 리모델링의 허가를 신청하기 위한 동의율을 확보한 경우 리모델링 결의를 한 **리모델링주택조합(건설×, 세대수 증가형 리모델링은 건설 가능)**은 리모델링 결 의에 **찬성하지 아니하는 자**의 주택 및 토지에 대하여 **매도청구를 할 수 있다.**

핵심 기출숫자 // 주택조합

1. **지역·직장주택조합 공통점** ⇨ 리모델링주택조합은 건설×
   ① 조합원을 모집 ⇨ 50% 이상 사용권원을 확보하여 시장·군수·구청장에게 신 고하고, 공개모집 방법 ⇨ 사망·자격상실·탈퇴로 충원, 재모집 ⇨ 신고하지 아니하고 선착순
   ② 조합원의 수 = 예정세대수 50% 이상 ⇨ 20인 이상[최소한] ⇨ 무주택 또는 $85m^2$ 이하 한 채 소유 ⇨ 해당 주택건설대지의 80% 이상의 토지에 대한 사용 권원 확보 ⊕ 15% 이상 소유권 확보하여 시장·군수·구청장의 인가
   ③ 조합설립인가 후 신규가입·교체금지 ⇨ 2년 이내 사업계획승인 신청 ⇨ 사업 계획승인 이후 양도·양수 자유

2. **직장주택조합은 국민주택 공급** ⇨ **신고** ⇨ **집 없다.(무주택자)**

3. 리모델링주택조합 ⇨ 동을 리모델링하는 경우 ⇨ 2/3 이상 결의 [허가 : 75%↑] 주택단지 전체 리모델링 ⇨ 주택단지 전체 구분소유자 및 의결권의 각 2/3 이상 결의와 각 동 구분소유자 및 의결권의 각 과반수 결의 ⇨ 인가 [허가 : 전체 75%↑, 각 동 50%↑]

4. 조합의 임원 결격사유[선고유예, 자격상실, 정지]가 발생 ⇨ 당연 퇴직 ⇨ 퇴직 전 에 관여한 행위는 효력을 상실하지 아니한다.

5. 주택조합설립인가를 받은 날부터 2년 이내에 사업계획승인을 신청하여야 한다. ⇨ 주택조합은 주택조합의 설립인가를 받은 날부터 3년이 되는 날까지 사업계획승인 을 받지 못하는 경우 대통령령으로 정하는 바에 따라 총회의 의결을 거쳐 해산 여 부를 결정하여야 한다.

6. 주택조합의 발기인은 조합원 모집 신고가 수리된 날부터 2년이 되는 날까지 주택 조합 설립인가를 받지 못하는 경우 주택조합 가입 신청자 전원으로 구성되는 총회 에서 주택조합 가입 신청자의 3분의 2 이상의 찬성으로 의결을 거쳐 주택조합 사 업의 종결 여부를 결정하도록 하여야 한다.

7. 모집주체는 설명한 내용을 주택조합 가입 신청자가 이해하였음을 국토교통부령으 로 정하는 바에 따라 서면으로 확인을 받아 주택조합 가입 신청자에게 교부하여야 하며, 그 사본을 5년간 보관하여야 한다.

8. 주택조합의 가입을 신청한 자는 가입비 등을 예치한 날부터 30일 이내에 주택조합 가입에 관한 청약을 철회할 수 있다. ⇨ 효력발생 : 청약 철회를 서면으로 하는 경 우에는 청약 철회의 의사를 표시한 서면을 발송한 날에 그 효력이 발생한다.

9. 모집주체는 주택조합의 가입을 신청한 자가 청약 철회를 한 경우 청약 철회 의사 가 도달한 날부터 7일 이내에 예치기관의 장에게 가입비 등의 반환을 요청하여야 한다. ⇨ 예치기관의 장은 가입비 등의 반환 요청을 받은 경우 요청일부터 10일 이내에 그 가입비등을 예치한 자에게 반환하여야 한다. ⇨ 모집주체는 주택조합의 가입을 신청한 자에게 청약 철회를 이유로 위약금 또는 손해배상을 청구할 수 없 다. ⇨ 청약을 철회할 수 있는 기간 이내에는 조합의 탈퇴 및 탈퇴한 조합원의 비 용 환급청구를 적용하지 않는다.

기출유형 28 │ 주택상환사채

① **한국토지주택공사(보증×)와 등록사업자(보증○)**는 **국토교통부장관(기획재정부 장관×)의 승인**을 받아야 한다.

② 주택**상환**사채의 상환기간은 **3년**을 초과할 수 없으며 원칙적으로 양도하거나 중도에 해약할 수 없다.

③ 세대원의 근무로 **세대원 전원**이 다른 행정구역으로 **이전**하는 경우에는 주택상 환사채를 **양도**하거나 중도에 **해약할 수 있다.**

④ 주택**상환**사채는 **기명**증권으로 하고, 주택상환사채의 **명의변경**은 취득자의 **성명 과 주소**를 사채**원부**에 기재, 취득자의 **성명**을 **채**권에 기재하지 아니하면 사채발 행자 및 제3자에게 **대**항할 수 없다.

⑤ 자본금 **5억 이상인 법인**(개인×)으로서 최근 **3년**간 연평균 **300세대 이상**의 공 동주택 건설실적이 있는 **등록사업자**는 주택상환사채를 발행할 수 있다.

① **국가 · 한국토지주택공사, 330만m² 이상으로 택지개발사업 또는 도시개발사업을 추진하는 지역, 수도권 · 광역시 지역의 긴급한 주택난 해소, 지역균형개발**이 필요하여 국토교통부장관이 지정 · 고시하는 지역안에서 주택건설사업을 시행하는 경우에는 **국토교통부장관**으로부터 **사업계획승인을 받아야 한다.**

② 사업계획승인권자는 사업주체가 사업계획승인을 받은 날부터 **5년 이내** 공사에 착수하지 아니하는 경우에는 사업계획의 승인을 **취소할 수 있다**(소송상 분쟁, 조건이행으로 지연 등 1년 연장가능).

③ 공구별 분할 시행에 따라 사업계획승인을 받은 경우에는 최초로 공사를 진행하는 공구는 사업주체가 사업계획승인을 받은 날부터 **5년 이내** 공사에 착수하지 아니하는 경우에는 사업계획의 승인을 **취소할 수 있다**(1년 연장가능).

④ **최초**로 공사를 진행하는 **공구 외의 공구**는 해당 주택단지에 대한 최초 **착공신고일부터 2년 이내**에 공사를 **시작하지 아니한 경우**에는 사업계획의 승인을 **취소할 수 없다(있다×).**

⑤ 분양보증이 없는 사업주체가 **경매 · 공매** 등으로 인하여 대지**소유권을 상실**한 경우, 사업주체의 **부도 · 파산** 등으로 공사의 **완료가 불가능한 경우**에는 **취소**할 수 있다.

① 주택건설대지 중 **사용권원을 확보하지 못한 대지**는 물론 **건축물(종류, 규모 불문)에 대해서도 매도청구**가 가능하다.

② 사업주체는 매도청구대상 대지의 소유자에게 그 대지를 **시가**로 매도할 것을 청구할 수 있다.

③ 매도청구를 하기 위해서는 매도청구 대상 대지의 소유자와 **3개월 이상 협의**를 하여야 한다.

④ 주택건설대지면적 중 **100분의 95 이상**에 대해 **사용권원을 확보**한 경우에는 사용권원을 확보하지 못한 대지의 **모든** 소유자에게 **매도청구** 할 수 있다.

⑤ **80% 이상 95% 미만**의 사용권원을 확보한 경우에는 사용권원을 확보하지 못한 대지의 소유자 중 **지구단위계획구역 결정고시일 10년 이전**에 해당 대지의 소유권을 **취득**하여 계속 **보유**하고 있는 자를 **제외**하고 **매도청구**할 수 있다.

1. 주택 소유자의 매도청구 : 주택(복리시설을 포함한다)의 소유자들은 주택단지 전체 대지에 속하는 일부의 토지에 대한 소유권이전등기 말소소송 등에 따라 사용검사 (동별 사용검사를 포함한다)를 받은 이후에 해당 토지의 소유권을 회복한 자(실소 유자)에게 해당 토지를 **시가**로 매도할 것을 청구할 수 있다.

2. 대표자 선정요건 : 대표자는 주택소유자 전체의 **3/4 이상** 동의

3. 매도청구의 요건 : 주택단지 전체 대지 면적의 **100분의 5** 미만

4. 송달기간 : 매도청구의 의사표시는 실소유자가 토지 소유권을 회복한 날부터 **2년 이내**에 해당 실소유자에게 송달되어야 한다.

기출유형 **31** 사업시행을 위한 조치

① 국가 또는 지방자치단체가 소유하는 토지를 매각하거나 임대함에 있어서 **국민 주택규모의 주택을 50% 이상으로 건설하는 자**에게 우선적으로 **매각**하거나 **임대 할 수 있다.**

② 국공유지의 임차일부터 **2년 이내**에 국민주택규모의 주택을 건설하기 위한 대지 조성사업을 **시행하지 아니한 경우** 국가 또는 지방자치단체는 임대**계약**을 **취소 할 수 있다.**

③ 사업주체가 국민주택용지로 사용하기 위하여 **체비지의 매각**을 요구한 때에는 도시개발사업 시행자는 체비지 **총면적의 50%의 범위**에서 **우선**적으로 **매각**할 수 있다.

④ 체비지의 양도가격은 **원칙**적으로 감정평가법인등의 **감정가격**으로 하되, **예외**적 으로 조성**원가**로 할 수 있다.

⑤ **공동주택**은 **세**대별로 임시사용승인을 한다.[대지조성사업 ⇨ 구획별, 주택건설 사업 ⇨ 동별, 공동주택 ⇨ 세대별]

1. 국가 또는 지방자치단체 ⇨ 국민주택규모의 주택을 50% 이상 건설, 조합주택건설 하려는 자에게 우선 매각 · 임대 ⇨ 매수일 또는 임차일부터 2년 이내에 주택을 건 설하지 아니한 경우 ⇨ 환매하거나 임대계약을 취소할 수 있다.

2. 사용검사기간 : 15일 이내(임시사용승인 ⇨ 대구, 주동, 공세)

① 분양가상한제적용주택의 **분양가격은 택지비와 건축비**로 구성된다. 다만, 토지임대부분양주택의 분양가격은 건축비만으로 구성된다.

② 사업주체는 **공공택지**에서 공급하는 분양가상한제 적용주택에 대하여 입주자모집승인을 받았을 때에는 **분양가격을 공시**하여야 한다.

③ **시장 · 군수 · 구청장**은 사업계획승인 신청이 있는 날부터 **20일** 이내에 **분양가심사위(2)원회를 설치 · 운영**하여야 한다.

④ **국가 · 지방자치단체 · 한국토지주택공사 및 지방공사**가 입주자를 모집하려는 경우에는 시장 · 군수 · 구청장 **승인을 받지 아니한다.**

⑤ **국가 · 지방자치단체 · 한국토지주택공사 및 지방공사**인 경우에는 견본주택에 사용되는 **마감자재목록표**와 견본주택의 **각 실의 내부를 촬영한 영상물 등**을 제작(2년 이상 보관)하여 승인권자에게 제출하여야 한다.

핵심 **기출숫자** // 분양가상한제(해제 요청시 ⇨ 심의 40일)

1. 분양가상한제 적용배제: 관광특구에서 공동주택(50층 이상이거나 150m 이상) ⇨ 경제자유구역 ⇨ 도시형 생활주택 ⇨ 혁신지구재생사업 ⇨ 소규모주택정비사업 ⇨ 주거환경개선사업 및 공공재개발사업 ⇨ 도심 공공주택 복합사업에서 건설 · 공급하는 주택은 분양가상한제를 적용하지 아니한다.

2. 국토교통부장관의 분양가상한제 적용지역 지정요건(민간택지)
   투기과열지구 중 다음에 해당하는 지역을 말한다.
   ① 분양가상한제적용직전월부터 12개월간 분양가격상승률이 물가상승률의 2배 초과
   ② 분양가상한제적용직전월부터 3개월간의 주택매매거래량이 20% 이상 증가
   ③ 분양가상한제적용직전월부터 2개월간 월평균 청약경쟁률 ⇨ 5대 1을 초과 국민주택규모의 주택 ⇨ 10대 1을 초과

① 도시개발**채권**, 토지상환**채권**의 **양도 · 양수**는 가능하다.

② 입주자저축 증서나 주택상환사채를 **저당**(담보물권자의 지위), **상속**받는 것은 주택공급질서 교란**금지행위가 아니다.**

③ 주택을 공급받을 수 있는 **조합원 지위, 무허가건물확인**서 · 건물**철거예정증명서** · 건물**철거확인**서 · **이주대책**대상자확인서 **양도 · 양수(매매 · 증여) · 알선 · 광고**하여서는 아니 된다.

④ 주택공급질서교란금지 규정에 위반하면 주택공급신청 할 수 있는 **지위는 무효,** 공급**계약을 취소하여야 한다(주택법 여기만 취소하여야 한다. ⇨ 주택법의 나머지 취소는 할 수 있다).**

⑤ 주택공급 질서 교란 금지규정에 위반한 자에 대하여 **10년** 이내의 범위에서 **입주자자격을 제한**할 수 있다.

기출유형 34 **저당권설정 제한[입사, 주사]**

① **사업주체는 입주자모집공고승인 신청일(주택조합**의 경우에는 **사업계획승인 신청일)** 이후부터 입주예정자가 **소유권이전등기를 신청할 수 있는 날** 이후 **60일**까지의 기간 동안 입주예정자의 동의 없이 저당권 등 설정하는 행위를 하여서는 아니 된다.

② 소유권**이전등기를 신청할 수 있는 날**이란 사업주체가 입주예정자에게 통보한 **입주가능일(잔금지급일×, 실제입주일×)**을 말한다.

③ 사업주체가 **국가 · 지방자치단체 및 한국토지주택공사 등 공공기관**이거나 해당 대지가 사업주체의 소유가 아닌 경우에는 **부기등기를 하지 아니한다.**

④ 사업주체가 부기등기를 하는 경우, **주택건설대지**에 대하여는 **입주자모집공고승인 신청**과 **동시**에, 건설된 **주택**에 대하여는 **소유권보존등기**와 **동시**에 하여야 한다.

⑤ **저당권설정 등 제한에 위반**되는 행위는 **2년** 이하의 징역 또는 **2,000만원** 이하의 벌금을 부과한다.

기출유형 35 **전매가능사유 등**

① **전매행위 제한을 위반**하여 주택의 입주자로 선정된 지위의 **전매**가 이루어진 경우 사업주체가 **매입대금**을 지급한 경우에는 그 지급한 날에 입주자로 선정된 지위를 취득한 것으로 본다.

② 세대원이 **근무 · 생업상의 사정 · 질병치료 · 취학 · 결혼**으로 인하여 **세대원 전원**이 다른 **광역시, 특별자치시, 특별자치도, 시 또는 군**으로 이전하는 경우 전매가 가능하다. 다만, **수도권** 안에서 이전하는 경우를 **제외**한다.

③ 세대원 **전원**이 해외로 **이주**하거나 **2년 이상** 해외에 체류하고자 하는 경우 **전매가 가능**하다.

④ 입주자로 선정된 지위 또는 주택의 **일부**(전부×)를 그 **배우자**에게 **증여**하는 경우에는 **전매가 가능**하다.

⑤ **이혼**으로 인하여 입주자로 선정된 지위 또는 주택을 그 배우자에게 이전하는 경우에는 **전매가 가능**하다.

⑥ 실직·파산 또는 신용불량으로 **경제적 어려움이 발생한 경우**에는 **전매가 가능**하다.

⑦ **국토교통부장관**이 투기과열지구를 지정하거나 해제할 경우에는 **시·도지사의 의견**을 듣고 그 의견에 대한 **검토의견을 회신**하여야 하며, **시·도지사**가 투기과열지구를 지정하거나 해제할 경우에는 **국토교통부장관과 협의**하여야 한다.

⑧ 국토교통부장관은 **반기마다** 투기과열지구로 지정된 지역별로 해당 지역의 주택가격 안정 여건의 변화 등을 고려하여 투기과열지구 지정의 유지 여부를 **재검토**하여야 한다.

⑨ 투기과열지구에서 건설·공급되는 주택의 전매행위 제한기간은 **입주자로 선정된 날**부터 **수도권은 3년, 수도권 외의 지역은 1년**이다.

핵심 기출숫자 // 투기과열지구지정 요건(해제 요청시 ⇨ 심의 40일)

1. 투기과열지구지정직전월부터 소급하여 2개월간 월별 평균 청약경쟁률 ⇨ 5대 1을 초과 국민주택규모의 주택 ⇨ 10대 1을 초과

2. 다음에 해당하여 주택공급이 위축될 우려가 있는 곳
   ① 투기과열지구지정직전월의 주택분양실적이 전달보다 30% 이상 감소한 곳
   ② 사업계획승인 건수나 건축법에 따른 건축허가 건수가 직전 연도보다 급격하게 감소한 곳

3. 신도시 개발이나 주택의 전매행위 성행 등으로 투기 및 주거불안의 우려가 있는 곳으로서 다음의 어느 하나에 해당하는 곳
   ① 시·도별 주택보급률이 전국 평균 이하인 경우
   ② 시·도별 자가주택비율이 전국 평균 이하인 경우
   ③ 해당 지역의 분양주택의 수가 입주자저축에 가입한 사람으로서 국토교통부령으로 정하는 사람의 수보다 현저히 적은 곳

기출유형 **36** ┃ 개발계획[지구단위계획×]

① **자연녹지지역이나 계획관리지역**에 도시개발**구역**을 **지정한 후**에 개발**계획**을 수
　립할 수 있다[보전녹지지역(×) ⇨ 시멘트 바르지마].

② 수용 또는 사용의 대상이 되는 토지 · 건축물의 **세부목록**은 도시**개발구역을 지
　정한 후에 개발계획에 포함**시킬 수 있다[**세**(세입자 등의 주거 및 생활 안정대책)
　단(단계적 사업추진 계획)**비용**(도시개발구역 밖의 기반시설을 설치비용)의
　세부목록]

③ 개발계획을 수립시 **환지방식(국가나 지방자치단체 제외)**이 적용되는 지역의 국
　공유지를 포함한 토지**면적의 2/3 이상**에 해당하는 토지소유자**와**(또는×) 그 지
　역의 토지소유자 **총수 1/2 이상** 동의를 받아야 한다.

④ 개발계획의 변경을 요청받기 전에 동의를 **철회**하는 사람이 있는 경우 그 사람
　은 동의자 수에서 **제외(포함×)한다.**

⑤ 개발구역의 지정이 제안된 후부터 개발계획이 수립되기 전까지의 사이에 **토지
　소유자가 변경 된 경우 / 변경 전(된×)** 토지소유자 동의서를 기준으로 한다.

기출유형 **37** ┃ 도시개발구역

① **공공기관 또는 정부출연기관**(지방공사×)의 장이 30만m² 이상으로 **국가계획과
　밀접한 관련**이 있는 개발구역의 지정을 **제안**하는 경우에는 **국토교통부장관**이
　도시개발구역을 **지정**할 수 있다.

② 도시개발구역이 **2 이상의 시 · 도 또는 대도시**에 걸친 경우에는 시 · 도지사 또
　는 대도시 시장이 **협의하여 지정할 자**를 정한다(협의가 안되면 국토교통부장관
　이 지정).

③ **취락지구**로 지정된 지역은 도시지역과 지구단위계획구역으로 결정 · 고시된 것
　으로 **보지 아니하다.**

④ [선]개발구역지정 후 [후]개발계획 수립시에는 2년 이내 **개발계획 미수립시 2년
　이 되는 날 다음 날** ⇨ 개발계획 수립 후 3년 이내 **실시계획 미인가 신청시 3년
　이 되는 날 다음 날** ⇨ **330만m² 이상인 경우 5년이 되는 날 다음 날에 도시개발
　구역이 해제**된 것으로 본다.

1. 1만m² 이상 : 주거지역 · 상업지역 · 생산녹지 · 자연녹지지역, 분할개발
2. 3만m² 이상 : 공업지역
3. 10만m² 미만 : 일간신문에 공고✕ ⇨ 공보와 홈페이지에 공고
4. 30만m² 이상(예외 : 10만m²) : 관리지역, 농림지역, 자연환경보전지역
5. 30만m² 이상 : 공공기관의 장 또는 정부출연기관 장이 30만m² 이상으로 국가계획과 밀접한 관련이 있는 도시개발구역 지정 제안
6. 50만m² 이상 : 지정권자는 지정하려는 도시개발구역 면적이 50만m² 이상인 경우에는 국토교통부장관과 협의하여야 한다.
7. 100만m² 이상 : 공람기간 끝난 후 공청회 개최하여야 한다.
8. 330만m² 이상 ⇨ 상호기능의 조화를 이루는 도시(복합도시)
9. 기득권 보호 : 개발구역 지정 · 고시일부터 30일 이내 신고

기출유형 38 │ **도시개발조합[공법상 사단법인]**

① 조합설립의 **인가**를 신청하려면 토지**면적의 2/3 이상의** 토지소유자**와** 토지소유자 **총수의 1/2 이상**의 동의를 받아야 한다.

② **주된 사무소의 소재지를 변경, 공고방법을 변경**하려는 경우에는 지정권자에게 **변경신고**(인가✕)를 하여야 한다.

③ **토지소유자(건축물소유자✕, 지상권자✕)**는 그 조합설립에 동의를 하지 않았더라도 **당연 조합원**이 된다.

④ **조합장**이나 **이사**의 자기를 위한 조합과의 계약이나 소송에 관하여는 **감사가 조합을 대표한다.**

⑤ **정**관변경, **개**발계획의 수립 · 변경, **조**합임원(조합장, 이사, 감사)의 선임, **조**합의 합병 또는 해산, **환**지계획의 작성은 **대의원회가 총회의 권한을 대행할 수 없다**(정개조조환지). ⇨ 실시계획의 수립은 대행할 수 있다.

핵심 **기출숫자** // 도시개발조합

1. 토지소유자 7명 이상이 정관을 작성하여 지정권자의 인가
2. 도시개발조합의 성립등기 : 설립인가 후 30일 이내 등기하면 성립한다.
3. 의결권을 가진 조합원의 수가 50인 이상인 조합은 대의원회(10/100 이상)를 둘 수 있다.
4. 개발사업의 시행자 변경사유 : 1년 내 미인가 신청, 2년 이내 미착수, 부도, 파산, 지정 · 인가의 취소(1, 2, 뻔, 뻔)
5. 실시계획 인가 의제시 ⇨ 협의 요청 ⇨ 20일 이내 의견제출하여야 한다.

① 민간시행자(조합제외)는 **면적의 2/3를 소유**하고, 토지소유자 **총수의 1/2 이상**
에 해당하는 자의 동의(지방공사×, 지자체×)

② 도시개발사업의 **세부목록**(실시계획×)을 **고시**한 경우에는 공취법에 의한 **사업
인정 및 그 고시**가 있었던 것으로 본다.

③ 토지**상환**채권은 **기명**증권으로 발행하며, **양도가 가능**하다.

④ **민간**시행자는 지급**보증**을 받은 경우에 한하여 **토지상환채권을 발행**할 수 있다.
(국가 지차체도 발행가능, 단 보증×)

⑤ 330m² 이하의 **단독**주택용지, **국**민주택규모 이하의 주택건설용지, **공**공택지 및
공장용지에 대하여는 **추첨**의 방법으로 분양할 수 있다(로또 추첨시 당구공~~
수요가 공급 초과시).

핵심 **기출숫자** // 수용 또는 사용방식

1. 토지상환채권 발행규모 : 분양토지·건축물 1/2 초과 금지
2. 민간시행자가 선수금을 받기 위한 공사진척률 : 10% 이상

---

① **행정청이 아닌 시행자가 환지계획**을 작성한 때에는 **특별자치도지사·시장·군
수·구청장의 인가**를 받아야 한다.

② 토지소유자의 신청 또는 동의가 있는 경우에는 **임차권자 등의 동의**를 받아 해당
토지의 전부 또는 일부에 대하여 **환지를 정하지 아니할 수 있다**[공유환지 = 신청,
입체환지 = 신청].

③ 환지방식의 경우에 조성토지등의 가격평가는 토지평가협의회의 **심의**를 거쳐
결정하되, 그에 앞서 **감정평가법인등으로 하여금 평가**하게 하여야 한다.

④ 시행자는 도시개발사업을 원활히 시행하기 위하여 특히 필요한 경우에는 토지
또는 건축물 소유자의 **신청**(동의×)을 받아 **입체환지**할 수 있다.

⑤ 환지계획은 종전의 토지 및 환지의 **위치·지목·면적·토질·수리·이용상황·
환경** 그 밖의 사항을 종합적으로 고려하여 합리적으로 정한다.

① **체비지**에 관하여 **환지예정지**가 지정된 때에는 시행자는 도시개발사업의 비용에 충당하기 위하여 이를 **사용 · 수익 또는 처분**할 수 있다.

② 환지처분의 공고가 있으면 환지계획에서 정하여진 환지는 환지처분공고일 **다음 날**부터 **종전의 토지로 본다(취득).** 환지계획에서 환지를 정하지 아니한 종전 토지에 있던 권리는 환지처분이 공고된 날이 **끝나는 때에 소멸**한다.

③ **체비지는 시행자가, 보류지는 환지계획에서 정한 자**가 환지처분이 공고된 날의 **다음 날**에 해당 소유권을 **취득**한다.

④ 이미 처분된 체비지는 그 체비지를 **매입한 자**가 소유권이전**등기를 마친 때**에 소유권을 취득한다.

⑤ 청산금은 **환지처분을 하는 때 결정**하고, 환지처분이 공고된 날의 **다음 날**에 **확정**된다.

핵심 기출숫자 // **환지처분**

1. 임대료 증감청구, 권리포기, 손실보상청구 등의 행사 : 환지예정지 지정 효력발생일, 환지처분 공고일로부터 60일 이내에 행사

2. 환지처분기간 : 준공검사일(지정권자가 시행자인 경우 공사완료공고일)부터 60일 이내의 기간에 환지처분을 하여야 한다.

3. 환지처분 공고 후 등기 신청기간 : 14일 이내

4. 청산금의 소5멸시효 : 5년 그러나 도시정비법은 다음 날부터 5년

5. 도시개발채권(시 · 도지사가 발행) 소5멸시효 : 원금 5년, 이자 2년

6. 도시개발채권(전자등록 또는 무기명)의 상환기간은 5년 내지 10년의 범위에서 조례로 정한다(매입필증을 보관 = 5년).

① **주거환경개선사업은 도시저소득 주민이 집단거주**하는 지역으로서 **정비기반시설이 극히 열악**하고 노후·불량건축물이 **과도하게 밀집**한 지역의 주거환경을 개선하거나 단독주택 및 다세대주택이 밀집한 지역에서 정비기반시설과 공동이용시설 확충을 통하여 주거환경을 **보전·정비·개량**하기 위한 사업이다.

② **재개발사업**은 정비기반시설이 **열악**하고 노후·불량건축물이 밀집한 지역에서 주거환경을 개선하거나 **상업지역·공업지역** 등에서 도시기능의 회복 및 상권활성화 등을 위하여 도시환경을 개선하기 위한 사업이다.

③ **재건축사업**은 정비기반시설은 **양호**하나 노후·불량건축물에 해당하는 **공동주택**이 밀집한 지역에서 주거환경을 개선하기 위한 사업이다.

④ 도시미관의 저해하거나 노후화된 건축물로서 준공된 후 **20년 이상 30년 이하**의 범위에서 조례로 정하는 기간이 지난 건축물은 **노후·불량건축물**이다(보수보강 : 40년).

⑤ **공동이용시설**은 주민이 공동으로 사용하는 **놀**이터, **마을회관**, **공동작업장**, 구판장, 세탁장, 탁아소, **어린이집**, **경로당**, **화장실**, **수도**이다.

① 정비계획 입안권자는 안전진단에 드는 비용을 안전진단의 실시를 요청하는 자(**1/10** 이상 동의)에게 부담하게 할 수 있다.

② 시설물의 안전 및 유지관리에 관한 특별법의 안전등급이 **D (미흡) 또는 E (불량)인 건축물(천재·지변, 사용금지, 잔여건축물, 자세불량)**은 안전진단 대상에서 제외할 수 있다.

③ 정비계획 입안권자는 안전진단 신청이 있으면 **30일 이내** 안전진단의 **실시여부를 결정**하여 **통보**하여야 한다.

④ **시·도지사**는 필요한 경우 **국토안전관리원 또는 한국건설기술연구원**에 안전진단결과의 적정성 여부에 대한 검토를 **의뢰할 수 있다.**

⑤ 시·도지사는 적정성 검토결과에 따라 정비계획의 입안권자의 정비계획의 입안결정의 **취소 등 필요한 조치를 요청할 수 있다.**

① 특별시장 · 광역시장 · 특별자치시장 · 특별자치도지사 · 시장(**군수×**)은 정비기본계획을 **10년** 단위로 **수립**하여야 하고, **5년**마다 타당성 검토하여야 한다. 다만, **도지사가 기본계획을 수립할 필요가 없다고 인정하는 대도시가 아닌 시**는 기본계획을 **수립하지 아니할 수 있다.**

② 기본계획을 수립하고자 하는 때에는 **14일 이상 주민에게 공람**하여 **의견을 들어야 하며**, 제시된 의견이 타당하다고 인정하면 반영하여야 한다.

③ **정비계획**의 입안권자는 정비계획을 입안하려면 주민에게 서면 통보 후 **주민설명회**(여기만 나와) 및 **30일 이상** 주민에게 공람(세입자 포함)하여 의견을 들어야 한다.(공청회×)

④ 관상용 죽목을 **경작지에 임시식재**하는 경우에는 시장 · 군수 등에게 **허가**를 받아야 한다.

⑤ 기존 건축물의 붕괴 등 안전사고의 우려가 있는 경우 건축물에 대한 **안전조치를 위한 행위**는 허가를 받지 아니한다.

핵심 기출숫자 // **정비기본계획 · 정비계획 · 정비구역**

1. 정비기본방침, 기본계획 : 10년 단위 수립 ⇨ 5년마다 재검토
2. 입안제안 : 토지등소유자는 정비계획 입안권자에게 단계별 정비사업추진계획상 정비계획의 수립시기가 지났음에도 불구하고 정비계획이 입안되지 아니한 경우, 2/3 이상의 동의로 정비계획 변경을 요청하는 경우, 공공재개발사업 또는 공공재건축사업을 추진하려는 경우 ⇨ 입안 제안 ⇨ 60일 이내 통보 + 30일 연장
3. 기득권 보호 : 정비구역 지정 · 고시일부터 30일 이내 신고
4. 정비구역 해제하여야 한다.
   추진위원회 보이면 : 2년, 추진위원회 안 보이면 : 3년
   토지등소유자 시행시(재개발사업 = 20인 미만) : 5년
5. 정비구역을 해제할 수 있다.[과도, 목적×, 30% 이상 요청,
   자력개량방식(주거환경개선사업) : 10년 + 과반수 동의, 추진위원회 구성 또는 조합 설립에 동의한 토지등소유자의 2분의 1 이상 3분의 2 이하의 범위에서 시 · 도조례로 정하는 비율 이상의 동의로 정비구역의 해제를 요청하는 경우, 추진위원회가 구성되거나 조합이 설립된 정비구역에서 토지등소유자 과반수의 동의로 정비구역의 해제를 요청하는 경우에는 정비구역을 해제할 수 있다.]
6. 정비구역의 지정권자는 토지등소유자가 100분의 30 이상의 동의로 해제 의무기간 도래 전까지 연장을 요청하는 경우에는 해제 의무기간을 2년의 범위에서 연장하여 정비구역 등을 해제하지 아니할 수 있다.

① **주거환경개선사업**은 사업시행자가 정비구역에서 정비기반시설 및 공동이용시설을 새로이 설치하거나 확대하고 토지 등 소유자가 **스스로 보전 · 정비 · 개량**하는 방법으로 한다.

② **재개발사업**은 정비구역에서 인가받은 **관리처분계획**에 따라 건축물을 건설하여 공급하거나, **환지로 공급하는 방법**으로 한다.

③ **재건축사업**은 인가받은 **관리처분계획**에 따라 주택, 부대 · 복리시설 및 **오피스텔**을 건설하여 공급하는 방법(**환지×**)으로 한다.

④ **재건축사업**에 따라 **오피스텔**(전체 건축물 연면적의 100분의 30 이하)을 건설하여 공급하는 경우에는 **준주거지역 및 상업지역**에서만 건설할 수 있다.

⑤ 인가받은 **관리처분계획**에 따라 공급하는 방법과 **환지로 공급하는 방법**이 가능한 정비사업은 **주거환경개선사업, 재개발사업이다.**

① 환지방식, 수용방식, 관리처분계획방식의 **주거환경개선사업**은 토지등**소유자의 2/3 이상**과 세입자 **세대수의 과반수**의 동의를 받아 시장 · 군수 등이 직접 시행할 수 있다. 다만, **세입자의 세대수가 토지등소유자의 1/2 이하**인 경우 등에는 세입자의 **동의절차를 거치지 아니할 수 있다**(천재지변시 전체동의를 생략가능).

② **재개발사업과 재건축사업**은 조합이 단독으로 시행하거나, 조합이 조합원의 **과반수의 동의**를 얻어 **시장 · 군수 등, 토지주택공사등, 건설업자, 등록사업자**와 공동으로 이를 시행할 수 있다.

③ **재개발사업**은 **토지등소유자가 20인 미만**인 경우에는 조합없이 토지등소유자가 시행할 수 있다(재개발사업은 과반수의 동의를 받아 신탁업자 또는 한국부동산원과 공동시행할 수 있다).

④ 조합[조합원이 100명 초과]은 조합설립인가를 받은 후 조합총회에서 **경쟁입찰** 또는 **수의계약(2회 이상 경쟁입찰이 유찰된 경우로 한정한다)**의 방법으로 건설업자 또는 등록사업자를 시공자로 선정하여야 한다.

⑤ 사업시행자는 선정된 시공자와 공사에 관한 계약을 체결할 때에는 기존 건축물의 **철거공사에 관한 사항을 포함하여야 한다.**

⑥ 조합은 **시공자 선정**을 위한 입찰에 참가하는 건설업자 또는 등록사업자가 토지등소유자에게 **시공에 관한 정보를 제공**할 수 있도록 **합동설명회**를 2회 이상 개최하여야 한다.

① 추진위원회는 토지등소유자 **과반수**의 동의를 얻어 위원장을 포함한 **5명** 이상의 위원으로 구성하여 시장·군수등의 **승인**을 얻어야 한다. 다만, 정비사업에 대하여 **공공지원**을 하려는 경우에는 추진위원회를 **구성하지 아니할 수 있다.**

② 조합장이 아닌 조합임원**(이사, 감사)**은 대의원이 될 수 없다.

③ 조합원은 토지등소유자로 한다. 다만, **재건축사업**은 조합설립에 **동의한 자에 한**하여 **재건축사업**의 조합원이 된다.

④ 이 법을 위반하여 벌금 100만원 이상 형을 선고받고 **10년이 지나지 아니한 자, 조합설립 인가권자에 해당하는 지방자치단체의 장, 지방의회의원 또는 그 배우자·직계존속·직계비속은 조합임원 또는 전문조합관리인이 될 수 없다.**

⑤ 임원 **결격사유**에 해당하면 **당연 퇴임**되며, 퇴임된 조합임원이 **퇴임 전에 관여한 행위는 그 효력을 잃지 않는다.**

핵심 기출숫자 // 조합설립인가(임원 : 임기 3년 이하)

1. 조합설립추진위원회 : 과반수의 동의 ⇨ 위원장 포함한 5명 이상 ⇨ 시장·군수 등 승인 ⇨ 회계장부 및 관련서류를 30일 이내에 조합에 인계 ⇨ 위원장 1인과 감사(이사×)를 두어야 한다.

2. 조합 설립인가를 받은 날부터 30일 이내 등기함으로써 성립한다.

3. 조합원의 수가 100인 이상인 조합은 대의원회를 두어야 한다. ⇨ 조합원의 1/10 이상, 조합원의 1/10이 100인을 넘는 경우에는 조합원의 1/10 범위에서 100인 이상으로 구성할 수 있다.

4. 조합이 정관을 변경하려는 경우 총회를 개최하여 조합원 과반수의 동의를 받아 시장·군수등의 인가, 다만, 조합원의 자격, 제명, 탈퇴 및 교체, 조합의 비용부담 및 회계에 관한 사항, 정비구역의 위치 및 면적, 시공자, 설계자의 선정 및 계약서에 포함될 내용의 정관을 변경하기 위하여 조합원 2/3 이상 동의

재개발사업		소유자 3/4 이상 및 면적의 1/2 이상 동의 (변경시 조합원의 2/3 이상 동의)
재건축사업 주택단지	내	동별 구분소유자의 과반수 동의 전체 소유자의 3/4 이상 + 면적의 3/4 이상 (변경시 조합원의 2/3 이상 동의)
	외	소유자의 3/4 이상 + 면적의 2/3 이상

5. 조합의 임원 : 조합은 조합원으로서 정비구역에 위치한 건축물 또는 토지(재건축사업의 경우에는 건축물과 그 부속토지를 말한다)를 소유한 재[하나의 건축물 또는 토지의 소유권을 **다른 사람과 공유한 경우에는 가장 많은 지분을 소유**한 경우로 한정한다] 중 다음의 어느 하나의 요건을 갖춘 **조합장 1명과 이사, 감사를 임원으로 둔다.** 이 경우 **조합장은 선임일부터 관리처분계획인가를 받을 때까지는** 해당 정비구역에서 **거주**(영업을 하는 자의 경우 영업을 말한다)**하여야 한다.** ⇨ 이사의 수 : 3명[100명 초과 : 5명] 이상, 감사의 수는 1명 이상 3명 이하

> 1. 정비구역에 위치한 건축물 또는 토지를 **5년 이상 소유**할 것
> 2. 정비구역에서 거주하고 있는 자로서 선임일 직전 3년 동안 정비구역에서 **1년 이상 거주**할 것

6. 총회에서 의결을 하는 경우에는 조합원의 **10/100 이상이 직접 출석**(대리인을 통하여 의결권을 행사하는 경우 직접 출석한 것으로 본다)하여야 한다. 다만, **시공자의 선정을 의결하는 총회의 경우**에는 조합원의 **과반수가 직접 출석**하여야 하고, 창립**총회,** 사업시행계획서의 작성 및 변경, **관리처분계획**의 수립 및 변경, 정비사업비의 사용 및 변경을 위하여 개최하는 총회, 시공자 선정 **취소**를 위한 총회 등 경우에는 조합원의 **20/100 이상이 직접 출석**하여야 한다.

기출유형 48 정비사업시행을 위한 조치 등

① **재개발사업**의 사업시행계획인가를 하려는 경우 해당 사업시행자가 **지정개발자**인 때에는 정비사업비의 **20/100**의 범위에서 예치하게 할 수 있다.

② **재개발사업**의 시행자는 사업시행으로 이주하는 **상가세입자**가 사용할 수 있도록 **임시상가를 설치할 수 있다.**

③ 사업시행자는 **주거환경개선사업 및 재개발사업**의 시행으로 철거되는 주택의 소유자 또는 세입자에 대하여 임대주택 등의 시설에 임시로 거주하게 하거나 주택자금의 융자알선 등 **임시거주에 상응하는 조치를 하여야 한다.**

④ **주거환경개선사업**에 따른 건축허가를 받는 때에는 **국민주택채권 매입**에 관한 규정을 **적용하지 아니한다.**

⑤ 정비사업의 시행으로 인하여 전세권의 설정**목적을 달성할 수 없는 때**에는 그 권리자는 계약을 **해지**할 수 있다.

1. 재개발사업 : 토지등소유자가 시행시 소유자 3/4 + 면적의 1/2 이상 동의를 받아 사업시행계획인가 ⇨ 변경은 토지등소유자의 과반수의 동의를 받아야 한다(조합변경은 조합원 2/3 이상 동의).
2. 주거환경개선사업구역 중
   환지방식, 자력개량방법 ⇨ **제2종 일반**주거지역으로 의제
   관리처분방법, 수용방식 ⇨ 제3종 일반주거지역으로 의제 다만, 주거환경개선구역에서 공공지원민간임대주택 또는 공공건설임대주택을 200세대 이상 공급하려는 경우에는 준주거지역으로 한다.
3. 시장·군수 등은 사업시행계획서의 제출이 있은 날부터 60일 이내에 인가 여부를 결정하여 사업시행자에게 통보하여야 한다.
4. 사업시행계획서 작성시 14일 이상 공람할 수 있게 하여야 한다.
5. 시장·군수 등은 신고를 받은 날부터 20일 이내에 신고수리 여부를 신고인에게 통지하여야 한다.

기출유형 49 | **관리처분계획**

① 사업시행자는 **관리처분계획이 인가·고시된 다음 날부터 90일 이내**에 **분양신청을 하지 아니 한 자, 분양신청을 철회한 자,** 분양대상자 선정일부터 **5년 이내에는 투기과열지구에서 분양신청을 할 수 없는 자**와 **손실보상에 관한 협의**를 하여야 한다.
② **재개발사업 또는 주거환경개선사업**의 재산 또는 권리를 평가 방법은 감정평가법인 등 중 시장·군수 등이 **선정·계약**한 감정평가법인등 **2인 이상**이 평가한 금액을 **산술평균**하여 산정한다.
③ 너무 좁은 토지 또는 건축물을 취득한 자나 **정비구역 지정 후 분할된 토지** 또는 집합건물의 **구분소유권을 취득한 자**에 대하여는 **현금으로 청산**할 수 있다.
④ **1토지**(주택×)을 **공유**한 경우에는 **시·도조례가 정하는 바에 따라 주택을 공급**할 수 있다.
⑤ 투기과열지구 또는 조정대상지역이 아닌 수도권의 **과밀억제권역**에 위치한 **재건축사업**의 경우에는 **3주택까지 공급**할 수 있다.
⑥ 투기과열지구 또는 조정대상지역이 아닌 **과밀억제권역에 위치하지 아니하는 재건축사업**은 1세대가 수개의 주택을 소유한 경우에는 소유한 주택의 **수만큼 공급**할 수 있다.

⑦ 정비구역의 지정은 **준공인가의 고시가 있은 날**(관리처분계획을 수립하는 경우에는 **이전고시가 있은 때**를 말한다)의 다음 날에 해제된 것으로 본다. ⇨ **정비구역의 해제는 조합의 존속에 영향을 주지 아니한다.**

⑧ 조합장은 소유권 **이전고시가 있은 날부터 1년 이내에 조합 해산을 위한 총회를 소집**하여야 한다.

핵심 **기출숫자** // **주택의 공급**

1. 분양통지 : 사업시행자는 사업시행계획인가고시가 있은 날부터 120일 이내 분양대상자별 분담금의 추산액, 분양신청기간 등을 토지등소유자에게 통지하고 일간신문에 공고
   ① 분양신청기간 : 통지한 날부터 30일 이상 60일 이내, 다만, 분양신청기간을 20일의 범위에서 연장
   ② 투기과열지구의 정비사업에서 관리처분계획에 따라 분양대상자 및 그 세대에 속한 자는 분양대상자 선정일(조합원 분양분의 분양대상자는 최초 관리처분계획 인가일)부터 5년 이내에는 투기과열지구에서 분양신청을 할 수 없다. 다만, 상속, 결혼, 이혼으로 조합원자격을 취득한 경우에는 분양신청을 할 수 있다.
   ③ 손실보상 협의 : 사업시행자는 관리처분계획 인가·고시된 날의 다음 날로부터 90일 이내에 분양신청을 하지 아니한 자, 분양신청을 철회한 자 또는 관리처분계획에 따라 분양대상에서 제외된 자, 분양대상자 선정일부터 5년 이내 투기과열지구에서 분양신청을 할 수 없는 자와 토지·건축물 또는 그 밖의 권리의 손실보상에 관한 협의를 하여야 한다.

2. 재결신청 또는 매도청구소송 제기 : 사업시행자는 협의가 성립되지 아니하면 그 기간의 만료일 다음 날부터 60일 이내에 수용재결을 신청하거나 매도청구소송을 제기하여야 한다.

3. 1세대 1주택 공급, 1주택, 1토지 공유 : 1주택 공급, 단, 1토지 공유는 조례가 정하는 바에 따라 주택을 공급할 수 있다.

4. 2주택 공급 : 가격 또는 면적 기준 ⇨ 1주택은 $60m^2$ 이하 ⇨ 전매제한 : 3년이 지나기 전에는 주택을 전매할 수 없다.

5. 과밀억제권역에 위치한 재건축사업(투기과열지구× 또는 조정대상지역×) ⇨ 3주택까지 공급할 수 있다.

6. 수만큼 공급 가능 : 과밀억제권역 위치하지 아니한 재건축사업(투기과열지구× 또는 조정대상지역×) 단, 과밀억제권역 외의 조정대상지역 또는 투기과열지구에서 조정대상지역 또는 투기과열지구로 지정되기 전에 1명의 토지등소유자로부터 토지 또는 건축물의 소유권을 양수하여 여러 명이 소유하게 된 경우에는 양도인과 양수인에게 각각 1주택을 공급할 수 있다.

7. 수만큼 공급 가능 : 근로자숙소·기숙사, 공적주체는 수만큼 공급할 수 있다.

06 농지법

기출유형 50 | 농지소유제한

① **상속**으로 농지를 취득한 자로서 **농업경영을 하지 아니하는 자**는 **10,000m²**까지 소유할 수 있다.

② **상속**으로 농지를 취득한 자로서 **농업경영을 하는 자**는 **제한 없이 소유**할 수 있다.

③ **8년 이상** 농업경영을 한 후 이농한 자는 **10,000m²**까지 소유할 수 있다.

④ 농업진흥지역 외의 지역에서 **주말 · 체험영농**을 하려는 자는 세대당 **1,000m² 미만**의 농지를 소유할 수 있다.

⑤ **농업인 · 농업법인 · 국가 · 지방자치단체**는 농지를 **제한 없이 소유**할 수 있다.

기출유형 51 | 농지취득자격증명

① **농업인, 농업법인(농업법인 합병×)이** 농지를 취득하고자 하는 경우에는 농지의 소재지를 관할하는 **시장 · 구**청장 · **읍**장 · **면**장에게 **농지취득자격증명을 발급(7일)** 받아야 한다.

② **농지전용허가, 농지전용신고(농지전용협의×)**을 하고자 농지를 소유하는 경우에는 **농업경영계획서를 작성하지 아니하고, 농지취득자격증명을 발급(4일)** 받아야 한다.

③ **주말 · 체험영농**을 하고자 **농업진흥지역 외의 농지**를 소유하는 경우에는 주말 · 체험영농계획서를 작성하고 시 · 구 · 읍 · 면의 장에게 **농지취득자격증명의 발급** 신청을 하여야 한다.

④ 소유 농지를 **자연재해 · 농지개량 · 질병 · 공직취임 · 징집등 으로 휴경하는 경우**에는 소유농지를 자기 농업경영에 이용하지 아니하더라도 **농지처분의무가 면제**된다. ⇨ **농지전용허가 · 신고는 2년 미착수시 정당성 인정(×)**

⑤ 농지의 소유자는 농지의 **처분명령을 받은 후** 한국농어촌공사에게 **매수를 청구(공시지가)**할 수 있다.

⑥ 시 · 구 · 읍 · 면의 장은 신청을 받은 날부터 **7일**(농업경영계획서를 작성하지 아니하고 농지취득자격증명의 발급신청을 할 수 있는 경우에는 4일, **농지위원회의 심의 대상의 경우에는 14일**) 이내에 신청인에게 **농지취득자격증명을 발급**하여야 한다.

① **시 · 도지사(농장×)**는 농업진흥지역을 지정하며, 농업**진흥**구역(집단화)과 농업**보호**구역으로 구분한다.

② 농업진흥지역의 지정은 **녹**지지역(**특별시의 녹지지역은 제외한다**) · 관리지역 · **농**림지역 및 **자**연환경보전지역을 대상으로 한다(**광역시의 녹지지역은 포함한다**).

③ 1필지의 토지가 농업진흥구역과 농업보호구역에 걸치는 경우에는 **농업진흥구역에 속하는 토지부분이 330m² 이하**인 때에는 해당 토지 부분에 대하여 행위제한은 **농업보호구역에 관한 규정을 적용**한다(330m² 초과 ⇨ 각각).

④ 1필지의 토지 일부가 농업진흥지역에 걸쳐 있으면서 **농업진흥지역**에 속하는 토지 부분의 면적이 **330m² 이하**이면 그 토지 부분에 대하여는 **농업진흥구역 및 농업보호구역의 행위제한**에 관한 규정을 **적용하지 아니한다**(330m² 초과 ⇨ 각각).

⑤ **농업진흥지역**의 농지를 소유하고 있는 **농업인 또는 농업법인**은 한국농어촌공사에 농지의 **매수를 청구**할 수 있으며, **감정평가**법인등이 평가한 **금액**을 기준으로 해당 농지를 매수할 수 있다.

⑥ **나는 제35회 공인중개사자격시험에서 반드시 합격한다.**

핵심 기출숫자 // 타용도 일시사용허가

1. 농지제외 : 지목이 전 · 답 · 과수원이 아닌 토지(지목이 임야인 토지는 제외)로서 농작물 경작지 또는 다년생식물 재배지로 계속하여 이용되는 기간이 3년 미만인 토지 농지가 아니다.

2. 처분의무기간 : 농지 소유자는 농지처분사유에 해당하면 그 사유가 발생한 날부터 1년 이내에 해당 농지를 그 사유가 발생한 날 당시 세대를 같이하는 세대원이 아닌 자에게 처분하여야 한다.

3. 처분명령 : 시장 · 군수 또는 구청장은 처분의무기간 내에 처분하지 아니한 농지의 소유자에 대하여는 6개월 이내에 해당 농지를 처분할 것을 명할 수 있다. ⇨ 농지처분명령을 받은 후 징집, 공직취임등 정당한 사유 없이 처분명령을 이행하지 아니한 자에게 1년에 1회 ⇨ 해당 농지의 감정가격 또는 개별공시지가 중 더 높은 가액의 100분의 25에 해당하는 이행강제금을 부과한다.

4. 이행강제금의 부과처분에 불복이 있는 자는 그 처분의 고지를 받은 날부터 30일 이내에 이의를 제기할 수 있다.

5. 대리경작자 지정예고에 대한 이의신청 : 10일 이내 신청

6. 대리경작기간은 따로 정함이 없는 한 3년으로 한다. 대리경작자는 수확량의 10/100을 수확 후 2개월 이내에 해당 농지의 소유권 또는 임차권을 가진 자에게 토지사용료로 지급하여야 한다.

7. 시 · 구 · 읍 · 면장은 농업경영계획서를 10년간 보존하여야 한다.

8. 농업경영계획서 외의 농지취득자격증명 신청서류의 보존기간도 10년으로 한다.

9. 농지법상 임대차 기간은 3년 이상(이모작을 위하여 8개월 이내로 임대하거나 무상 사용하게 하는 경우는 제외한다)으로 하여야 한다. 다만, 다년생식물 재배지 등 대통령령으로 정하는 농지(고정식온실 또는 비닐하우스)의 경우에는 5년 이상으로 하여야 한다.

10. 타용도 일시사용신고 : 썰매장, 지역축제장 등으로 타용도 일시사용기간은 6개월 이내로 하며, 연장할 수 없다.

11. 농지의 타용도 일시사용허가의 기간
    ① 간이 농수축산업용 시설과 농수산물의 간이처리시설을 설치하는 경우 ⇨ 7년 이내 ⇨ 연장 5년 이내
    ② 토석과 광물, 골재채취 ⇨ 5년 ⇨ 연장 3년
    ③ 태양에너지 발전설비의 용도로 일시사용하는 경우 : 5년
    연장 : 태양에너지 발전설비의 용도로 일시사용하는 경우 : 18년을 초과할 수 없다.
    ⇨ 1회 연장기간은 3년을 초과할 수 없다.

12. 농지보전부담금(농지전용허가, 농지전용신고, 농지전용협의, 농지전용의제시 납부)의 m²당 금액은 해당 농지의 개별공시지가의 30%(농업진흥지역의 농지), 20%(농업진흥지역 밖의 농지)로 한다(선납). ⇨ 타용도 일시사용허가는 농지보전부담금을 납부하지 아니한다.

제35회 공인중개사 시험대비 **전면개정판**

2024 박문각 공인중개사
최성진 파이널 패스 100선 2차 부동산공법

핵심쟁점 52선
＋
기출숫자정리

초판인쇄 | 2024. 8. 5.　**초판발행** | 2024. 8. 10.　**편저** | 최성진 편저
발행인 | 박 용　**발행처** | (주)박문각출판　**등록** | 2015년 4월 29일 제2019-000137호
주소 | 06654 서울시 서초구 효령로 283 서경 B/D 4층　**팩스** | (02)584-2927
전화 | 교재 주문 (02)6466-7202, 동영상문의 (02)6466-7201

저자와의
협의하에
인지생략

비매품
ISBN 979-11-7262-155-1